MELIN

HISTOIRE ANCIENNE

DES PEUPLES DE L'ORIENT

RÉDIGÉE D'APRÈS LES NOUVEAUX PROGRAMMES
DU 28 JANVIER 1890

Volume illustré de nombreuses Gravures et de 6 Cartes.

1893

ANDRÉ PARIS, LIBRAIRE-ÉDITEUR

A MOULINS

HISTOIRE ANCIENNE

OUVRAGES CLASSIQUES DE M. MELIN

Conformes aux Nouveaux Programmes *de l'Enseignement secondaire classique et de l'Enseignement moderne.*

Histoire de France, des origines à 1890, avec un abrégé de l'histoire générale de l'Europe. (520 pages, 38e édition.)

Petite histoire de France (70e édition, 250 pages.)

Éléments d'histoire de France (90e édition, 115 pages.)

Histoire Sainte.
Histoire Ancienne des peuples de l'Orient.
Histoire Grecque.
Histoire Romaine.

Histoire de l'Europe et de la France, depuis la chute de l'Empire romain jusqu'en 1270.

Histoire de l'Europe et de la France, de 1270 à 1610.

Histoire de l'Europe et de la France, de 1610 à 1789.

Histoire Contemporaine de l'Europe et de la France, de 1789 à 1889.

Morceaux choisis de prose et de vers des Classiques Français, avec récits biographiques, remarques littéraires et anecdotes au bas des pages. (*Ouvrage élémentaire. — Classe de sixième.*)

ON TROUVE CES OUVRAGES

A Moulins (Allier). — Chez *André PARIS*, libraire, place de la Bibliothèque.

A Paris. — Chez *BLOUD* et *BARRAL*, libraires-éditeurs, rue Madame, 4.

MELIN

HISTOIRE ANCIENNE

DES PEUPLES DE L'ORIENT

RÉDIGÉE D'APRÈS LES NOUVEAUX PROGRAMMES
DU 28 JANVIER 1890

Volume illustré de nombreuses Gravures et de 6 Cartes.

1893

ANDRÉ PARIS, LIBRAIRE-ÉDITEUR

A MOULINS

AVERTISSEMENT

Ce volume renferme l'*Histoire du monde* depuis la *Création* jusqu'à l'époque des *guerres médiques*, époque à laquelle la Grèce prit dans le monde un rôle prépondérant, et où son histoire domina celle des autres peuples.

Nous l'avons divisé en sept parties : 1° *l'histoire du monde jusqu'à l'organisation des premières nations* ; — 2° *l'Egypte* ; — 3° *les Chaldéens et les Assyriens* ; — 4° *les Israélites* ; — 5° *les Phéniciens* ; — 6° *les Mèdes et les Perses* ; — 7° *l'Inde ancienne*.

En nous occupant des *Israélites*, nous n'avons point prétendu remplacer l'*Histoire sainte*, dont une étude spéciale est indispensable dans tous les établissements chrétiens.

Dans l'*Histoire sainte*, en racontant l'histoire du peuple de Dieu, nous nous plaçons surtout au point de vue religieux ; tout le récit converge vers Notre-Seigneur Jésus-Christ, le Messie promis aux hommes et qui devait naître de la race d'Abraham, de Jacob et de David. L'histoire sainte est le complément nécessaire du catéchisme.

Ici, nous nous occupons surtout de la vie nationale des Israélites et de leurs relations avec les autres peuples anciens. Ce que nous en disons est le complément de l'Histoire des peuples anciens de l'Orient.

C'est pour cela que nous avons placé l'histoire des Israélites dans l'ordre de leur formation comme nation, c'est-à-dire après les Egyptiens et les Assyriens.

Cette HISTOIRE ANCIENNE, rédigée d'après les *nouveaux programmes universitaires*, a été disposée de manière à faciliter le travail des élèves.

L'enseignement y est donné de trois manières : par le *récit historique*, par les *lectures*, placées au bas des pages, par les *gravures*.

Le récit historique, destiné seul à être appris par les élèves, a été abrégé autant que possible. On l'a débarrassé des simples légendes et des longues narrations.

Les lectures, placées au bas des pages, renferment les légendes, les mots historiques, la narration et le développement des faits principaux ; toutes choses qu'il suffit ordinairement d'avoir lues, pour qu'elles demeurent gravées dans l'esprit.

Les gravures sont des *reproductions authentiques* de monuments anciens. Elles sont accompagnées d'un texte explicatif. On les a groupées, de manière à présenter un enseignement complet sur les mœurs et les institutions de chacun des anciens peuples de l'Orient.

PROGRAMME
DE L'HISTOIRE ANCIENNE

(Arrêté du 28 janvier 1890.)

(Ce programme sert de table des matières.)

Egypte, page 13. — Description de l'ancienne Egypte, p. 13. — Le Nil, p. 18. — Memphis et ancien l'empire, p. 24 ; Thèbes et les Rhamsès, p. 39 ; l'Egypte conquise, p. 61. — Religion, monuments, mœurs, industrie, p. 71. — Découvertes de Champollion ; les égyptologues français, p. 98.

Chaldéens et Assyriens, p. 105. — Description de la région du Tigre et de l'Euphrate, p. 105. — Ninive et Babylone, p. 112, 119, 131, 147 ; Sargon, p. 131, et Nabuchonosor, p. 147. — Ruine de Babylone, p. 154. — Mœurs et coutumes, p. 157 ; monuments, p. 175. — Découvertes contemporaines, p. 170.

Les Israélites, p. 181. — Description de la Palestine, p. 181. — Les Israélites en Egypte, p. 189, et dans la Terre promise, p. 194. — Moïse, p. 190. — Les Juges, p. 200. — Le royaume de David et de Salomon, p. 204 ; le Temple, p. 212. — Le schisme des dix tribus, p. 217. — Destruction des deux royaumes, p. 219, 222.

Les Phéniciens, p. 237. — Description de la Phénicie, p. 237. — Sidon, p. 250, et Tyr, p. 254 : commerce, industrie, colonies, p. 253 et 256. — Fondation de Carthage, p. 266. — L'alphabet, p. 245.

Les Mèdes et les Perses, p. 275. — Description de l'Iran, p. 275, et de l'Asie Mineure, p. 298. — Les Mèdes, p. 282, et les Perses, p. 295. — Cyrus, p. 296; Cambyse, p. 316; Darius, p. 323. — Conquête de la plus grande partie de l'Orient et organisation de l'empire des Perses, p. 326. — Monuments, religion, mœurs et coutumes, p. 336.

TABLE

DES CARTES CONTENUES DANS LE VOLUME

	Pages.
1º Carte de l'Egypte ancienne	12
2º Carte de la Chaldée et de l'Assyrie	104
3º Carte de la Palestine	180
4º Carte de la Phénicie et de l'Asie Mineure	236
5º Carte de l'Iran, de la Médie et de la Perse	274
6º Carte de l'Inde ancienne	346

PREMIÈRE PARTIE

HISTOIRE DU MONDE

DEPUIS LA CRÉATION

JUSQU'A L'ORGANISATION DES PREMIÈRES NATIONS

HISTOIRE ANCIENNE

PREMIÈRE PARTIE

Histoire du monde jusqu'à l'organisation des premières nations.

I. L'HISTOIRE ANCIENNE. — II. LE MONDE DEPUIS LA CRÉATION. — III. LA DISPERSION DES HOMMES.

§ Iᵉʳ. — L'HISTOIRE ANCIENNE.

L'Histoire ancienne. — Sous ce nom d'*Histoire ancienne*, l'on a coutume de comprendre l'histoire du monde, depuis la création jusqu'au partage de l'empire romain après la mort de l'empereur Théodose, en l'année 395 après Jésus-Christ.

1ʳᵉ Lecture. — **DIVISION DE L'HISTOIRE UNIVERSELLE.** — L'Histoire universelle est le récit des événements passés depuis la création du monde jusqu'à nos jours. On la divise en quatre parties : l'Histoire ancienne, l'Histoire du Moyen-Age, l'Histoire moderne et l'Histoire contemporaine.

L'Histoire ancienne est le récit des événements qui se sont passés depuis la création, jusqu'à la fin de l'Empire romain en l'année 395 après Jésus-Christ.

L'Histoire du Moyen-Age commence au partage de l'Em-

L'Histoire ancienne comprend donc la longue période, de cinquante siècles peut-être, qui s'écoula avant la naissance du Rédempteur, et les quatre siècles qui suivirent cette miraculeuse naissance. On la divise en trois grandes parties : l'*Histoire des peuples de l'Orient*, l'*Histoire de la Grèce* et l'*Histoire Romaine*.

Les peuples de l'Orient. — Les peuples de l'Orient dont il est question dans l'histoire ancienne, sont ceux qui se formèrent en Asie et en Egypte après la dispersion des hommes qui suivit le déluge. Ces peuples sont les *Egyptiens*, les *Chaldéens* et les *Assyriens*, les *Israélites* ou peuple de Dieu, les *Phéniciens*, les *Mèdes* et les *Perses*, enfin les *Indiens*.

§ II. — LE MONDE DEPUIS LA CRÉATION JUSQU'A LA DISPERSION DES HOMMES.

Les hommes jusqu'à leur dispersion. — Avant d'aborder l'histoire des *peuples anciens de l'Orient*, il est nécessaire de jeter un coup d'œil sur la longue période qui précéda leur formation, c'est-à-dire depuis la création jusqu'à la dispersion des hommes après le déluge.

Questions à étudier. — L'histoire détaillée de l'humanité pendant la période qui s'écoula jusqu'au

---

pire romain, en 395, et se termine à la prise de Constantinople par les Turcs en 1453.

L'Histoire moderne commence à la prise de Constantinople en 1453 et s'étend jusqu'à nos jours. Cependant, les événements du dernier siècle des temps modernes, celui dans lequel nous vivons à partir de l'année 1789, forment ce qu'on appelle l'*Histoire contemporaine*.

Le souvenir de la chute originelle chez les Chaldéens. — Au milieu l'arbre avec deux fruits ; l'homme et la femme tendent la main pour les cueillir. Derrière la femme le serpent tentateur. — (D'après un cylindre babylonien, sceau en pierre dure appartenant au Musée britannique à Londres.)

déluge, nous est racontée dans l'Histoire Sainte. Nous n'avons ici qu'à rappeler trois événements principaux :

La création d'Adam et d'Eve, souche de la race humaine tout entière ;

Le déluge ;

La dispersion des hommes et la formation des premiers peuples.

La création. — Le monde n'a pas toujours existé. Il a été créé par Dieu et organisé en six jours, c'est-à-dire en

---

2ᵉ LECTURE. — **LA CRÉATION DE L'HOMME.** — Combien est grave, combien est majestueux le récit de la création de l'homme tel que nous le lisons dans le texte même de la Genèse !

« Dieu dit : Faisons l'homme à notre image et à notre ressemblance, et qu'il commande aux poissons de la mer, aux oiseaux du ciel, aux bêtes, à toute la terre et à tous les reptiles qui se remuent sur le sol.

« Dieu créa donc l'homme à son image ; il le créa à l'image de Dieu.....

« Le Seigneur Dieu forma le corps de l'homme du limon

six actes distincts, en six époques successives, dont nous ne connaissons point la durée.

L'homme a été créé le sixième jour. C'est par lui que Dieu termina l'œuvre de la création. Depuis lors, aucune nouvelle espèce de créatures n'a été produite en ce monde, par la Toute-Puissance divine.

Les détails de la création nous ont été révélés par le livre inspiré de Moïse, intitulé la *Genèse*. Les recherches des savants et les découvertes scientifiques modernes s'accordent toutes, pour confirmer la vérité de ces détails.

Le premier homme — Le premier homme créé par Dieu fut *Adam*, la première femme fut *Eve*. Il ne les créa point à l'état sauvage, mais dans l'état civilisé. D'Adam et d'Eve est descendu le genre humain tout entier, aussi bien les blanches populations de l'Europe, que les nègres du centre de l'Afrique, les races jaunes de la Chine et les Peaux Rouges de l'Amérique.

Après les avoir créés, Dieu mit nos premiers parents dans un jardin de délices, auquel on a donné le nom de *Paradis terrestre*. L'on croit généralement que ce jardin

---

de la terre ; et il souffla sur son visage un souffle de vie et l'homme devint vivant et eut une âme.

« Jéhovah, le Seigneur, prit l'homme et le mit dans le paradis de délices, pour le cultiver et pour le garder.

« Mais il ne se trouvait point d'aide pour Adam qui lui fût semblable.

« Jéhovah, le Seigneur, envoya donc à Adam un profond sommeil, et pendant ce sommeil, il tira une de ses côtes et mit de la chair à la place.

« Et de cette côte ainsi enlevée à Adam, le Seigneur forma la femme. Et il la présenta à Adam.

« Celui ci s'écria : Voilà bien l'os de mes os et la chair de ma chair ! »

était situé en Asie, dans les riches contrées de l'Arménie, où deux grands fleuves, le Tigre et l'Euphrate, prennent leur source. Ils en furent chassés pour avoir transgressé les ordres de Dieu, qui leur avait défendu de manger le fruit d'un arbre, appelé à cause de cette défense, *l'arbre de la science du bien et du mal.*

Date de la création. — Nous ne connaissons point, d'une manière certaine, la date de la création du premier homme. Un grand nombre d'auteurs la fixent à l'an 4004 avant l'ère chrétienne; d'autres à environ six mille ou huit mille avant Jésus-Christ. Le récit de Moïse ne donne aucune date; mais l'impression qu'on retire de son étude, c'est que l'apparition de l'homme est loin de remonter à des millions d'années, ainsi que le prétendaient certains peuples, entre autres les Egyptiens, les Chaldéens, les Indiens et les Chinois.

Les premiers enfants d'Adam. — Après leur expulsion du Paradis terrestre, Adam eut deux fils : Caïn et Abel. Caïn s'adonna à la culture de la terre, Abel fut pasteur.

Caïn, par jalousie, tua son frère Abel, et, maudit de Dieu, s'enfuit loin du toit paternel.

Les habitants de la terre commencèrent bientôt à devenir nombreux; Caïn bâtit pour sa famille la première ville, qu'il appela Hénoch. L'un de ses descendants, nommé Tubalcaïn, inventa l'art de façonner les métaux. Toute sa postérité hérita de sa perversité.

Adam qui avait eu un troisième fils, nommé Seth, mourut à l'âge de 930 ans. Pendant les premiers siècles du monde, la vie des hommes eut une très longue durée.

§ III. — LA DISPERSION DES HOMMES.

Le déluge. — Dans la suite des âges, les hommes, en se multipliant, étaient devenus très mauvais. Dieu, irrité contre eux, les extermina sous les eaux d'un déluge, qui couvrit toute la terre habitée, jusqu'au-dessus des plus hautes montagnes. Seul, Noé, qui s'était conservé pur au milieu de la corruption générale, fut épargné avec sa famille. Il échappa à la terrible inondation au moyen d'une *arche*, ou grand navire, qu'il avait construit sur les

---

3e Lecture. — **LA TRADITION DU DÉLUGE CHEZ LES CHALDÉENS.** — Dans les ruines de Ninive, ont été récemment découvertes des tablettes remontant à dix-sept cents ans au moins avant Jésus-Christ. Elles ont été transportées en Angleterre et déchiffrées par un savant anglais, George Smith. C'est le récit du déluge, dont le souvenir était resté dans les traditions chaldéennes, comme dans celles de la plupart des peuples anciens.

En voici quelques fragments; c'est Hasisadra, l'homme sauvé du déluge, qui parle :

« Les dieux tinrent conseil sur la proposition du dieu d'Anou. — Un déluge fut proposé et approuvé par les dieux Nabou, Pergal et Ninib.

« Et le dieu Ea, le seigneur immuable me dit : Hasisadra, homme, fils d'Oubaratoutou, fais un vaisseau et achève-le vite ; par un déluge je vais détruire tout ce qui a vie.

« Au moment venu, que je te ferai connaître, entre dedans... A l'intérieur, place ton grain, tes meubles, tes provisions, tes richesses, tes serviteurs, tes enfants, le bétail des champs et les animaux sauvages des campagnes que je rassemblerai et que je t'enverrai.....

« Le moment fixé était arrivé... j'entrai dans le vaisseau et j'en fermai la porte.

« L'eau s'éleva des fondements en un nuage noir ; Raman, dieu de la foudre, tonnait au milieu de ce nuage, et les

Le souvenir du Déluge chez les Chaldéens. — Hasisadra et sa femme dans l'arche. — (D'après un cylindre ou cachet Assyrien, conservé au Musée britannique à Londres.)

dieux Nabou et Scharrou marchaient devant. Ils marchaient dévastant la montagne et la plaine. L'inondation de Raman se gonfla jusqu'au ciel. La terre, devenue sans éclat, fut changée en désert.

« Dans le ciel même, les dieux prirent peur de la trombe et cherchèrent un refuge. Ils montèrent jusqu'au ciel d'Anou.

« Les dieux se tenaient immobiles, serrés les uns contre les autres; et Ichtar, la grande déesse, prononça ce discours: « Voici que l'humanité est retournée en limon; comme la race des poissons voilà que les hommes remplissent la mer!»

« Les dieux assis sur leurs sièges, et tout en larmes tenaient leurs lèvres fermées.

« A l'approche du septième jour, la pluie diluvienne s'affaiblit, la mer tendit à se dessécher et le vent et la trombe prirent fin. Je regardai la mer: toute l'humanité était retournée en limon, les cadavres flottaient comme des algues.

« Je fus saisi de tristesse, je m'assis et je pleurai..... »

ordres de Dieu. Il avait pris dans l'arche des animaux de chaque espèce, qui repeuplèrent la terre, après le déluge.

Le souvenir du déluge et de l'arche s'est conservé dans la plupart des traditions des peuples anciens.

Noé après le déluge. — Quand les eaux baissèrent, l'arche s'arrêta sur les montagnes de l'Arménie. Noé, après une année de réclusion, en sortit avec sa famille.

Dieu le bénit, lui promit de ne plus détruire la race humaine par le déluge, et lui montrant un arc-en-ciel qui s'étalait à l'horizon, il prit ce brillant phénomène comme le témoin et le gage de ses promesses.

Tour de Babel. — Noé et ses trois fils, Sem, Cham et Japhet, se fixèrent d'abord en Arménie, dans la contrée où l'arche s'était arrêtée. Les hommes se multiplièrent rapidement et descendirent dans les plaines de Sennaar, au pays qui fut appelé plus tard la Babylonie.

Bientôt devenus trop nombreux pour continuer à habiter ensemble, ils résolurent de se disperser par toute la terre. Auparavant, dans le but orgueilleux d'immortaliser leur nom, ils entreprirent la construction d'une tour immense, dont le sommet devait atteindre le ciel. Mais Dieu confondit leur langage. Ne pouvant plus se comprendre les uns les autres, ils abandonnèrent leur œuvre.

La construction inachevée reçut le nom de *Tour de Babel*, ce qui veut dire Tour de la confusion. On en voit encore aujourd'hui les immenses décombres, qui s'élèvent comme une montagne non loin des ruines de l'ancienne ville de Babylone.

Dispersion des hommes. — Après avoir abandonné leur entreprise, les hommes commencèrent à se disperser sur la terre.

Les descendants de Sem, les *Sémites* se répandirent dans le sud de l'Asie, en Arabie, en Asie Mineure et en Syrie. Les principaux peuples auxquels ils donnèrent naissance furent les Elamites, les Assyriens, les Arméniens, les Israélites, les Lydiens, les Arabes de l'Yémen et probablement les Chinois.

Les descendants de Cham, qui avaient été les premiers à se mettre en marche, allèrent peupler l'Afrique et les contrées de l'Asie qui avoisinent l'Afrique. Ils formèrent les Egyptiens, les Ethiopiens, les Lybiens et les Chananéens d'où sortirent les Phéniciens.

Les descendants de Japhet peuplèrent le nord de l'Asie près du Caucase et ensuite l'Europe. Les peuples principaux dont ils furent la souche sont les Mèdes et les Perses, les Pélasges et les Grecs, les Teutons, les Slaves, les Goths et les Celtes.

Les trois races de l'espèce humaine. — L'influence du pays qu'habitèrent les hommes, du genre de vie qu'ils adoptèrent, du climat sous lequel ils vécurent, produisit à la longue des différences notables dans la couleur et les traits des peuples issus de Noé. L'espèce humaine, unique dans son origine, présenta trois types principaux : la race *blanche*, la race *jaune* et la race *noire*.

Les premiers peuples organisés. — Nous ne connaissons d'une manière certaine ni la date du déluge, ni celle de la dispersion des hommes.

Les premiers peuples organisés furent ceux d'*Egypte*, fondés par les descendants de Cham.

Vers le même temps, ou peu de temps après, s'organisèrent les *Chaldéens*, descendants aussi de Cham. Vinrent ensuite les *Assyriens* et les *Israélites*, de la race de Sem. Enfin se formèrent les *Mèdes* et les *Perses*, puis les *Grecs* et plus tard les *Romains*, de la race de Japhet.

A l'époque de la naissance du peuple israélite, s'était formé le peuple des *Phéniciens*, de la race de Cham.

Ordre à suivre dans l'histoire ancienne des peuples de l'Orient. — Dans l'histoire des peuples anciens de l'Orient, nous suivrons l'ordre de leur organisation en nation. Nous étudierons donc successivement l'histoire :

1º De l'Egypte ;
2º Des Chaldéens et des Assyriens ;
3º Des Hébreux ou Israélites ;
4º Des Phéniciens ;
5º Des Mèdes et des Perses.

Nous ajouterons quelques notions sur le peuple indien, dont l'existence remonte à la plus haute antiquité.

SECONDE PARTIE

L'ÉGYPTE

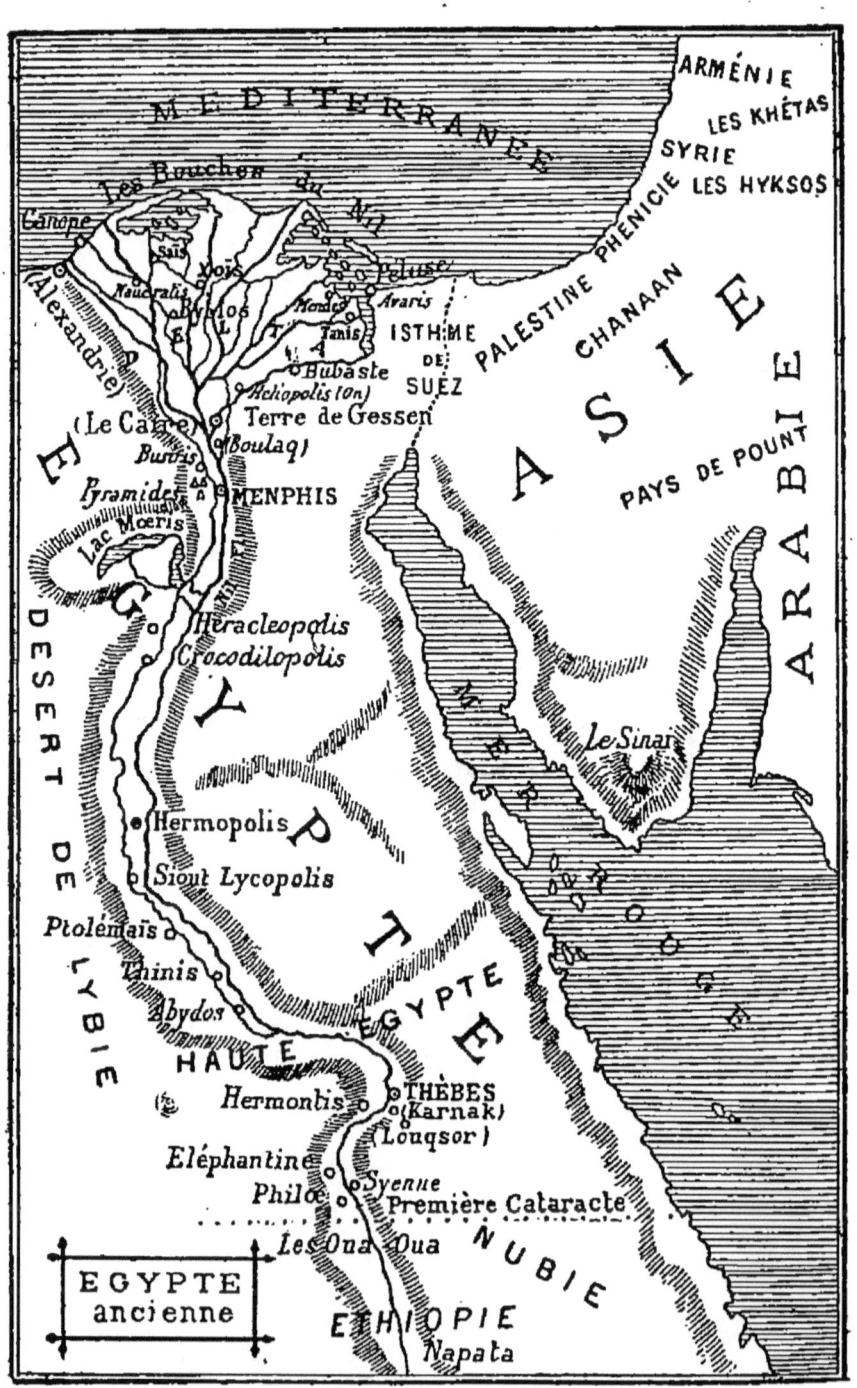

CARTE DE L'ÉGYPTE ANCIENNE.

HISTOIRE ANCIENNE

SECONDE PARTIE

L'ÉGYPTE

Programme officiel. — *Description de l'ancienne Egypte. Le Nil. — Memphis et l'ancien empire : Thèbes et les Rhamsès ; l'Egypte conquise.*
— *Religion, monuments, mœurs, industrie.*
— *Découvertes de Champollion ; les égyptologues français.*

CHAPITRE PREMIER

Description de l'ancienne Égypte. — Le Nil.

L'Égypte. — L'Égypte est une vallée longue et étroite, arrosée dans toute sa longueur par le Nil. Elle est située au nord-est de l'Afrique. Elle a pour bornes : au nord, la Méditerranée ; à l'est, l'isthme de Suez et la mer Rouge; au sud, la Nubie, et à l'ouest, les déserts de la Lybie.

L'explorateur qui venant du centre de l'Afrique pénètre en Egypte par le sud, et descend le cours du Nil, franchit d'abord les cataractes de Syène, formées par des roches abruptes qui barrent les eaux du fleuve. Il entre ensuite dans une vallée, limitée de chaque côté par une chaîne de montagnes : à sa droite, du côté de l'est, la chaîne arabique ; à sa gauche, du côté de l'ouest, la chaîne lybique.

La vallée de l'Égypte. — La vallée de l'Egypte est longue de 200 lieues. Sa largeur est fort variable, car tantôt les montagnes s'écartent l'une de l'autre, et la vallée prend jusqu'à dix lieues de large ; tantôt elles se rapprochent, et la vallée n'a plus que deux ou trois lieues. En certains endroits même, elle n'est guère qu'un défilé fort resserré.

En approchant de la Méditerranée, les deux montagnes s'éloignent définitivement à droite et à gauche, et le Nil se partage en plusieurs branches. La vallée s'élargit alors insensiblement jusqu'à la mer, formant une vaste plaine triangulaire. Les anciens avaient surnommé cette plaine le *Delta*, à cause de sa ressemblance avec la lettre majuscule (Δ) de l'alphabet grec qui porte ce nom.

L'Ancienne Egypte. — *Au point de vue géographique*, l'ancienne Egypte se divisait comme aujourd'hui en trois régions : la Haute Egypte, la Moyenne Egypte et la Basse Egypte.

4ᵉ LECTURE. — **L'INONDATION DU NIL.** — Un mois avant le solstice d'été, au moment où il atteint son plus bas niveau, le Nil se trouve réduit à la moitié de sa largeur habituelle. C'est le *Nil blanc* dont les eaux presque stagnantes semblent avoir peine à suivre leur cours.

Dans la vallée, tout n'est alors que sable ardent et stérilité. Mais, après des journées de brûlante chaleur, le vent du nord se met à souffler.

Aussitôt, le fleuve commence à gonfler. Les eaux prennent

L'ÉGYPTE. 15

N° 1.   N° 2.

Dieux égyptiens. — *Osiris ou le dieu soleil.* — Osiris était la divinité principale d'Abydos. Il devint le dieu le plus populaire de l'Egypte. Il est représenté ici sous deux formes.

Dans le n° 1, des plumes d'autruche avec deux pointes flamboyantes représentant les rayons du soleil, forment sa coiffure.

Dans le n° 2, il a le corps enveloppé de bandelettes comme une momie, car il est le dieu qui préside au jugement des morts. Il est coiffé du diadème ou bonnet blanc de la Haute Égypte, paré de plumes d'autruche. Il porte d'une main le *crochet* et de l'autre le *fléau* qui sont avec le *sceptre* à tête d'animal et le *tau* à anse, les insignes des dieux et souvent des rois. — (Bas-relief égyptien à Thèbes.)

On représentait encore Osiris avec la tête de l'oiseau *Vennou*, le phénix des grecs.

La *Haute Egypte* ou Thébaïde, au sud, commençait à Syène et se terminait à Abydos. La *Moyenne Egypte* s'étendait depuis Abydos jusqu'auprès de Memphis. La *Basse Egypte*, depuis Memphis jusqu'à la Méditerranée.

Au point de vue historique, l'ancienne Egypte, après avoir été partagée au début en une quarantaine de petits Etats, forma seulement deux grandes principautés : la *Basse Egypte*, ou pays du Nord, qui comprenait le Delta. — et la *Haute Egypte*, ou pays du Sud, qui s'étendait depuis le Delta jusqu'aux cataractes de Syène.

Plus tard, les deux principautés ne formèrent qu'un seul royaume sous le gouvernement des Pharaons. Néanmoins, les rois ou Pharaons conservèrent la division primitive en Haute et Basse Egypte, pour la facilité de leur administration. Ils donnèrent aux 40 petits Etats d'autrefois le nom de *Nome* ou province, et en firent le siège d'un gouverneur.

---

une teinte verdâtre ; elles deviennent nauséabondes et malsaines. C'est le *Nil vert* qui commence.

Peu à peu le fleuve augmente de volume ; ses eaux deviennent d'un rouge sombre semblable à du sang. C'est le *Nil rouge*.

L'eau n'est point nuisible à boire, comme au temps du Nil vert ; elle n'est jamais plus saine que pendant cette période de l'inondation.

Dès lors, le courant devenu rapide atteint le sommet des berges ; il déborde et inonde majestueusement les terres altérées. Toute la nature en crie de joie. Hommes, enfants, troupes de bœufs sauvages, gambadent dans les eaux rafraîchissantes, tandis qu'au-dessus, des bandes d'oiseaux de tout plumage voltigent en nuées joyeuses et font entendre mille cris variés.

Dieux égyptiens. — *La déesse Isis, la déesse lune, femme d'Osiris.* — Elle tient son fils *Horus* sur ses genoux. La *déesse* porte sur le front le serpent d'or *uræus*; sur la tête le disque de la lune entouré de deux cornes de vache. Ce disque est surmonté du signe hiéroglyphique du mot Isis. On représentait souvent cette déesse avec une tête de lionne ou avec une tête de vache.

Villes principales de l'Ancienne Egypte. —
Les villes principales de l'Egypte étaient :

Dans la Haute Egypte : *Syène* ou *Eléphantine*, *Thèbes*, qui fut longtemps la capitale de toute l'Egypte, *Abydos*, ou la ville sainte, et *Ptolémaïs*.

Dans la Moyenne Egypte : *Siout* ou *Lycopolis* (la ville aux loups), *Hermopolis*, *Héracléopolis*, *Crocodilopolis*.

C'est dans la Moyenne Egypte, sur la rive gauche du Nil, que se trouvaient le lac Mœris et le Labyrinthe.

Dans la Basse Egypte, la célèbre *Memphis*, auprès de laquelle les rois d'Egypte bâtirent les Pyramides, *Saïs, Xaïs, Canope et Péluse.*

Climat de l'Egypte. — Le ciel de l'Egypte est sans nuage ; l'air y est calme et d'une grande pureté. En revanche, la température y est fort chaude. Le sol, brûlé par les ardeurs du soleil, n'est presque jamais rafraîchi par les pluies. Aussi, l'Egypte ne serait qu'un désert complètement improductif, sans le Nil qui, par ses inondations de chaque année, apporte à la terre la fertilité et l'abondance. C'est à cause des bienfaits du fleuve, qu'un célèbre historien de l'ancienne Grèce, Hérodote, a pu dire : *l'Egypte entière est un présent du Nil.*

Le Nil. — Le Nil prend sa source dans de grands lacs qui occupent le centre de l'Afrique, au-dessous de l'équateur. Son cours principal a plus de cinq mille kilomètres de long.

Chaque année, au mois de juin, des pluies abondantes commencent à tomber sur les hauts plateaux de l'Abyssinie et de l'Ethiopie. Des torrents se forment et se précipitent sur les flancs des montagnes, entraînant dans leur cours un limon épais, formé des terres qu'ils arrachent sur leur passage. Les pluies durent ainsi pendant quatre mois.

Tous ces torrents vont se jeter dans le Nil. Le fleuve se gonfle insensiblement ; bientôt les eaux s'élèvent au-dessus des berges et se répandent dans la vallée, où elles séjournent pendant cinq mois, déposant sur le sol le fertile limon qu'elles ont entraîné.

L'Egypte, pendant cette inondation, ressemble à un long

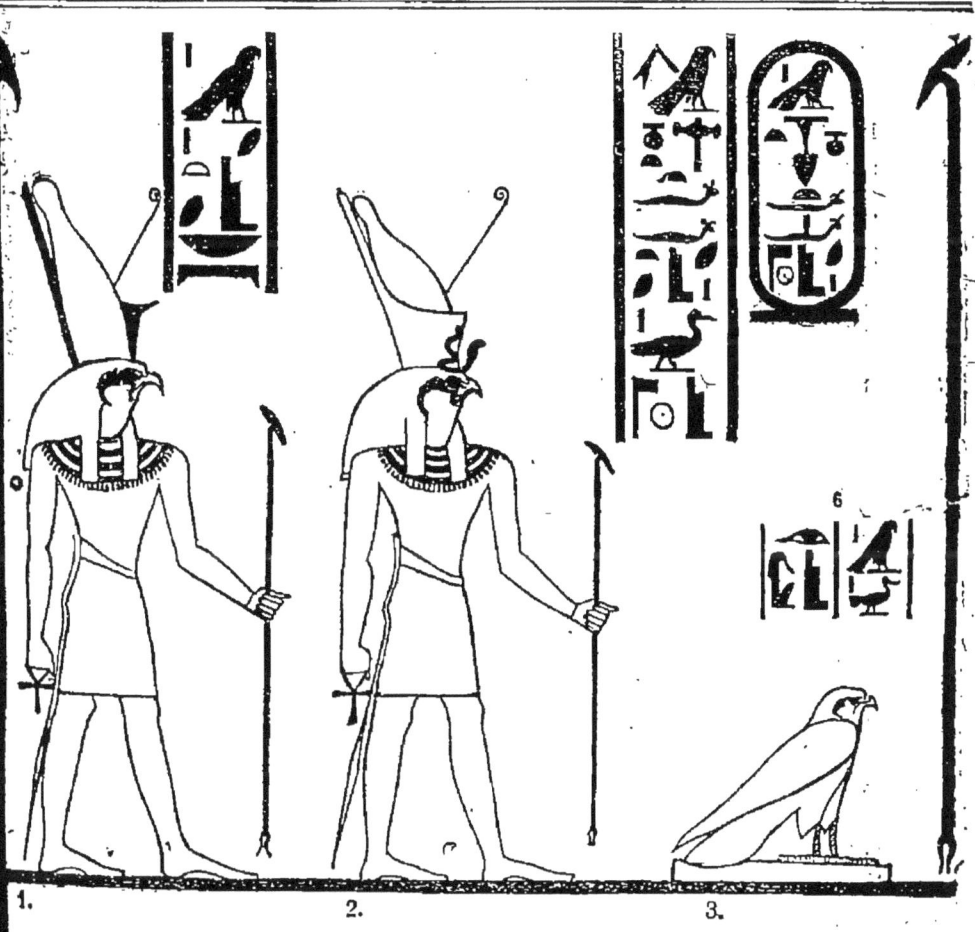

1. 2. 3.

Dieux égyptiens. — *Horus*, ou *soleil levant, fils d'Osiris et d'Isis*. Il est représenté ici trois fois : 1° et 2° avec un corps humain et la tête d'épervier, coiffé du pschent royal, c'est-à-dire du double diadème de la Haute Egypte et du Delta placé l'un dans l'autre ; 3° sous la forme d'un épervier.

Les inscriptions au-dessus sont des hiéroglyphes ou écriture égyptienne. Le nom du dieu est dans le cartouche supérieur à droite. Les Egyptiens plaçaient ainsi dans un cartouche les noms des dieux et des rois.

bras de mer, du sein de laquelle émergent, comme autant d'îlots, les villes et les villages bâtis sur de petites éminences.

Commencé à la fin de juin, le débordement cesse complètement vers la fin de novembre. Alors les habitants se répandent dans les champs fertilisés, et pressent les semailles. Le blé, la vigne, les arbres, les légumes, tout pousse avec une rapidité prodigieuse, et trois mois après, au mois de mars, ont lieu la moisson et les récoltes.

Le Nil fait donc la richesse de l'Egypte. Les Egyptiens reconnaissants le vénéraient comme un de leurs dieux.

Le lac Mœris. — Il arrivait parfois que l'inondation était trop abondante et menaçait l'existence des villes;

5ᵉ LECTURE. — **HYMNE EN L'HONNEUR DU DIEU NIL.** — Dans un papyrus du Musée britannique, traduit par M. Maspero, se trouve le chant sacré suivant, par lequel le peuple d'Egypte exprimait ses sentiments de reconnaissance envers son fleuve nourricier.

« Salut, ô Nil! O toi qui t'es manifesté sur cette terre, viens en paix, pour donner la vie à l'Egypte!

« Dieu caché, qui amènes les ténèbres, au jour où il te plait de les amener; irrigateur des vergers, qu'a créés le Soleil, toi qui donnes la vie à tous les bestiaux!

« Il apporte les provisions délicieuses, il crée toutes les bonnes choses; il est le Seigneur des nourritures agréables, choisies.

« S'il y a des offrandes, c'est grâce à lui! il fait pousser l'herbe pour les bestiaux; il prépare les sacrifices pour chaque dieu!

« L'encens est excellent, qui vient par lui!

« Il se saisit des deux contrées pour remplir les entrepôts, pour combler les greniers, pour préparer les biens des pauvres!

« Il germe pour combler tous les vœux, sans s'épuiser jamais! »

Dieux égyptiens. — *Le dieu Set*, — c'est le dieu des ténèbres et du mal. Il est le 2ᵉ fils d'Osiris et d'Isis. On le représente avec une tête d'oryctérope, animal nocturne des pays orientaux, qui se creuse des cavernes sous terre. — (D'après un bas-relief de Thèbes.)

quelquefois aussi elle était insuffisante pour fertiliser la terre.

Pour parer à ce double inconvénient, un roi d'Egypte, Aménhémat III, fit établir, à l'aide de chaussées, le lac *Mœris*, immense réservoir qu'on eût pris pour une mer, à voir son étendue. Un canal mettait le lac en communication avec le Nil. L'inondation était-elle trop forte ? l'excès des eaux s'en allait dans le lac ; était-elle insuffisante ? on ouvrait les écluses, et les eaux du lac se répandaient dans la campagne.

Productions de l'Egypte. — Le sol de l'Egypte produit le blé, la vigne, le chanvre, les fruits et les légumes de l'Europe, et en plus, le dattier et le palmier.

Deux plantes aquatiques sont spéciales aux eaux du Nil : le *lotus* et le *papyrus*. Elles sont célèbres dans l'histoire des Egyptiens.

Le *lotus* aux feuilles larges et arrondies et aux fleurs blanches, bleues ou roses, produit une graine, la fève d'Egypte, dont on faisait une pâtisserie très appréciée.

Le *papyrus*, espèce de grand roseau aux feuilles allon-

6ᵉ Lecture. — **LES OIGNONS D'ÉGYPTE.** — Les oignons étaient interdits aux prêtres. Ce n'étaient pourtant pas, à proprement parler, des aliments impurs, puisqu'on les présentait aux dieux en offrandes dans les cérémonies du culte.

D'ordinaire, on les réunissait en faisceaux, et on en couvrait les autres offrandes.

La double circonstance de l'interdiction pour les prêtres de manger ce légume et de son caractère habituel d'offrande sacrée, a donné lieu à la fable, si souvent répétée sur la foi des écrivains grecs et latins, d'après laquelle les Egyptiens auraient rendu aux oignons un culte divin.

Les Egyptiens adoraient bien certains animaux, tels que le bœuf Apis et l'Ibis sacré, mais ils n'adoraient pas les oignons.

7ᵉ Lecture. — **LE LAC MŒRIS.** — Si le débordement périodique du Nil est insuffisant, une partie du sol n'est pas inondée, et par conséquent reste inculte ; si le Nil, au contraire, sort avec trop de violence de son lit, il submerge les villages et bouleverse les terrains qu'il devrait féconder.

Frappé de ces dangers, le roi Aménhémat III conçut un projet gigantesque.

Il existe entre Memphis et Héracléopolis une oasis de terres cultivables, *le Fayoum*, perdue au milieu du désert et rattachée par une sorte d'isthme à la contrée qu'arrose le Nil. Au centre de cette oasis s'étend un large plateau, dont le niveau général est celui de la vallée de l'Egypte.

Sur ce plateau Aménhémat III entreprit de créer, sur une surface de dix millions de mètres carrés, un lac artificiel.

Pour cela il n'eut pas à creuser de profondes excavations ;

Dieux égyptiens. — Le *dieu Ammon.* — On l'appelait encore Ammon-Râ. Il était la divinité principale de Thèbes.

Le dieu reçoit une offrande de la main d'un prince, il tient de la main droite le sceptre à tête d'animal, de la main gauche le *tau* à anse, qui est un insigne de la divinité. Dans le diadème qui surmonte sa tête, est représenté le disque du soleil. — (Bas-relief du musée de Boulaq.)

Dieux égyptiens. — Le *dieu Ammon* à tête de bélier, ou dieu *Khnoum.* — Il est coiffé du bonnet à plumes d'autruche, est adoré par un roi qui lui offre l'encens et un collier.

Derrière le roi, une princesse fait des libations d'une main et agite de l'autre un sistre, instrument de musique employé dans le culte des dieux. — (Bas-relief du musée de Boulaq.)

gées, servait aux usages les plus variés. Ses jeunes pousses étaient mangées crues ou cuites ; la moelle de sa tige, découpée en tranches minces qu'on collait ensemble, servait à faire le *papyrus*, sur lequel on écrivait. De ses feuilles on fabriquait des chaussures, le toit des tentes et jusqu'à des barques.

Les animaux domestiques étaient le bœuf, le mouton, la chèvre, le porc, le chien, le chat, l'oie, le canard, et un oiseau sacré, l'*ibis*, dont la spécialité était de faire la chasse aux serpents. Plus tard, les Égyptiens eurent le cheval et le chameau.

Des animaux nuisibles rôdaient aux abords du désert : c'étaient le lion, le léopard, l'hyène, le loup et le chacal. L'*Uræus*, serpent très venimeux, infestait les moissons et s'introduisait jusque dans les maisons. Dans les eaux du Nil, deux monstres amphibies, le crocodile et l'hippopotame, rendaient l'accès du fleuve dangereux pour les hommes et pour le bétail.

---

il se contenta d'enfermer le terrain nécessaire entre des digues, assez fortes pour contenir les eaux, assez hautes pour ne jamais être submergées, même au temps des plus fortes inondations. Des restes considérables de ces digues subsistent encore aujourd'hui entre les villes d'Ellahoun et de Médinet-el-Fayoum.

La crue du Nil était-elle insuffisante, l'eau amenée dans le lac par un canal, et comme emmagasinée, servait à l'arrosement, non seulement du Fayoum, mais de toute la rive gauche du Nil jusqu'à la mer. La crue était-elle trop violente, les vastes réservoirs du lac artificiel s'ouvraient et recevaient le trop-plein du fleuve.

Au milieu du lac, deux soubassements, en forme de pyramides tronquées, supportaient les statues colossales du roi constructeur et de sa femme.

L'Egypte avait donné à l'admirable création d'Aménhémat le nom de *Meri*, mot qui signifie : *le lac par excellence*.

Dieux égyptiens. — N° 1. *Le dieu Râ ou le Soleil.* — Il était la divinité principale d'Héliopolis. On le représentait avec une tête d'épervier.

D'une main il tient le sceptre, de l'autre le *tau*, signe de la divinité. Sur sa tête il porte le soleil entouré de l'Uræus, ou serpent, dont les Egyptiens surmontaient la tête des dieux et des rois dans leurs peintures. — (D'après un bas-relief égyptien.)

Dieux égyptiens. — N° 2. *Anubis*, le gardien du monde inférieur ou des enfers. — Il a la tête d'un chacal et porte sur la tête le pschent royal, formé du double diadème du nord et du midi.

Anubis, à la tête de chacal, *Horus* à la tête d'épervier et *Thot* à la tête d'ibis, étaient les trois divinités du *monde inférieur* qui participaient au jugement de l'âme des morts devant le tribunal d'Osiris. — (D'après un bas-relief.)

CHAPITRE SECOND

Memphis et l'ancien empire.

I. L'ÉGYPTE JUSQU'A LA PÉRIODE MEMPHITE. — II. MEMPHIS ET L'ANCIEN EMPIRE. PÉRIODE MEMPHITE.

§ Ier. — L'ÉGYPTE JUSQU'A LA PÉRIODE MEMPHITE.

Les premiers habitants de l'Egypte. — Les premiers hommes qui s'établirent en Egypte venaient de l'Asie, berceau du genre humain. Après avoir traversé l'isthme de Suez, ils étaient arrivés aux embouchures du Nil et s'étaient établis dans le Delta.

Le Delta n'était alors qu'un immense marécage. Pour le rendre habitable, les Egyptiens élevèrent des digues sur les deux rives du Nil et sur celles des différents bras du fleuve. A mesure que le pays devenait sain, ils bâtissaient des villes sur de petits monticules, et ils les reliaient entre elles, au moyen de chaussées, assez hautes pour être à l'abri des inondations.

Les premières villes. — Grâce à l'activité des habitants primitifs, on vit s'élever *dans le Delta* les villes de Tanis, de Mendès, de Xoïs, de Bubaste, de Saïs, d'Héliopolis ; et *dans la vallée du Nil*, celles d'Héracléopolis, de Siout, de Thinis, d'Abydos, de Thèbes, d'Hermontis, d'Éléphantine, et plusieurs autres moins importantes.

Dieux égyptiens. — *Le bœuf Apis, incarnation du dieu Phtah.* — C'était le dieu principal de Memphis. Il est ici représenté portant entre les cornes l'image du soleil, avec le serpent Urœus, signe de la divinité. — (D'après un stèle ou colonne du Sérapeum à Memphis.)

Osiris, Ammon, Râ et *Phtah* étaient en somme le dieu-soleil adoré sous différents noms.

Division de l'Egypte en deux royaumes. — Chaque ville fut la capitale d'une petite principauté, gouvernée par un chef héréditaire, qui était à la fois souverain absolu, général des armées et pontife suprême du culte religieux.

Peu à peu, les principautés du Delta se groupèrent en un seul État et formèrent le royaume de la *Basse Égypte*. De leur côté, les principautés de la vallée du Nil se réunirent aussi en un seul royaume, celui de la *Haute Egypte*.

Les nomes. — L'Egypte se trouvant ainsi divisée en deux royaumes, les anciens chefs des petites principautés devinrent de simples gouverneurs héréditaires. Leurs principautés ne furent plus que de simples départements administratifs, que les Egyptiens appelaient des *nomes*.

Il y eut en Egypte 44 nomes, ou départements administratifs : 22 dans le Delta, ou royaume de la Basse Egypte, et 22 dans la vallée, ou royaume de la Haute Egypte.

Ménès bâtit la ville de Memphis. — A une époque fort reculée, environ quatre mille ans avant Jésus-Christ, selon certains auteurs, un chef de guerriers, nommé Ménès, quitta la ville de Thinis, dans la Haute Egypte, et descendit le Nil avec ses troupes jusque vers l'entrée du Delta. Là il construisit une ville, qui fut nommée *Men-Néfer*, ou *Memphis*, c'est-à-dire la *bonne demeure*. Il éleva dans Memphis un temple somptueux en l'honneur du *bœuf Apis*, que les Egyptiens regardaient comme l'incarnation du dieu Phtah, créateur du monde.

Ménès fonde la monarchie égyptienne. — Le guerrier Ménès soumit successivement tous les chefs de

---

8ᵉ Lecture. — **LES ORIGINES FABULEUSES DE LA ROYAUTÉ EGYPTIENNE.** — Les Egyptiens faisaient remonter à la création les origines de leur empire.

Au commencement, disaient-ils, il n'existait rien autre que le *Nou*, c'est-à-dire l'Océan sans limites, le chaos, dans les profondeurs duquel les choses flottaient confondues.

Le dieu Phtah, ou Râ, en tira la terre avec ses plantes, ses animaux, ses hommes. Puis il se fit roi de la terre et la gouverna longtemps.

Mais les hommes conspirèrent contre son autorité divine. Râ en colère créa le ciel et s'y retira.

Le monde fut alors gouverné par d'autres dieux : Osiris et Isis sa femme. Osiris apprit aux hommes à labourer, à cultiver la terre, à soigner le bétail.

Osiris fut assassiné par le dieu Typhon, qui prit sa place sur la terre. Mais Horus, fils d'Osiris et d'Isis, déclara la guerre à Typhon.

Pour calmer Horus, Typhon lui céda l'empire sur le Delta ; il conserva pour lui-même le reste de l'Egypte. Depuis lors, l'Egypte forma deux royaumes.

A la fin, les dieux fatigués de gouverner la terre remontèrent au ciel. Ménès, qui était un homme, prit alors la couronne à leur place et devint le premier roi d'Egypte.

Dieux égyptiens. — *L'ibis* représentait le dieu *Thot* ou *Thaout*. — Oiseau sacré pour les Egyptiens. — Le dieu *Thot* était le greffier incorruptible des enfers.

---

nomes de la Haute et de la Basse Egypte. Il les obligea à venir dans Memphis se reconnaître comme ses vassaux et adorer le bœuf Apis. Il leur laissa pourtant le gouvernement de leurs provinces, avec le droit de le transmettre à leur descendance.

Reconnu dès lors comme *Pharaon*, c'est-à-dire comme souverain unique des deux royaumes, Ménès couronna sa tête d'une coiffure royale, le *pschent*, qui fut formé d'un double diadème : à l'intérieur, le diadème blanc des princes de la Haute Egypte et, autour du diadème blanc, le diadème rouge des rois du Delta.

L'Egypte, placée sous l'autorité suprême d'un seul souverain, ne cessa point pour cela d'être divisée, quant à son administration, en deux royaumes distincts. La ville de *Memphis* fut la capitale commune aux deux royaumes.

Les dynasties des rois d'Egypte. — A partir de Ménès jusqu'à la conquête de l'Egypte par Cambyse, roi des Perses, l'on compte ordinairement 26 dynasties, ou familles de rois, qui occupèrent successivement le trône. Ces dynasties peuvent se répartir en trois groupes principaux : 1º les dynasties de la *période memphite*, ou de l'ancien empire, 2º les dynasties de la *période thébaine*, et 3º les dynasties de la *période saïte*.

La période memphite est celle où les rois eurent généralement Memphis pour capitale. Ce fut le temps de l'*Ancien Empire*, qui vit dix dynasties se succéder sur le trône.

La période thébaine est celle où la ville de Thèbes remplaça Memphis comme capitale. Cette période, pendant laquelle l'influence de la Haute Egypte fut prépondérante,

---

9ᵉ Lecture. — **ORIGINE DU MOT PHARAON**. — Ménès se trouvant maître des deux royaumes de l'Egypte, se fit une habitation royale formée de deux palais accouplés : un palais comme roi du Delta, un palais comme roi de la Haute Egypte.

On appela pour cela le souverain *Piràoui*, mot qui signifie : *la double grande maison*. De là vint ce nom de *Pharaon*.

L'Egyptien appelait son maître « *Double grande Maison*, » comme les Turcs qualifient le leur de « Sublime Porte. »

Dans les cérémonies, Pharaon coiffait d'abord la couronne de la Haute Egypte, et tout ce qu'il offrait aux dieux était du Sud, jusqu'au vin et à l'encens. Quelques instants après, il posait sur son front la couronne du Delta, et il présentait l'encens et le vin tirés du Delta.

10ᵉ Lecture. — **LA FÊTE ANNIVERSAIRE DU COURONNEMENT DU ROI**. — Chaque année, à la nouvelle lune du premier mois de la saison des récoltes, on célébrait la fête du couronnement.

Monté sur une litière, le pharaon sortait de son palais et paraissait en public.

Sa garde, ses porte-éventails, les princes de sa maison

L'ÉGYPTE.

Rois d'Egypte. — Roi assis sur son trône, coiffé du casque de guerre, l'urœus d'or sur le front, paré de bracelets aux bras, et portant un sceptre terminé en fleur de papyrus. Un de ses officiers le rafraîchit avec un éventail de plumes d'autruche. Les rois et les reines, comme les dieux, ont généralement l'urœus d'or sur le front. — (Portrait de Rhamsès II sur l'un des pylones de Louqsor.)

l'escortent; des musiciens font retentir l'air du son des trompettes et des tambours. En avant, marchent des prêtres, la tête rasée, brûlant de l'encens; le prêtre officiant dirige les chants solennels, un livre d'hymnes à la main.

On arrive au temple du dieu Ammon. Sa statue debout, au milieu d'énormes bouquets de fleurs, est portée sur un brancard par des prêtres. Des flabellifères l'entourent de leurs grands éventails.

Pharaon présente au dieu l'offrande de l'encens et verse des libations en son honneur. A ce moment, on lâche dans les airs quatre oies, auxquelles on donne le nom d'*enfants d'Horus*, afin qu'elles aillent annoncer aux quatre points cardinaux, au nord et au sud, à l'est et à l'ouest, que c'est le jour où Pharaon a posé la couronne sur son front.

comprend le règne de dix dynasties (de la 11e à la 20e). Ces dynasties se partagent en trois groupes : les rois du Moyen Empire, les rois Pasteurs et le Nouvel Empire.

La période saïte est celle où la ville de Saïs, dans le Delta, fut reconnue pour capitale. Elle comprend les six dernières dynasties, de la 21e à la 26e.

§ II. — MEMPHIS ET L'ANCIEN EMPIRE. — PÉRIODE MEMPHITE.

Les dynasties de l'ancien empire. — L'ancien empire eut, dit-on, dix-neuf siècles de durée. Il comprit dix dynasties de rois, depuis Ménès, le premier roi de toute l'Egypte, jusqu'à l'avènement des rois thébains. En général, les princes de cette période furent d'un caractère pacifique, protégèrent les arts et l'agriculture et aimèrent la littérature ainsi que les constructions grandioses.

Les quatre premières dynasties memphites. — Les pharaons les plus célèbres sous les *quatre* premières dynasties sont *Ménès*, le chef de la première dynastie, et *Chéops*, *Chéphren* et *Mykérinos* qui appartiennent à la quatrième.

Ménès encaissa le Nil au moyen de digues puissantes, afin d'en régulariser le cours. Il éleva et embellit Memphis, sa capitale. Il fut tué, dit-on, par un hippopotame.

Chéops, Chéphren et Mykérinos firent élever, aux environs de Memphis, trois grandes *pyramides*, destinées à leur servir de tombeau. Ces gigantesques constructions, qui dominent le désert d'une hauteur de 144 mètres, excitent encore aujourd'hui, par leur masse grandiose, l'admiration des voyageurs.

C'est aussi l'un de ces princes qui fit sculpter le *grand*

Rois d'Égypte. — Un roi conduisant son char de guerre, attelé de deux chevaux. Un carquois pour les flèches est attenant au char. — (Représentation d'Aménhotep IV de la 18e dynastie, sur un bas-relief de Tell-el-Amarna.)

11e LECTURE. — **LES PYRAMIDES.** — Mille fois déjà l'on a appelé le Caire la cité des pyramides. Ce n'est pas sans raison ; de chaque point élevé de la ville, on aperçoit les formes de ces remarquables constructions. Mais les pyramides avaient déjà quatre mille ans de durée derrière elles, avant qu'on eût posé la première pierre de la première maison du Caire.

A l'horizon septentrional se voient les grandes pyramides, celles qu'on nomme les *pyramides de Giséh* d'après le bourg voisin ; puis, plus au sud, les groupes de *Zaouyet-el-Aryân* et d'*Abousir*. Sur la droite et à petite distance, l'orgueilleuse pyramide à degrés de *Saqqârah* avec ses sœurs très endommagées, et, plus au sud, le groupe des pyramides de *Dashoûr*, qui appartient à l'espèce de celles qu'on a appelées pyramides tronquées.

Voici la plus grande de ces œuvres humaines, que les anciens vantaient comme l'une « des merveilles du monde. » Remarquons que Saint-Pierre de Rome a 131 mètres de

sphinx de Gizéh, statue colossale représentant le dieu soleil, sous la forme d'un animal fantastique, ayant la tête d'un homme et le corps d'un lion.

Le chef du nome d'Eléphantine fonde la sixième dynastie. — Tous les successeurs de Ménès jusqu'à cette époque étaient originaires de Memphis. A la mort du dernier roi de la cinquième dynastie, le prince Ati, chef héréditaire du nome d'Eléphantine, dans la

---

haut, et la grande pyramide, celle de Chéops, en rétablissant la pointe, 147 mètres, soit 16 mètres de plus. Si le Chéops était creux, on pourrait y enfermer le puissant dôme de l'édifice romain, comme on fait d'une pendule sous le cylindre de verre qui la protège.

La construction du *Chéops* occupa pendant vingt, et peut-être trente ans, cent mille hommes qu'on relevait tous les trois mois. Le drogman d'Hérodote lui lut une inscription dans laquelle on contait que, seulement pour fournir aux travailleurs les radis, les oignons et les poireaux, dont ils se nourrissaient, on avait dépensé six cents talents, soit 10,775,000 francs. « S'il en est vraiment ainsi, ajoute l'historien d'Halicarnasse, combien dut coûter le reste, l'outillage en fer, l'entretien des ouvriers, leur habillement ! »

L'entrée de toutes les pyramides donne sur la face nord; dans le Chéops, elle s'ouvre à la treizième assise. On allume des flambeaux et on s'enfonce, d'abord en ligne droite, jusqu'à un bloc de granit énorme qu'on avait enchâssé dans le plafond, et qu'on en fit tomber pour fermer le passage, après avoir introduit le sarcophage. On le contourne, car les chercheurs de trésors qu'il arrêtait n'ont pas réussi à le briser, ils ont creusé une galerie dans la muraille afin de passer outre.

Encore quelques pas dans un passage horizontal qui, au milieu, s'élargit en un vestibule fermé par quatre plaques de granit glissant dans des rainures, et l'on se trouve dans la chambre du roi, devant le sarcophage vide de Chéops. *(D'après Ebers, l'Egypte.)*

L'ÉGYPTE. 35

Rois d'Égypte. — Le roi Rhamsès II n° 1, dans la société des dieux n°s 2 et 3, et adoré par sa femme n° 4 et son beau-père le roi de Kéta, n° 5. Les Égyptiens regardaient leurs rois comme des divinités. Rhamsès porte sur sa tête le diadème blanc de Thèbes, ou du royaume du midi. Dans les cérémonies publiques les rois se coiffaient du pschent, composé du diadème rouge du Delta par-dessus ce diadème blanc. Voyez page 25, Anubis coiffé du pschent. — (*Stèle ou monument élevée en mémoire du mariage de Rhamsès II.*)

Haute Égypte, s'empara du trône et fonda la sixième dynastie des pharaons.

Le pharaon Papi Ier. — Le prince le plus illustre de la sixième dynastie fut *Papi I*er, fils d'Ati. Papi est le premier des pharaons que les monuments égyptiens représentent comme un guerrier conquérant. En effet, au nord il battit les tribus asiatiques, qui menaçaient la sécurité du Delta, et s'assura par de brillantes victoires la possession des mines de cuivre du Sinaï. Au sud, il s'illustra par ses expéditions contre les peuplades nègres de la Nubie, les *Oua-Oua*, qui habitaient plus loin que la première cataracte.

Après avoir conquis la Nubie, Papi Ier enrôla les habitants dans ses armées. Il marcha ensuite contre les barbares des environs de la mer Rouge et les réduisit en esclavage.

Les quatre dernières dynasties memphites (7e, 8e, 9e et 10e). — La sixième dynastie finit par le règne d'une femme, la belle et sage *Nitocris*.

Après Nitocris, l'Égypte tomba en pleine décadence. A l'intérieur, elle fut en proie aux guerres civiles. A l'extérieur, elle perdit la Nubie et les mines du Sinaï.

Pendant cette époque troublée, l'art égyptien qui avait,

12e Lecture. — **LE GRAND SPHINX DE GIZEH.** — « Cette grande figure mutilée est d'un effet prodigieux ; c'est comme une apparition éternelle.

« Le fantôme de pierre paraît attentif; on dirait qu'il entend et qu'il regarde. Sa grande oreille semble recueillir les bruits du passé ; ses yeux tournés vers l'Orient semblent épier l'avenir; le regard a une profondeur et une vérité qui fascinent le spectateur.

« Sur cette figure moitié statue, moitié montagne, on découvre une majesté singulière, une grande sérénité et même une certaine douceur. » *(Ampère.)*

13e Lecture. — **LE SPHINX ET LE RÊVE DU ROI THOUTMÈS IV.** — Thoutmès IV n'étant encore que prince royal, chassait un jour le lion aux environs de Memphis. Fatigué de sa course, il se coucha à l'heure de midi à l'ombre du grand sphinx.

A peine fut-il endormi, que le sphinx lui adressa la parole : « Regarde-moi, contemple-moi, ô mon fils Thoutmès, car je te promets la royauté. Un jour, tu porteras les deux couronnes, la blanche et la rouge. Tu vois comment le sable du désert m'a envahi ; fais alors ce que je désire. »

Le prince, monté sur le trône, se souvint de son rêve et fit enlever le sable qui envahissait la grande statue, puis il fit graver, entre les pattes du monstre, une inscription qui subsiste encore, et qui raconte sa vision.

L'ÉGYPTE.

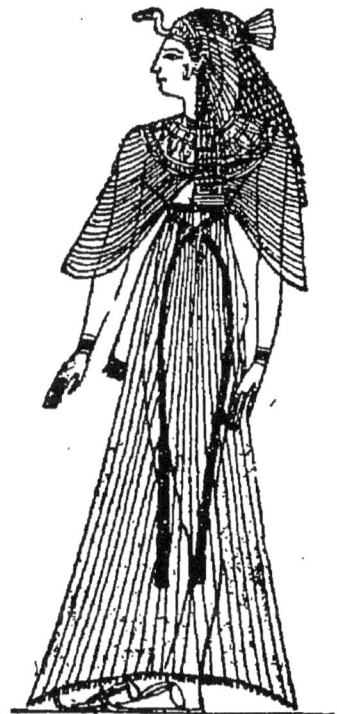

Reine d'Egypte. — Par-dessus son premier vêtement en toile, la reine portait une robe flottante en mousseline transparente, attachée à la taille par une longue ceinture. Celle-ci a les cheveux longs disposés en tresses; sur le front un diadème et l'uræus ou serpent d'or.

14ᵉ Lecture. — **LA REINE NITOCRIS.** — Le roi Menthésophis, l'un des successeurs de Papi, avait été assassiné au bout d'une année de règne. Sa sœur, la sage *Nitocris*, la *belle aux joues roses*, ou *Nit la victorieuse*, saisit les rênes du gouvernement.

Aucune princesse égyptienne ne la surpassa jamais, disent les légendes, en sagesse et en beauté.

Son frère avait péri, victime des troubles civils qui avaient commencé à agiter l'Egypte à partir de la mort de Papi II. L'agitation fut longue à s'apaiser.

Obligée par les circonstances de ménager d'abord les grands personnages qui avaient été les meurtriers de son

sous les six premières dynasties, produit tant de chefs-d'œuvre et de si beaux monuments, semble disparaître. La civilisation, si éclatante jusqu'alors, éprouve une éclipse totale.

Deux dynasties originaires de Memphis, la septième et la huitième, occupèrent d'abord le trône. Deux autres dynasties, la neuvième et la dixième, sorties d'Héracléopolis, parvinrent ensuite à s'en emparer. Les pharaons de ces quatre dynasties, les dernières de l'*ancien Empire*, furent sans valeur personnelle.

L'Egypte, en pleine décadence, semblait destinée à tomber dans la barbarie. Elle fut heureusement tirée du désordre et arrêtée dans la voie de la ruine par les princes qui gouvernaient le nome de Thèbes. Ces princes, étant parvenus à faire reconnaître leur autorité sur toute l'Egypte, mirent fin à l'ancien empire de Memphis, qui avait duré environ dix-neuf siècles.

---

frère, elle conservait en secret la résolution d'en tirer vengeance.

Elle fit donc construire une superbe galerie souterraine, et le jour de son inauguration, elle donna un grand festin. Elle y convia tous les meurtriers. Ils y vinrent sans défiance.

Pendant les joies du repas, au moment où les convives se trouvaient appesantis par les vins qu'on avait servis avec prodigalité, la princesse sortit de table.

Aussitôt les eaux du Nil, introduites par un canal secret, firent irruption dans la salle et noyèrent tous ceux qui s'y trouvaient.

On raconte que bientôt Nitocris fut obligée de se donner la mort elle-même, pour échapper aux représailles des partisans de ceux qu'elle avait fait périr.

CHAPITRE TROISIÈME.

Thèbes et les Rhamsès. — Période thébaine.

I. PÉRIODE THÉBAINE. — II. LE MOYEN EMPIRE. — III. LES HYKSOS, ROIS PASTEURS. — IV. LE NOUVEL EMPIRE THÉBAIN. — LES RHAMSÈS.

§ Ier. — PÉRIODE THÉBAINE.

Thèbes. — Thèbes était une ville de la Haute Egypte, construite sur les bords du Nil. Elle reconnaissait pour divinité suprême le dieu Ammon, dont les statues au corps humain avaient ordinairement une tête de bélier.

D'abord capitale d'un nome fort petit, elle devait son importance au pharaon Pépi Ier, qui l'avait reliée à la mer Rouge, par une route de caravanes. Elle était devenue ainsi le centre du commerce de l'Egypte avec les Indes, l'Arabie et la Phénicie. Elle était renommée par sa richesse et son étendue ; on l'appelait *Thèbes aux cent portes*.

Thèbes devient capitale de l'Egypte. — A mesure que s'était accrue la fortune de Thèbes, les chefs ou gouverneurs du nome, dont elle était le centre, avaient grandi en puissance.

Quand les pharaons de race memphite disparurent, *Entef Ier*, alors chef de Thèbes, refusa de reconnaître les pharaons d'Héracléopolis. L'un des successeurs d'Entef Ier, nommé Menthouhotep, vint à bout de les détrôner. Maître de la Haute Egypte et du Delta, il ceignit la double couronne royale et transporta le siège de l'empire à Thèbes.

L'Empire thébain. — L'empire thébain, pendant lequel les pharaons résidèrent ordinairement à Thèbes, eut une durée de dix-neuf à vingt siècles (environ de l'année 3000 à l'année 1000 avant Jésus-Christ).

La période thébaine se divise en trois parties : le *moyen Empire*, le *règne des Hyksos* ou *rois Pasteurs*, et le *nouvel Empire*.

§ II. — LE MOYEN EMPIRE.

Les pharaons thébains du moyen Empire (11e, 12e et 13e dynasties). — Les pharaons de Memphis avaient été généralement des princes pacifiques ; les pharaons thébains furent belliqueux et conquérants. La première phase de leur règne se désigne sous le nom de *moyen Empire*, parce qu'elle est placée entre l'ancien empire et le nouveau. Les entreprises guerrières des rois eurent pour but principal la conquête de l'Éthiopie, qui leur assurait le cours supérieur du Nil.

Le *moyen Empire* dura cinq siècles et comprit trois dynasties. Ses rois les plus célèbres après Entef Ier et Menthouhotep, fondateurs de la puissance thébaine, furent des princes qui portèrent le nom d'*Aménhémat*.

Les Aménhémat de la douzième dynastie. — Les règnes d'Aménhémat Ier et d'Aménhémat II furent consacrés à ramener sous le joug les Nègres de la Nubie, et à conquérir le pays de Kousch, le Soudan actuel, en Ethiopie. Ces princes réparèrent les maux des longues

Reines d'Egypte, se rendant au temple d'Ammon à Thèbes, en grand costume de cérémonie, pour y faire une offrande au dieu. — Le nom de chaque reine est inscrit en hiéroglyphes, dans un cartouche à côté de sa tête. Les noms des rois et des reines étaient toujours inscrits ainsi dans un cartouche. Les noms sont ici Nofei-t-Ari et Meri-t-en-Mout. Cette dernière était l'épouse de Rhamsès II. — (Relevé à Thèbes sur un monument.)

guerres civiles, en encourageant l'agriculture, en régularisant les canaux du Nil et en favorisant les arts.

Aménhémat III fit creuser le *lac Mœris* et construire le *labyrinthe*, deux entreprises qui comptent avec les pyramides parmi les merveilles de l'Egypte.

Le *labyrinthe*, mot qui signifie *palais à la bouche du lac*, était à la fois un temple merveilleux et un palais royal. Il comptait trois mille chambres, dit-on. Celui qui s'y aventurait sans guide, risquait fort de ne plus retrouver son chemin.

§ III. — RÈGNE DES HYKSOS, ROIS PASTEURS.

Invasion des Pasteurs. — Sous la treizième dynastie, les villes du Delta, devenues riches et puissantes, se séparèrent de Thèbes et s'érigèrent en royaume indépendant. Elles proclamèrent pour roi le chef du nome de Xoïs, et se soumirent à son autorité et à celle de ses successeurs, qui formèrent la 14e dynastie.

Cette rupture amena la guerre entre la Haute Egypte et le Delta, et par suite, l'affaiblissement des deux pays.

Des peuplades barbares, de la descendance de Cham, profitèrent de cet état de troubles pour envahir l'Egypte par l'isthme de Suez. Ces barbares étaient des Chananéens, qui après avoir habité la région de l'Arabie qui touche au golfe Persique, avaient émigré en Syrie.

Les Egyptiens les appelèrent les *Hyksos*, c'est-à-dire les *Pasteurs*. Maîtres de l'Egypte, qu'ils avaient dévastée, ils assujettirent les habitants à leur pouvoir. Ils firent de Memphis leur capitale, et proclamèrent leur chef *Salatis* comme roi de toute l'Egypte.

Gouvernement des rois pasteurs (15e et 16e dynasties). — La domination des *Hyksos* ou rois pasteurs dura plusieurs siècles. Absolument barbares à leur arrivée, les envahisseurs ne tardèrent pas à se civiliser au contact des vaincus; ils en adoptèrent la langue, les institutions et les mœurs. Leur gouvernement devint assez paternel, et les Egyptiens, surtout ceux du Delta, le supportèrent sans trop murmurer. Ils eurent successivement pour capitales Memphis et Tanis.

C'est sous un de ces rois pasteurs, le pharaon Apapi, que le jeune Hébreu Joseph, vendu par ses frères, fut amené en Egypte et devint premier ministre du royaume.

Les Hyksos fournirent à l'Égypte deux dynasties, la quinzième et la seizième.

Expulsion des Pasteurs. — Lors de l'invasion des

Les princes provinciaux. — *Prince héréditaire du Nome de Meh sous la XIIe dynastie*. — Se promenant dans sa province, en palanquin. — (Peinture d'un tombeau à Béni-Hassan.)

Hyksos, les pharaons de Thèbes avaient été réduits à la condition de princes vassaux, soumis aux conquérants. Mais peu à peu, ils groupèrent autour d'eux les nomes du midi. Alors, ils reprirent le titre de pharaon et donnèrent le signal de la guerre de délivrance.

Il leur fallut plus d'un siècle de combats pour expulser de l'Egypte les étrangers. Les derniers Pasteurs, fortifiés dans le camp d'Avaris, sur les frontières du Delta, se défendirent longtemps. Mais ils furent enfin vaincus et refoulés jusqu'en Asie.

§ IV. — LE NOUVEL EMPIRE THÉBAIN. — LES RHAMSÈS.

Le nouvel empire. — Les princes thébains, qui entreprirent la délivrance de l'Egypte, forment la dix-septième dynastie. Ce fut le chef de la dix-huitième, nommé *Amosis* ou *Ahmès*, qui prit la citadelle d'Avaris aux derniers combattants des Hyksos. Il restitua à Thèbes la dignité de capitale. Avec lui commence le *nouvel Empire*, qui comprit les 18e, 19e et 20e dynasties.

Le règne des pharaons du nouvel Empire thébain fut, plus encore que celui des princes du moyen empire, une époque de gloire militaire. Ce fut l'époque des grandes conquêtes et la période la plus brillante de l'histoire de l'Egypte. La terre de *Chanaan*, l'*Arabie* méridionale que les Egyptiens appelaient le *pays de Pount*, la *Syrie*, et tout l'immense territoire, qui s'étend jusqu'à l'Inde, devinrent successivement tributaires de l'Egypte.

Les grands conquérants du *Nouvel Empire* furent: dans la 18e dynastie les *Thoutmès* ou *Thoutmos* et les *Aménhotep*; et dans la 19e, *Séti Ier* et *Rhamsès II*.

Les Thoutmès. — Plusieurs pharaons de Thèbes portèrent le nom de Thoutmès. *Thoutmès Ier* conduisit pour la première fois les armées égyptiennes hors de la région du Nil, et alla réduire le pays de Chanaan, où les pasteurs réorganisaient leurs forces. Il obligea la Syrie à lui payer tribut, et s'avança jusqu'aux bords de l'Euphrate. Jamais les Egyptiens ne s'étaient avancés aussi loin.

Thoutmès II étant trop jeune pour régner par lui-même, ce fut sa sœur, la jeune reine *Hatasou*, qui prit en mains les rênes du gouvernement. Elle fit la conquête de l'Arabie méridionale, que l'on appelait alors le *pays de Pount*.

L'ÉGYPTE. 45

Par ce pays elle établit des relations commerciales avec l'Inde.

Thoutmès III. — *Thoutmès III* fut le guerrier le plus fameux de sa famille et le plus grand souverain de cette époque. Il régna pendant près de cinquante ans, seize siècles environ avant l'ère chrétienne. Les inscriptions qu'il fit graver sur ses monuments, racontent ses hauts

---

15ᵉ LECTURE. — **THOUTMÈS III AU SIÈGE DE MAGEDDO.**
— Thoutmès III entra en Syrie pour assiéger la ville de Mageddo.

Il fallait, pour arriver à cette ville, traverser le défilé d'Arouna. Les généraux, craignant d'y être surpris, proposèrent de faire un détour : « Par ma vie ! par l'amour que le dieu Ammon-Râ a pour moi, s'écria Thoutmès, je passerai par ce chemin. Que diraient, en effet, nos vils ennemis : Pharaon a donc peur de nous ? »

Les généraux répondirent : « Ammon, ton père te protège ; nous te suivrons partout où tu passeras, comme des serviteurs fidèles. »

Thoutmès franchit le défilé, rangea son armée en bataille, se plaça au centre et donna le signal de l'attaque. Au premier choc de ses chars de guerre, les Syriens, pris d'effroi, se sauvèrent en toute hâte, du côté de la ville.

La garnison de Mageddo, craignant de voir les Egyptiens entrer à la suite des fuyards, ferma les portes. On hissa les généraux sur le rempart avec des cordes.

Mais les Egyptiens, au lieu de poursuivre les Syriens, se mirent à piller leur camp. Ils y recueillirent 2,132 chevaux et 994 chars de guerre.

Le soir, au défilé de l'armée égyptienne, Thoutmès adressa aux soldats des reproches : « Si vous aviez pris Mageddo, cela eût mieux valu ; c'eût été une bien grande faveur que mon père Ammon m'eût accordée. »

Quelques jours après, la ville se soumit et Thoutmès y fit son entrée.

faits et entre autres trois expéditions principales, qu'il conduisit avec un rare bonheur.

La première eut pour but de châtier les peuples de Syrie qui refusaient de lui payer tribut. Il les tailla en pièces sous les murs de *Mageddo*, s'empara de la ville et revint chargé des trésors enlevés aux princes syriens.

Dans la seconde, il alla soumettre Ninive et Babylone et se rendit maître de toute l'Asie jusqu'à l'Inde. Les peuples subjugués conservèrent leurs lois et leurs princes, mais durent payer tribut à l'Egypte.

La troisième fut une expédition maritime, dans laquelle Thoutmès III ayant frété une flotte, parcourut en vainqueur l'île de Chypre, la Crète, ainsi que les côtes de la Lybie, de l'Asie Mineure et de la Grèce.

Les Aménhotep ou Aménophis. — Les Aménhotep, encore appelés les *Aménophis*, continuèrent les traditions guerrières des Thoutmès, leurs aïeux.

Le plus célèbre fut *Aménophis III*. Ce prince entreprit plusieurs expéditions en Afrique et en Asie. Il en ramena des milliers de captifs, qu'il employa à construire des temples grandioses dans Thèbes, sa capitale. Sur les ruines de ces temples, s'élèvent aujourd'hui les villages de *Karnak* et de *Louqsor*.

Deux statues colossales, taillées chacune dans un seul bloc de pierre, représentaient Aménophis III. L'une d'elles devint célèbre sous le nom de *Statue chantante de Memnon*.

Les Rhamsès.

La dix-neuvième dynastie. — La dix-neuvième dynastie parvint au trône avec *Rhamsès I*[er], quatorze ou treize siècles environ avant Jésus-Christ. Elle gouverna

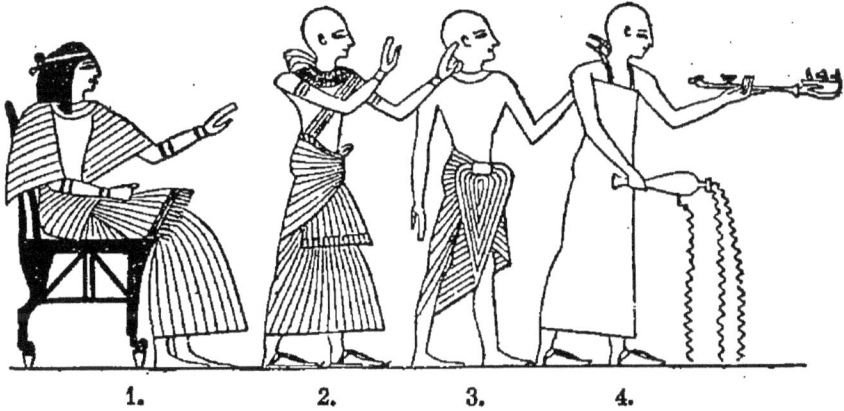

1.   2.   3.   4.

Les Prêtres. — La classe sacerdotale venait en première ligne dans la société égyptienne. Costumes des différentes classes de prêtres.

1º Prêtre de la classe des prophètes, vêtu d'une robe de lin empesée et gaufrée à petits plis.

2º Prêtre en prière, d'ordre supérieur. — 3º Prêtre inférieur.

4º Prêtre inférieur, chargé de faire des libations et de brûler les parfums devant l'autel. — (Relevé par Wilkinson.)

1.   2.   3.   4.   5.

Les Prêtres. — Différents costumes portés par les prêtres. Le nº 3 porte à la main la plume d'autruche d'Osiris et le crochet du dieu.

Les numéros 4 et 5 sont probablement des prêtres de l'ordre des chanteurs. — (Copiés sur les monuments égyptiens.)

l'Egypte pendant soixante-quatorze ans, avec non moins de gloire et d'éclat que la dynastie précédente. Ses deux principaux rois furent Séti Ier et Rhamsès II.

Séti Ier. — Séti était un officier que Rhamsès Ier avait adopté pour fils. Les principaux ennemis contre lesquels il tourna ses armes furent les *Khétas* ou *Khiti*, de Syrie.

Les Khétas étaient des peuplades sorties des montagnes méridionales de l'Asie Mineure ; ils étaient de la même race chananéenne que les anciens rois Pasteurs. Après s'être emparés d'une partie de la Syrie, ils s'y étaient créé un royaume.

Séti marcha contre eux, les vainquit en plusieurs rencontres et s'empara de la ville de *Kadesch*, leur principale citadelle. Mais les terribles montagnards défendaient pied à pied leur territoire. Après plusieurs années de guerre, Séti se décida à signer avec eux un traité de paix et d'alliance.

Rentré en Egypte, Séti Ier fit élever à Abydos, en l'honneur du dieu Osiris, un temple magnifique, l'un des plus remarquables de l'Egypte et l'un de ceux qui se sont le mieux conservés jusqu'à nos jours. A Thèbes, dans le

---

16e Lecture.— LA STATUE CHANTANTE OU PARLANTE DE MEMNON. — En l'an 27 avant Jésus-Christ, un tremblement de terre avait renversé la partie supérieure de l'une des statues colossales du roi Aménophis III. Depuis ce moment, chaque matin, un peu avant le lever du soleil, il s'en échappait un son, dans lequel certains voyageurs reconnurent un accord, et les âmes sensibles un chant modulé.

Les Grecs édifièrent sur ce fait une légende. Ils racontèrent que la pierre parlante était une image de Memnon, le héros fils de l'Aurore, l'allié des Troyens, qui, après avoir

Pallacides des dieux, ou *épouses des prêtres*. — Elles étaient chargées de quelques offices dans le temple. Les trois pallacides représentées ici tiennent à la main des fleurs de papyrus et l'instrument de musique qu'on appelait le sistre. Elles offrent les fleurs au dieu, et de la main droite font le geste de l'adoration. — (Relevé sur les monuments égyptiens.)

tué Antilochus, l'enfant de Nestor, tomba sous le bras vengeur d'Achille.

Dès que l'Aurore aux doigts de rose, disaient-ils, se montre dans Thèbes, elle mouille la statue de son fils avec ses pleurs, qui sont la rosée du matin, et Memnon reconnaissant remercie sa mère par l'émission d'un murmure plaintif.

Sous l'empereur romain Septime-Sévère, on restaura la partie du colosse tombée à terre. Depuis lors, la statue demeura muette et suspendit ses accords.

Le phénomène, en effet, avait une cause naturelle. Le colosse est taillé dans une roche grossière, pleine de graviers, qui se contractaient sous l'influence de la fraîcheur nocturne. Le matin, la large cassure, tout imprégnée de rosée, se trouvant frappée d'aplomb par les brûlants rayons du soleil, les graviers qui composaient le roc éclataient avec un crépitement que l'imagination du voyageur transformait en mélodie.

Le son cessa de se produire dès que la restauration de la statue eut soustrait la surface de cassure à l'action de l'air et du soleil.

temple d'Ammon, sur les ruines duquel s'élève aujourd'hui le village de Karnak, il fit construire la fameuse *salle hypostyle*, ou *salle des Colonnes*. Ce monument, aux proportions gigantesques, est supporté par 134 colonnes ; son plafond était placé à plus de 20 mètres de hauteur. Sur les murailles, on grava les exploits de Séti et toutes ses batailles contre les Khétas.

Rhamsès II. — Rhamsès II, fils de Séti Ier, associé au trône du vivant de son père, s'était de fort bonne heure illustré par ses exploits en Asie et en Ethiopie. Il occupa le trône pendant 67 ans. Habile guerrier et le plus grand constructeur de tous les pharaons, son nom, inscrit sur tous les monuments, demeura légendaire en Egypte. Le peuple raconta d'âge en âge le récit de ses hauts faits, en les entourant de circonstances merveilleuses et en lui attribuant tous les exploits

---

17e LECTURE. — **LA LÉGENDE DE SÉSOSTRIS**. — Hérodote, écrivain grec, appelle Rhamsès II *Sésostris*.

L'écrivain grec n'inventa pas ce nom, car Rhamsès avait porté de son vivant le surnom populaire de *Sésou-Râ*, que les Grecs prononcèrent *Sésostris*.

Autour de ce surnom populaire, une légende se forma dans le cours des siècles. On réunit sur la tête de ce personnage tous les exploits des princes guerriers de l'Egypte, aussi bien des Thoutmès et de Séti que des différents Rhamsès, en les amplifiant encore.

Ce sont ces traditions légendaires, ces récits fabuleux racontés de bouche en bouche par le peuple égyptien, que les Grecs recueillirent avidement. Et c'est avec ces récits, que pendant bien des siècles on a écrit l'histoire d'Egypte, jusqu'à la découverte de Champollion.

Mais écoutons cette fabuleuse légende.

Dès son enfance, disait-on, le père de Sésostris avait réuni dans son palais les enfants nés le même jour, et

de ses prédécesseurs. Il se créa ainsi, sur ce prince, une légende incroyable, que les Grecs recueillirent plus tard et publièrent, en donnant à Rhamsès II le nom de *Sésostris*.

La première partie du règne de Rhamsès II, le *Sésostris* des Grecs, fut occupée par vingt années de guerre contre les Khétas. La seconde partie fut entièrement pacifique. Les légendes montrent le puissant pharaon uniquement occupé à bâtir de splendides édifices et à procurer le bonheur de son peuple. Mais l'étude récente des écrits égyptiens nous apprend qu'il gouverna en despote et montra souvent des instincts cruels.

Longues guerres de Rhamsès II contre les Khétas ou Khiti. — Les Khétas, peuplades remplies d'ambition, ne songeaient à rien moins qu'à briser la

---

leur avait fait faire tous ensemble l'apprentissage de la guerre, par de rudes exercices et par de grandes chasses contre les animaux du désert.

Devenu roi, après la mort de son père, Sésostris rêva d'autres conquêtes.

L'Ethiopie fut la première contrée qu'il soumit. Il lui imposa un tribut en or, en ébène et en dents d'éléphant. Ensuite il équipa sur la mer Rouge quatre cents vaisseaux, et tandis que cette flotte subjuguait les rivages de la mer, Sésostris, à la tête de son armée de terre, entrait en Asie, et soumettait la Syrie, la Mésopotamie, l'Assyrie, la Médie, la Perse, la Bactriane et l'Inde.

Remontant ensuite vers le nord, il dompta les Scythes jusqu'au Tanaïs. De là, il passa en Asie Mineure, traversa le Bosphore et s'avança dans la Thrace.

Neuf ans s'étaient écoulés pendant ces exploits. Sésostris, couvert de gloire, revint dans ses Etats, traînant à sa suite des milliers de captifs.

Telle est la légende ; mais telle n'est point l'histoire.

puissance de l'Egypte, et à constituer un vaste empire, qui comprendrait le pays d'Aram ou des Routennou, l'Arménie, l'Assyrie et la Chaldée. La quatrième année du règne de Rhamsès, ils rompirent les traités signés avec Séti Ier, et commencèrent les hostilités. La plupart des peuples de la Syrie levèrent, à leur suite, l'étendard de la révolte et chassèrent les représentants de l'Egypte.

18e LECTURE. — **LE POÈME DE PENTAOUR.** — Un écrivain de la cour de Rhamsès, le poète Pentaour, composa sur l'expédition en Syrie un long poème, dont le texte fut gravé tout au long sur les murailles des temples de Karnak, de Louqsor et d'Ibsamboul.

On a retrouvé aussi ce texte dans un papyrus du Musée britannique. Ce précieux texte a été traduit par le vicomte de Rougé.

Quelques citations donneront l'idée de ce qu'était un poème héroïque, composé par l'un des plus fameux lettrés de la vieille Egypte.

Trompé par de faux transfuges, Rhamsès s'était avancé sans défiance, n'ayant avec lui que sa garde. Les légions d'Ammon, de Râ et de Phtah, qui formaient le gros de son armée, étaient demeurées en arrière. Tout à coup, les Khétas sortent d'une embuscade et se jettent sur la petite troupe qui entourait Rhamsès.

Le poète décrit en ces termes ce moment difficile :

« Les archers et les chars du roi cédèrent devant l'ennemi. Mais voici que Sa majesté se leva comme son père, le dieu Ammon ; il saisit ses armes et revêtit sa cuirasse, semblable à Baal, dans l'heure de sa puissance.

« Lançant son char, il pénétra au milieu des rangs des Khétas pervers.

« Il était seul de sa personne, aucun autre avec lui... Il se trouva enveloppé par 2,500 chars, coupé dans sa retraite par tous les guerriers du pervers Khéta. Chacun de leurs chars portait trois hommes, et ils s'étaient tous réunis.

« Rhamsès s'écria :

« Aucun prince n'est avec moi, aucun général, aucun

Grands personnages égyptiens. — Personnages de haut rang, se promenant la canne de bois d'acacia à la main.

Grands personnages égyptiens. — Le seigneur Ourkhouou inspectant ses terres, assis sur une litière portée par deux ânes. — (D'après une peinture tombale.)

Rhamsès II marcha contre les Khétas et leurs alliés, qui reculèrent devant lui jusqu'à Kadesch sur l'Oronte. Auprès de cette ville, comme il marchait à l'avant-garde, il se laissa tromper par des espions ennemis, et tomba dans une embuscade. Grâce à sa présence d'esprit et à son courage, il donna au gros de son armée le temps de le rejoindre. Le lendemain s'engagea la grande *bataille*

« officier des archers ou des chars ! Mes soldats m'ont
« abandonné, mes cavaliers ont fui ; pas un n'est resté
« pour combattre auprès de moi ! Qui es-tu donc, ô mon
« père Ammon ? Est-ce qu'un père oublie son fils ?

« Je t'invoque, ô mon père Ammon ! Me voici seul au
« milieu de peuples nombreux et inconnus de moi ; seul de
« ma personne. Mais je sais qu'Ammon vaut mieux pour
« moi qu'un million de soldats, que cent mille cavaliers, que
« dix mille frères ou fils, fussent-ils tous réunis ensemble. »

Ammon a entendu la prière de Rhamsès, il intervient aussitôt et crie au pharaon :

« J'accours à toi, je suis avec toi. C'est moi ton père. Ma
« main est avec toi, et je vaux mieux pour toi que des cen-
« taines de mille hommes. Je suis le seigneur de la force, qui
« aime la vaillance ; j'ai trouvé ton cœur courageux, et je
« suis satisfait. Ma volonté s'accomplira... Les deux mille
« cinq cents chars, quand je serai au milieu d'eux, seront
« brisés devant tes chevaux. Je vais les faire sauter dans les
« eaux, comme s'y jette le crocodile ; ils seront précipités les
« uns sur les autres et se tueront entre eux. »

Raffermi et encouragé par ce secours divin, le roi s'élance sur les Khétas qui s'arrêtent stupéfaits de sa témérité. Il fait mordre la poussière aux plus vaillants de leurs guerriers et s'ouvre un passage sanglant sur leurs cadavres.

Mais Rhamsès est de nouveau enveloppé par les chars de guerre de l'armée des Khétas...

Le poète fait raconter par Rhamsès lui-même comment se termina la lutte :

« Lorsque Menna, mon écuyer, vit que j'étais environné par une multitude de chars, il faiblit, et le cœur lui manqua ;

de Kadesch. Les Khétas mis en pleine déroute demandèrent la paix.

Quelques mois plus tard, ils reprirent les armes. La guerre contre eux dura quatorze ans et fut mêlée de succès et de revers. Rhamsès l'emporta pourtant et les deux peuples signèrent une paix qui ne fut plus rompue. Rhamsès II épousa même la fille aînée du roi des Khétas.

Le poète égyptien Pentaour célébra ces expéditions dans un long poème, que Rhamsès II fit graver en entier sur les murs d'un de ses temples.

Gouvernement de Rhamsès II. — Les légendes populaires ont grandement exagéré les vertus de Rhamsès II et la douceur de son gouvernement. Nous savons, par la lecture des écrits de son temps, qu'il se montra souvent le plus orgueilleux et le plus inhumain des despotes.

---

une grande terreur envahit ses membres, et il dit : « Mon « bon seigneur, ô roi généreux ! grand protecteur de « l'Egypte, au jour du combat ! nous restons seuls au milieu « des ennemis, car les archers et les chars nous ont aban« donnés. Arrête-toi et sauvons le souffle de nos vies. » Sans écouter ces conseils de la crainte, je réponds : « Courage ! raffermis ton cœur ! Je vais entrer au milieu « d'eux, comme se précipite l'épervier, tuant et massacrant ; « je vais les jeter dans la poussière. »

« Confiant dans la protection d'Ammon, Rhamsès lance son char et abat quiconque s'oppose à son passage. Six fois il charge ainsi les Khétas ; ceux-ci saisis d'admiration à la vue de tant de vaillance, se disaient l'un à l'autre : « Ce n'est pas un homme qui est au milieu de nous, c'est Soutekh le grand guerrier, c'est Baal en personne. Ce ne sont pas les actions d'un homme, ce qu'il fait. Seul, tout seul, il repousse des centaines de mille hommes, sans officiers et sans soldats ! »

Ce fut lui qui opprima les Hébreux et qui ordonna cruellement de mettre à mort tous leurs enfants mâles. Il se montra barbare envers les esclaves et les peuples vaincus. Il traitait du reste fort durement ses propres sujets : leurs plaintes, inscrites sur les papyrus, sont parvenues jusqu'à nous. Néanmoins, son souvenir est demeuré tout à fait populaire.

Constructions de Rhamsès II.—Rhamsès II aimait les fastueuses constructions. On ne rencontre guère de villes d'Egypte qui ne possèdent quelque bâtiment, élevé ou réparé par lui. Les plus connus sont : le *grand spéos d'Ibsamboul*, en Nubie, temple creusé dans les flancs d'une montagne et orné à l'extérieur de quatre statues

---

19e LECTURE.—**RHAMSÈS ET LES VOLEURS.**— Rhamsès, au dire des légendes qui se racontaient parmi le peuple d'Egypte, cachait son trésor dans un bâtiment de pierre, attenant à son palais.

Son architecte, qui était peu consciencieux, disposa une des pierres du monument de telle sorte, qu'un homme pût l'ôter du dehors. Sur son lit de mort, il expliqua à ses deux fils le moyen de tirer la pierre, pour aller voler l'argent du roi.

Les deux fils, pendant la nuit, enlevèrent la pierre, entrèrent dans la chambre du trésor et emportèrent des monceaux d'or.

Le roi fut fort surpris de trouver vide une partie des vases où était son argent. Deux ou trois fois, il trouva l'argent diminué. Il fit alors tendre des pièges auprès des vases.

Les voleurs étant revenus, l'un d'eux tomba dans le piège et s'y prit. L'autre, après avoir cherché en vain de le délivrer, lui coupa la tête, afin qu'on ne le reconnût point, et retourna chez lui avec la tête du mort.

Quand le roi revint au trésor, quelle ne fut pas sa surprise à la vue de ce corps sans tête pris dans le piège, alors que dans la chambre il n'y avait ni entrée ni sortie. Il fit pendre le cadavre à la muraille du palais et plaça des gardes

Les Scribes. — *Scribe occupé à écrire sur une tablette de bois.* — *a*, table basse devant laquelle le scribe est accroupi. — *b*, molette avec laquelle il broie sa couleur à encre. — *c*, palette sur laquelle sont des encres de différentes couleurs. — *d*, tablette de bois sur laquelle il écrit avec un roseau taillé ou *calame*. — (D'après M. Wilkinson.)

auprès, avec l'ordre d'arrêter tout passant qui pleurerait à la vue de ce corps.

La mère du voleur désirait à tout prix posséder le cadavre pour l'ensevelir. Le fils vivant imagine alors une ruse.

Il charge sur son âne des outres pleines de vin et les amène à l'endroit où se tenaient les gardes. Arrivé là, il détache en secret le col de deux outres ; le vin coule sur le sol et se perd.

Le jeune homme se frappe la tête et pousse des cris de désespoir. Les gardes accourent et l'aident à refermer ses outres. Comme prix de ce service, il les engage à boire. Les gardes acceptent, s'enivrent et finissent par s'endormir sur place.

Quand la nuit fut noire, le jeune homme détacha le corps de son frère, le chargea sur son âne et le rapporta à sa mère. Avant de s'en aller, il avait, par dérision, coupé la barbe aux gardes endormis.

Le roi, en apprenant l'aventure, entra d'abord en fureur. Mais comme il tenait surtout à découvrir le coupable, il fit publier qu'il donnerait sa fille à l'homme qui lui raconterait sa plus mauvaise action et le meilleur tour qu'il eût joué.

Le voleur voulut montrer qu'il était plus rusé que le

gigantesques, taillées dans le roc ; — et le *Ramesseum de Thèbes*, temple consacré tout entier à rappeler, par des statues et des inscriptions, les glorieuses expéditions du victorieux pharaon.

Le tombeau de Rhamsès II a été récemment découvert à Thèbes. Sa momie, parfaitement conservée, a été transportée au musée de Boulaq, près du Caire.

Décadence du nouvel empire (19ᵉ et 20ᵉ dynasties). — Sous Mérenphtah, encore nommé Minéphtah, fils de Rhamsès II, *les Peuples de la mer*, c'est-à-dire les populations maritimes des côtes de l'Asie Mineure et de la Grèce, commencèrent à venir ravager le Delta. Ce fut aussi sous ce prince que Moïse délivra le peuple hébreu du joug des Egyptiens.

Les pharaons de la 19ᵉ dynastie furent assez nuls. Les Peuples de la mer continuèrent leurs invasions dans le Delta. En même temps, les chefs des nomes s'agitaient et cherchaient à se rendre indépendants. Le nouvel empire entrait dans la période de décadence, avant-coureur de la chute.

---

roi. Il prit un cadavre, lui coupa le bras près de l'épaule et, enveloppant ce bras sous son manteau, vint trouver la fille du roi. Il lui raconta que sa plus mauvaise action était d'avoir coupé la tête à son frère, pris au piège du trésor royal, et que son meilleur tour était d'avoir détaché son corps après avoir enivré les gardiens.

A ces mots, la fille du roi se jette sur lui pour l'arrêter. Il avance adroitement le bras du mort, comme si c'était son propre bras ; la fille le saisit. Aussitôt le voleur lâcha le bras et s'enfuit.

Le roi étonné de la hardiesse de cet homme publia que s'il voulait se présenter, il recevrait une forte récompense.

Le voleur vint se déclarer, et le roi le trouva si spirituel qu'il lui donna sa fille en mariage.

Chute du nouvel empire. — Les derniers pharaons du nouvel empire portèrent presque tous le nom de Rhamsès. Un seul d'entre eux, Rhamsès III, jeta un véritable éclat.

Rhamsès III réprima *les Peuples de la mer*, et battit les *Khétas* qui s'étaient révoltés. Il repoussa une invasion des *Philistins*, et après les avoir vaincus, il leur permit de s'établir sur les confins de la Syrie, dans la région qui s'appela depuis la *Palestine*.

Les derniers Rhamsès abandonnèrent peu à peu le séjour de Thèbes, leur capitale, pour aller vivre en *rois fainéants* dans quelqu'une des villes du Delta, tantôt à Memphis, tantôt à Saïs, à Bubaste ou à Tanis. La ville de Thèbes tomba complètement alors sous l'influence des grands prêtres du dieu Ammon, qui s'y créèrent une sorte de gouvernement indépendant.

20ᵉ LECTURE. — **LE PAYSAN SOUS RHAMSÈS II.** — Pendant le long règne de Rhamsès II, la population rurale égyptienne ne fut pas à l'abri des souffrances. Le règne d'un despote, qui aime la guerre et qui a la manie de la bâtisse, est toujours une calamité pour le peuple des campagnes.

Un papyrus du Musée britannique nous a conservé la correspondance du chef des bibliothécaires de ce prince avec son ami Pentaour. Dans une de ses lettres, le bibliothécaire décrit ainsi les misères des cultivateurs :

« Ne t'es-tu pas représenté l'existence du paysan qui cultive la terre ?

« Dès avant la moisson, les vers emportent la moitié des grains, les pourceaux mangent le reste ; il y a des rats nombreux dans les champs ; les sauterelles s'abattent, les bestiaux ravagent la moisson, les moineaux pillent les gerbes.

« Si le cultivateur néglige de rentrer assez vite ce qui est sur l'aire, les voleurs le lui enlèvent.

« Le collecteur des finances est sur le quai à recueillir la dîme des moissons, il a avec lui des agents armés de bâtons,

Quand mourut le dernier des Rhamsès, vers l'an 1100, deux compétiteurs ceignirent la couronne royale et se proclamèrent *pharaons* de toute l'Egypte : un prince de Tanis nommé Smendès et Hirhor, le grand prêtre de Thèbes. La guerre civile éclata. Après plusieurs années de lutte, le prince de Tanis l'emporta. Il fut proclamé roi de la Basse et de la Haute Egypte, tandis que le grand prêtre Hirhor, définitivement vaincu, allait, avec ses partisans, fonder un nouveau royaume en Ethiopie.

La *période thébaine* de la royauté égyptienne avait pris fin.

---

des nègres avec des lattes de palmier ; tous crient : « Ça, des grains ! » Si le paysan n'en a pas, ils le jettent à terre tout de son long, le traînent au canal, et l'y plongent la tête la première, tandis que sa femme est enchaînée devant lui, et que ses enfants sont garrottés. »

Dans une autre de ses correspondances, le même dépeint la lassitude qu'éprouvait l'armée par suite des guerres incessantes :

« Que je te peigne le sort de l'officier, l'étendue de ses misères.

« On l'amène, tout enfant, pour l'enfermer dans la caserne.

« Il est battu comme un rouleau de papyrus, il est brisé par la violence.

« Viens, que je te dise ses marches vers la Syrie, ses expéditions en pays lointain.

« Ses pains et son eau sont sur ses épaules comme le faix d'un âne, et rendent son cou et sa nuque semblables à ceux d'une bête de somme. Les jointures de son échine sont brisées.

« Atteint-il l'ennemi, il est comme une oie qui tremble, car il n'a plus de valeur en tous ses membres.

« Finit-il par retourner en Egypte, il est comme un bâton rongé des vers. »

CHAPITRE QUATRIÈME
Période Saïte. — L'Égypte conquise.

I. PÉRIODE SAÏTE. — II. L'ÉGYPTE CONQUISE.

§ Ier. — PÉRIODE SAÏTE.

L'Egypte après la chute de Thèbes. — La domination séculaire de Thèbes avait été détruite par Smendès, qui transporta à Tanis, la capitale de l'Egypte. Il fut le chef de la 21e dynastie.

De son côté, le grand prêtre Hirhor s'était érigé un royaume en Ethiopie, avec la ville de Napata pour capitale.

Les pharaons asiatiques. — Vers cette époque, un certain nombre de riches étrangers, venus d'Asie, s'établirent dans le Delta, du consentement des Egyptiens, et s'y acquirent de l'influence par leur grande fortune. Deux de ces étrangers asiatiques parvinrent même à s'emparer du trône d'Egypte et furent les chefs des 22e et 23e dynasties.

Ces pharaons, sortis d'Asie, favorisèrent naturellement leurs compatriotes. Grâce à cette faveur, chaque ville du Delta devint bientôt une petite souveraineté, placée sous la domination d'un seigneur asiatique.

A l'extinction de la 23e dynastie, le plus puissant de ces petits souverains, celui de *Saïs*, se déclara pharaon.

Mais les autres seigneurs refusèrent de le reconnaître et lui préférèrent le roi d'Ethiopie, descendant du grand prêtre Hirhor.

L'Egypte fut alors sous la domination de rois éthiopiens et eut Napata pour capitale. Le *nome de Saïs* continua à former un petit royaume indépendant.

Triomphe définitif d'une dynastie saïte. — La guerre ne tarda point à éclater entre la dynastie étrangère établie à Saïs (la 24e) et la dynastie éthiopienne (la 25e). Après de longues années de troubles civils, pendant lesquels les Assyriens envahirent l'Egypte et la soumirent à payer tribut, le trône se trouva définitivement acquis à Psammétique, prince de Saïs.

Période saïte (666 à 525). — La ville de Saïs

21e Lecture. — **VOYAGE AUTOUR DE L'AFRIQUE SOUS NÉCHAO.** — Le roi Néchao, désireux d'atteindre par mer aux contrées occidentales, avec lesquelles les cités phéniciennes entretenaient un commerce des plus fructueux, chargea quelques-uns des capitaines phéniciens à son service d'entreprendre un voyage d'exploration autour de l'Afrique.

La tentative, d'une hardiesse inouïe pour l'époque, réussit pleinement.

Partis de la mer Rouge, les navigateurs envoyés par le roi d'Egypte rentrèrent au bout de trois ans dans la Méditerranée, par les Colonnes d'Hercule (détroit de Gibraltar). Ils avaient donc fait le tour complet du continent africain.

Personne ne devait plus tenter pareille entreprise avant le portugais Vasco de Gama en 1497.

Comme les navigateurs égyptiens n'avaient pu embarquer des provisions suffisantes pour un aussi long voyage, chaque année, ils débarquaient sur une plage, semaient du blé, en attendaient la maturité, puis après avoir récolté leur moisson, ils reprenaient la mer.

Armée égyptienne. — *Différents types de soldats.*— 1. Char de guerre monté par deux soldats, l'un conduit et l'autre combat. Les Egyptiens n'avaient pas de cavalerie. — 2. Archer d'infanterie légère, armé du bouclier léger et de l'arc. — 3. Officier. — 4. Soldats de ligne armés de la lance, du casse-tête et du grand bouclier. — (D'après une peinture à Thèbes.)

triomphait et devenait capitale. Ce triomphe fit entrer l'histoire de l'Egypte dans la *période saïte*, période qui ne fut pas sans gloire.

Une seule dynastie occupa le trône, pendant cette période, la 26e; elle compta plusieurs princes remarquables : *Psammétique I*er, son fondateur, *Néchao* et *Ahmès* ou *Amasis*. — Le dernier pharaon de cette dynastie fut Psammétique III, qui vit la chute de l'Egypte et sa conquête par les Perses, en 525.

Psammétique Ier **(666 à 611).** — Psammétique Ier se contenta de régner sur le Delta et sur la Haute Egypte. Il n'essaya point de soumettre l'Ethiopie, qui continua à former un royaume indépendant, soumis aux descendants des grands prêtres d'Ammon. Son règne fut tout entier consacré à réparer les ruines, accumulées par trois siècles de guerres civiles et par l'invasion assyrienne.

Jusqu'alors, les pharaons n'avaient jamais permis aux navires étrangers de venir trafiquer en Egypte; Psammétique ouvrit aux commerçants grecs les ports du Delta, et leur permit d'y établir des entrepôts de marchandises. Il recruta même en Grèce un corps de troupes.

Néchao (611-595). — Néchao, fils de Psammétique, fut un roi plein de bravoure et de noble ambition. Trois grands faits signalèrent son règne : il rétablit par la force de ses armes, l'ancien pouvoir de l'Egypte sur la Palestine et l'Euphrate ; — il créa une marine de guerre, — et il fit accomplir par ses marins le premier voyage d'exploration autour de l'Afrique.

Ahmès ou Amasis (569-526). — Sous Amasis, l'Egypte connut des jours de véritable prospérité. On comptait alors dans ce pays, vingt mille villes ou villages, peuplés de nombreux habitants. Il fit réparer les canaux qui amenaient l'eau du Nil dans les campagnes, et prit toutes les mesures capables d'améliorer l'agriculture. Pour augmenter l'activité du commerce, il favorisa les

---

22ᵉ LECTURE. — **ANECDOTE SUR AMASIS.** — Les officiers d'Amasis, scandalisés de le voir se divertir dans l'intervalle de ses audiences, lui dirent un jour :

« Prince, vous ne tenez pas votre rang avec assez de dignité. Vous devriez rester tout le jour assis sur le trône, à régler les affaires publiques. Ce serait vous conduire vraiment en roi. »

Amasis répondit :

« Pourquoi ne bandez-vous votre arc que lorsque vous voulez vous en servir ? et pourquoi, après vous en être servis, le détendez-vous ? »

Ils répondirent : « Parce que la corde toujours bandée finirait par se rompre. »

« Eh bien ! répliqua Amasis, si un homme s'appliquait aux choses sérieuses, sans jamais se reposer, il finirait par devenir fou ou stupide. Voilà pourquoi je partage mon temps entre les affaires et les distractions. »

L'ÉGYPTE.

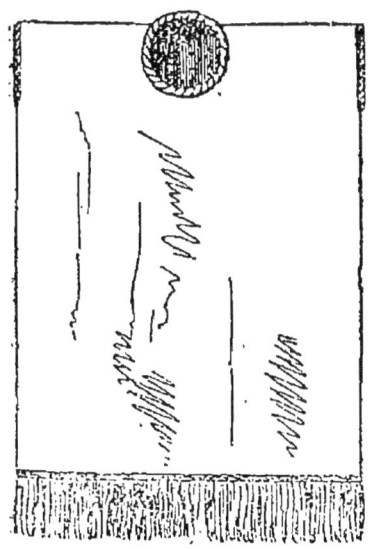
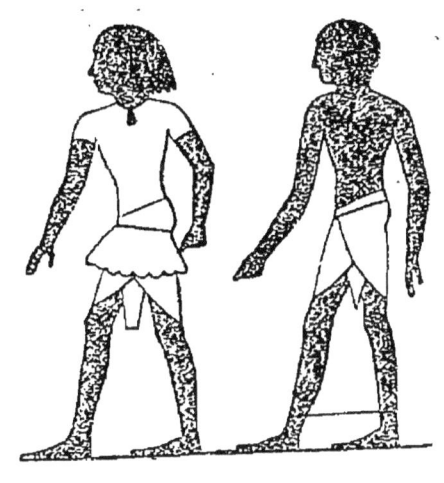

1. 2. 3.

Détails du costume égyptien. — 1. La *schenti*, sorte de pagne court, vêtement de dessous en toile blanche qui s'attachait autour des reins. C'était la partie essentielle du costume des hommes. Le numéro 3 représente un Égyptien avec la schenti. Par dessus, on mettait volontiers une chemise courte comme la porte le numéro 2. — Enfin on couvrait le tout d'un manteau de laine.

(Pour le costume complet des hommes voyez les grands personnages, page 53. — Pour les femmes, voyez page 49.)

---

marchands grecs et engagea un grand nombre d'entre eux à s'établir en Egypte.

L'Egypte lui dut plusieurs grands temples. Le plus célèbre fut celui de Saïs, qu'il orna d'immenses vestibules ou *propylées*, aux gigantesques colonnes. On y arrivait par une longue avenue de sphinx.

§ II. — L'ÉGYPTE CONQUISE.

L'Egypte menacée par les Perses, sous Amasis. — Pendant le règne d'Amasis, un peuple de l'Asie, jusque-là sans importance et presque ignoré, le peuple des Perses, était tout à coup sorti de son obscurité. Pour ses débuts, Cyrus, son jeune roi, venait d'envahir l'empire des Mèdes, qu'il avait rendu tributaire. Tout annonçait qu'il ne bornerait pas là ses exploits (1).

En effet, Cyrus ne tarda point à menacer la Lydie. Crésus, roi de Lydie, ne se sentant pas de force à lutter seul contre le jeune roi des Perses, s'adressa à Amasis, roi d'Egypte, aux Lacédémoniens et au roi de Babylone. Il les amena à former avec lui une grande ligue, dont les armées réunies pourraient arrêter le jeune conquérant.

Par une présomptueuse imprudence, Crésus, roi de Lydie, n'attendit point l'arrivée de ses alliés pour entrer en campagne. Il fut vaincu par Cyrus, qui le détrôna et s'empara de ses États.

A la suite de cette conquête, Cyrus alla assiéger Babylone, la prit et détruisit l'empire chaldéen, dont cette ville était la capitale.

(1) Voyez la carte de la Médie et de la Perse.

23ᵉ Lecture. — **AMASIS ET SES ADVERSAIRES.** — Les ennemis d'Amasis lui reprochaient d'être un homme du peuple. Pour leur donner une leçon, il mit en pièces un bassin d'or, dans lequel lui et ses convives se lavaient les pieds avant de se mettre à table, et avec les débris il fit fabriquer la statue d'un dieu. Par ses ordres la statue fut érigée sur l'une des places de la ville.

Les habitants, amis ou ennemis, s'empressèrent de venir se prosterner devant la nouvelle idole.

Amasis les assembla et leur dit : « Ce dieu était auparavant un bassin d'or, qui servait aux plus vils usages, et maintenant vous l'adorez volontiers ; moi, de même, je n'étais qu'un homme du peuple ; mais maintenant je suis votre roi ; rendez-moi donc sans regret le respect qui est dû au roi ! »

Métiers. — *Cuisiniers à l'ouvrage.* — N° 1, un cuisinier plume une oie. — N° 2, un autre dispose les viandes dans un chaudron. — Le n° 3 fait rôtir un oie à la broche. — Le n° 4 découpe des viandes de boucherie. — (Bas-relief d'un tombeau.)

Les frontières de l'empire des Perses s'étendirent alors jusqu'à celles de l'Egypte. Cyrus ne les franchit point; mais l'existence de l'empire des pharaons se trouva dès lors fortement menacée.

Conquête de l'Egypte par Cambyse, roi des Perses et des Mèdes. — Bataille de Péluse (525). — Ce que n'avait point fait Cyrus, Cambyse son fils l'accomplit.

Psammétique III avait succédé à Amasis son père, sur le trône d'Egypte. Cambyse, qui avait résolu de s'emparer de ce pays, envoya sa flotte aborder au littoral du Delta tandis que lui-même s'avançait par terre jusqu'à Péluse.

Psammétique marcha à sa rencontre, avec une armée composée des troupes égyptiennes et de mercenaires grecs.

Les légendes rapportent qu'au moment où s'engageait la *bataille de Péluse*, Cambyse fit placer aux premiers rangs de son armée des chats et des éperviers. Les Egyptiens, dans la crainte d'atteindre des animaux qu'ils tenaient pour sacrés, n'osèrent pas lancer leurs traits et lâchèrent pied au premier choc. Les mercenaires grecs se battirent vaillamment ; mais ils furent taillés en pièces. Psammétique vaincu s'enfuit jusqu'à Memphis.

Destruction du royaume d'Egypte (525 avant Jésus-Christ). — Cambyse vainqueur envoya l'un de ses officiers à Psammétique pour l'engager à se reconnaître tributaire des Perses. A peine le messager du roi des Perses entrait-il dans Memphis, que les habitants se jetèrent sur lui et le massacrèrent.

Cambyse, irrité de cette insulte, marcha aussitôt sur Memphis, s'en empara et déclara détruit l'empire des pharaons.

A quelque temps de là, Psammétique IV fut mis à mort. L'Egypte ne forma plus qu'une simple province de l'empire des Perses, administrée par un satrape ou gouverneur persan.

24ᵉ Lecture. — **LE DERNIER PHARAON DE L'ANCIENNE ÉGYPTE.** — Après la prise de Memphis, raconte Hérodote, le roi Psammétique fut amené en présence de Cambyse, avec un certain nombre d'Egyptiens des plus marquants. Le vainqueur, du haut de son trône, les reçut d'un air de souverain mépris et les traita avec la dernière dureté.

Il ordonna d'habiller la fille du malheureux pharaon en esclave, et il l'envoya, une cruche à la main, puiser de l'eau à la fontaine. Elle était accompagnée de plusieurs autres jeunes filles nobles, vêtues comme elle en esclaves.

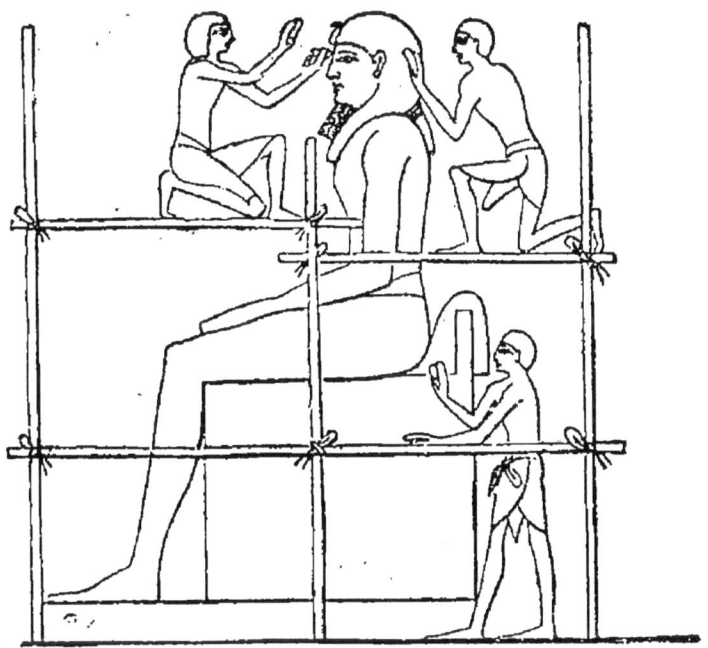

Métiers. — Sculpteurs égyptiens façonnant et polissant un colosse de pierre dure. — (Musée de Boulaq.)

Ces jeunes filles, passant auprès de leurs pères, poussèrent des cris lamentables.

Psammétique se contenta de baisser les yeux.

Cambyse fit ensuite amener le fils de Psammétique, accompagné de 2,000 Egyptiens du même âge, la corde au cou et un anneau passé dans les lèvres. On les menait au supplice.

Psammétique reconnut son fils; mais tandis que les autres pères placés autour de lui, pleuraient et se lamentaient, il garda encore le silence, et baissa les yeux.

Alors apparut un vieillard, ancien officier de la cour de Pharaon, que les vainqueurs avaient couvert de haillons, et forçaient à mendier son pain auprès des soldats victorieux.

A ce spectacle, Psammétique fondit en larmes, en se frappant la tête.

Cambyse fut étonné de la conduite de son prisonnier, et lui en demanda le motif.

L'Egypte après la conquête. — L'Egypte, incorporée au royaume des Perses, conserva sa religion, sa langue et tous ses anciens usages.

Le joug des satrapes persans lui était odieux, et pendant les deux siècles que dura leur domination, elle eut plusieurs fois recours à la révolte pour s'en affranchir.

En 332, Alexandre le Grand, roi de Macédoine, vainqueur de Darius, roi des Perses, pénétra en Egypte. Il fut reçu par les Egyptiens à bras ouverts, comme un libérateur. Ce prince fonda en Egypte la ville d'Alexandrie.

A la mort du grand conquérant, l'un de ses généraux nommé Ptolémée, forma de l'Egypte un royaume indépendant. Il commença une nouvelle dynastie de pharaons, la dynastie des Ptolémées, qui occupa le trône pendant 171 ans. En l'an 30 avant Jésus-Christ, les Romains s'emparèrent de l'Egypte et la réduisirent en province romaine.

« Fils de Cyrus, répondit Psammétique, les malheurs de ma maison sont trop grands pour que des larmes suffisent à exprimer ma peine ; mais le triste sort d'un ami qui, dans sa vieillesse, tombe ainsi dans l'indigence m'a paru mériter des pleurs ! »

Cette réponse émut tous les Perses qui étaient présents. Cambyse, lui-même, touché de compassion, commanda de délivrer le fils de Psammétique.

Ceux qui allèrent chercher le jeune prince le trouvèrent déjà mort ; on l'avait exécuté le premier.

Depuis lors Cambyse traita son vaincu en roi. Il s'apprêtait même à lui rendre la couronne d'Egypte, à titre de vassal, quand il apprit que Psammétique tramait un complot contre sa vie. Il le fit mettre à mort.

CHAPITRE CINQUIÈME

Institutions religieuses, politiques et sociales de l'Égypte.

I. RELIGION ET INSTITUTIONS RELIGIEUSES — II. INSTITUTIONS POLITIQUES ET SOCIALES.

Civilisation de l'Égypte. — Nous connaîtrions mal la vieille Égypte, si nous nous contentions de savoir la série des 26 dynasties, le nom des pharaons les plus célèbres et l'histoire des principaux événements. Il faut encore et surtout connaître sa civilisation.

Nous en aurons une notion suffisante, quand nous aurons étudié l'organisation religieuse, les institutions politiques et sociales de ce pays.

§ Ier. — RELIGION ET INSTITUTIONS RELIGIEUSES.

Esprit religieux des Égyptiens. — En Égypte, tout portait l'empreinte de la religion : l'*écriture*, dont plusieurs caractères représentaient des symboles religieux ; la *littérature* toute pleine d'allusions pieuses ; les *arts* de la sculpture, de la peinture, de l'architecture, consacrés presque uniquement à glorifier les dieux ou les rois qu'on regardait comme des êtres divins ; l'exercice des *professions diverses* et tous les usages de la vie ordinaire, qui devaient être toujours sanctifiés par des invocations aux dieux.

72 L'ÉGYPTE.

Aussi, l'écrivain grec Hérodote, qui visita l'Egypte près de cinq siècles avant Jésus-Christ, frappé de la grande dévotion des habitants, écrivait-il : « Les Egyptiens sont les plus religieux des hommes. »

Malheureusement, ils avaient perdu la notion du vrai Dieu, et leur culte n'était qu'une ridicule et grossière idolâtrie.

Examinons leurs croyances, leurs dieux, leurs pratiques religieuses.

Croyances religieuses des Egyptiens. — Trois dogmes faisaient le fond de la religion des Egyptiens : le polythéisme, ou la croyance en un grand nombre de dieux ; la croyance en l'immortalité de l'âme ; enfin celle

---

25ᵉ LECTURE. — **LE DIEU RA.** — Le dieu *Râ*, le *dieu Soleil*, était considéré comme une divinité de premier ordre, parce qu'il est le plus éclatant, le plus grand des astres, celui, disaient-ils, dont l'action bienfaisante vivifie le monde.

Pour les prêtres égyptiens, le soleil était tantôt le corps vivant sous lequel se manifestait le dieu suprême ; tantôt l'œil droit de la divinité, éternellement ouvert au ciel. Le plus souvent, ils regardaient le soleil comme étant vraiment un dieu. Ils l'adoraient et chantaient en son honneur l'hymne suivante :

« Hommage à toi, momie qui se rajeunit et renaît perpétuellement !

« Hommage à toi, qui luis dans *le Nou*, pour vivifier tout ce qu'il a créé ; à toi qui as fait le ciel et qui as enveloppé de mystères son horizon !

« Hommage à toi, Râ, qui apparaissant à ton heure, lances des rayons de vie pour les êtres intelligents !

« Hommage à toi, qui as fait les dieux dans leur totalité !

« Hommage à toi ! quand tu circules au firmament, les dieux qui t'accompagnent poussent des cris de joie ! »

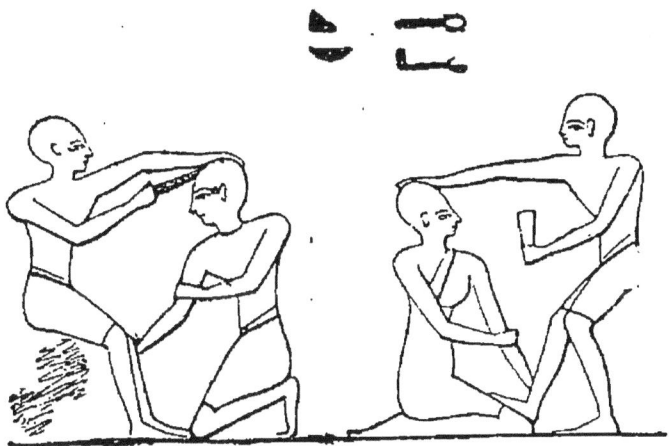

Métiers.— *Le Barbier.*— C'était un personnage important en Egypte, où l'on portait la tête rasée.

---

d'une récompense pour les bons et d'une punition pour les méchants après cette vie.

En Egypte, comme chez toutes les nations païennes, les prêtres seuls et les savants étaient initiés aux dogmes ou croyances religieuses. Le peuple se contentait des pratiques superstitieuses de l'adoration des idoles.

Principaux dieux. — Chaque province avait ses dieux spéciaux. Cependant partout la divinité principale était *le dieu-Soleil*, auquel on donnait un nom différent suivant les villes et les nomes.

A Memphis, le dieu principal, ou dieu-soleil se nommait *Phtah* ;

A Thèbes, il s'appelait *Ammon* ou *Ammon-Râ* ;

A Abydos, *Osiris* ;

A Héliopolis, le dieu *Râ*.

Les dieux avaient des épouses et des enfants : *Osiris* avait pour épouse la déesse *Isis*, ou la lune. Leurs enfants étaient le dieu *Horus*, ou le soleil levant et le dieu *Set*, ou dieu de la nuit.

Ammon avait pour épouse la déesse *Hator*.

Primitivement, chaque ville se contenta de ses dieux spéciaux. Mais lorsque toute l'Egypte se trouva réunie en un seul empire, les relations étant devenues plus fréquentes entre les différentes provinces, chaque ville ajouta à ses dieux ceux des autres villes. Le culte d'*Osiris*, juge des âmes après la mort, et celui d'*Isis*, son épouse, devinrent très rapidement communs à toute l'Egypte.

Divinités secondaires. — Au-dessous de ces divinités principales, les Egyptiens adoraient une multitude de divinités secondaires, parmi lesquelles *Thot*, *Sekhet* et *Anubis*.

26ᵉ Lecture. — **LES ANIMAUX SACRÉS DE L'ÉGYPTE.**
— Chaque nome avait son animal sacré. Quelques-uns étaient vénérés par toute l'Egypte, comme le *scarabée* du dieu Phtah, l'*ibis* et le *singe cynocéphale* de Tahout, l'*épervier* de Hor, le *chacal* d'Anubis.

Certains animaux, vénérés dans un nome, étaient proscrits dans les autres. Les gens d'Eléphantine tuaient le crocodile et lui faisaient la chasse avec acharnement; tandis que ceux de Thèbes et de Crocodilopolis adoraient avec effroi un de ces redoutables sauriens.

Hérodote raconte que les habitants de Crocodilopolis choisissaient un beau crocodile, qu'ils nourrissaient avec soin. Ils lui mettaient aux oreilles des anneaux d'or ou de terre émaillée, et des bracelets aux pattes de devant. Ils lui apprenaient à manger dans la main.

Strabon, dans son voyage en Egypte, visita le crocodile sacré. Il raconte en ces termes sa visite : « Notre hôte prit des gâteaux, du poisson grillé et une boisson préparée avec du miel, puis alla avec nous vers le lac sacré qui faisait

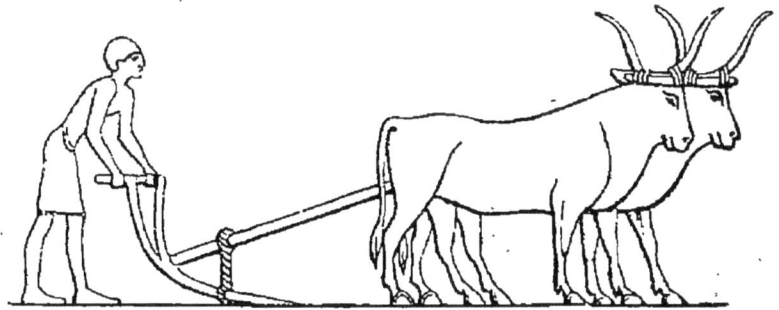

Paysans et Agriculture. — Un paysan qui laboure. — Charrue égyptienne.

Thot était le dieu qui préservait de la peste; *Sekhet* était la déesse de la victoire; *Anubis*, le dieu chargé de conduire l'âme dans le grand voyage de l'autre vie.

Manière de représenter les dieux. — Comme à chacun de leurs dieux, les Egyptiens attribuaient un pouvoir particulier, une qualité spéciale, ils cherchaient dans la nature un être ou un animal qui représentât ce pouvoir ou cette qualité. Cet être, ils en faisaient le symbole du dieu.

Osiris, le dieu pacifique et bienfaisant, avait pour symbole le bœuf; — *Isis*, son épouse, avait pour symbole la génisse; — *Horus*, le soleil levant, avait l'épervier à l'œil étincelant; — *Ammon* avait le bélier; — *Hator* avait la vache.

partie du temple. La bête était couchée sur le bord. Les prêtres vinrent auprès d'elle; deux d'entre eux lui ouvrirent la gueule, un troisième y fourra d'abord les gâteaux, ensuite le poisson frit et finit par le breuvage. Sur quoi le crocodile se mit à l'eau et s'alla poser sur l'autre rive.

« Un nouvel étranger étant survenu avec pareille offrande, les prêtres firent le tour du lac, et après avoir atteint le crocodile, lui donnèrent l'offrande de la même manière. »

Quant aux dieux inférieurs, *Thot* eut pour symbole l'ibis, oiseau qui détruit les serpents; *Sekhet*, la lionne courageuse, et *Anubis*, le chien, qui conduit les aveugles, ou encore le chacal.

Dans leurs statues et leurs peintures, les dieux étaient représentés soit sous une forme humaine, soit avec un corps humain ayant la tête de l'animal qui représentait ses qualités ou son pouvoir.

Les animaux sacrés. — L'habitude de représenter les qualités de leurs dieux par des animaux amena, chez les Égyptiens, le culte des animaux sacrés.

Dans tout temple on plaça non seulement la statue du dieu, en l'honneur duquel il avait été bâti, mais encore quelques types de l'animal qui était son emblème. Ces animaux, placés dans des salles magnifiques, étaient considérés comme sacrés. Ils avaient leurs prêtres et

---

27ᵉ LECTURE. — **LE BŒUF APIS.** — Le bœuf Apis avait pour demeure à Memphis une chapelle attenante au grand temple de Phtah. Il avait ses prêtres et recevait les honneurs divins.

Une vaste cour, entourée de portiques somptueux, lui servait de promenoir. Dans cette cour, les simples mortels pouvaient le venir voir et l'adorer.

Le taureau-dieu venait-il à mourir, l'Egypte entière était en deuil; partout éclataient de solennelles lamentations.

Dès que son successeur était trouvé, chacun se parait de ses plus riches habits, et les réjouissances commençaient.

Mais chaque bœuf Apis ne devait vivre qu'un nombre d'années déterminé par les lois religieuses. Au bout de 25 ans, si le vieux bœuf n'était pas mort de mort naturelle, les prêtres le noyaient dans une fontaine consacrée au soleil. Puis on prenait son deuil, on l'embaumait et on procédait solennellement à ses funérailles.

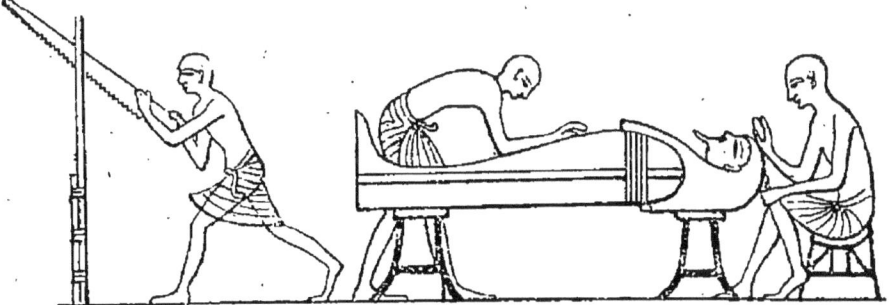

Culte des Morts. — *Encaissement de la momie*. — Le cercueil qui renferme la momie a lui-même la forme d'une momie. Les ouvriers la terminent. — (D'après une peinture dans un tombeau de Thèbes.)

leurs cérémonies ; c'était un crime de leur faire du mal. On les nourrissait avec soin et on les adorait. Après leur mort, on les embaumait et on les portait solennellement dans leurs monuments funèbres.

Le bœuf, la vache, le bélier, le bouc, le chat, le singe, le crocodile, l'épervier, l'ibis, le scarabée, et plusieurs autres bêtes, furent comptés parmi les animaux sacrés.

Le plus célèbre des animaux sacrés était le *bœuf Apis*.

Le bœuf Apis. — Le bœuf Apis était l'animal sacré de Memphis. Il était regardé comme la représentation vivante de Phtah ou d'Osiris.

Pour faire d'un bœuf le dieu Apis, les prêtres chargés de le choisir ne prenaient pas un animal ordinaire. Il devait être noir, avoir une tache blanche carrée sur le front, une autre tache blanche en forme de croissant sur le dos ; sa langue était marquée de l'aile d'un scarabée ; les poils de sa queue devaient être doubles.

Quand on l'avait trouvé, on l'enfermait dans une sorte de chapelle, dépendant du temple. Pendant sa vie, il était l'objet d'adorations et de cérémonies nombreuses. Dès qu'il mourait, il était embaumé suivant un rite spécial, puis on le portait en grande pompe au *Sérapeum*, qui était un caveau taillé dans le rocher.

Les temples. — Les temples des dieux étaient précédés de colonnades ou d'avenues, bordées de chaque côté par des statues représentant des sphinx, ou des béliers. En avant de la porte s'élevaient deux *obélisques*, longues aiguilles de vingt mètres de haut, formées d'un seul bloc de granit.

Le temple comprenait trois parties principales : le vestibule ou pronaos, la grande salle hypostyle et le sanctuaire.

On entrait dans le *vestibule* par une porte assez étroite flanquée de deux énormes tours en forme de pyramides tronquées. Ces deux tours se nommaient les *pylônes*.

La *salle hypostyle* était une vaste salle au plafond plat soutenu par de hautes colonnes. Les murs étaient couverts

---

28ᵉ Lecture. — **LE TEMPLE ÉGYPTIEN**. — Le temple, en Egypte, n'était pas un lieu où le peuple se rassemblait pour faire la prière en commun. On n'y célébrait aucun culte public. Seuls, le roi et les prêtres pouvaient entrer dans le sanctuaire. Le peuple n'était admis que dans les cours et la salle hypostyle.

Le temple était un monument élevé par la piété d'un roi, qui avait voulu mériter la faveur du dieu auquel il l'avait dédié. Aussi, sur les murailles les peintures ne représentent qu'un seul sujet : le roi d'un côté, une ou plusieurs divinités de l'autre. Le roi adresse des offrandes à la divinité et demande que celle-ci lui accorde une faveur ; la divinité concède la faveur demandée. Il n'y a dans toute la décoration du temple qu'un acte, l'adoration du roi, répétée sous toutes les formes. Le temple n'était ainsi que le monument personnel du roi qui l'avait fondé et décoré.

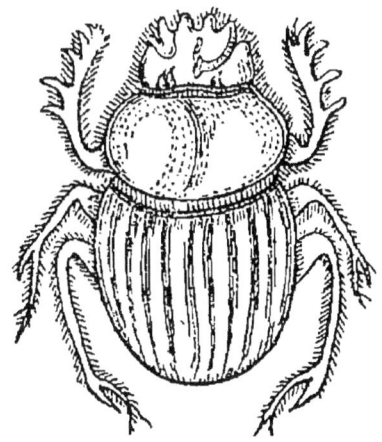

Culte des Morts. — *Le Scarabée.* — On regardait cet insecte, qui naît dans le fumier, comme le symbole de l'immortalité. On le représentait en or, en pierre dure, en terre émaillée et on le plaçait dans les cercueils, comme un talisman, contre les mauvais génies de la route des enfers.

---

de peintures ou de sculptures, représentant les hauts faits des rois. C'était là que, dans les grandes cérémonies, se formaient les processions, qui sortaient ensuite en portant la statue voilée du dieu. Tout autour étaient d'autres salles pour les animaux sacrés, pour les offrandes et les provisions.

Le *sanctuaire* était le lieu sacré par excellence. Au fond du sanctuaire, se trouvait une sorte de grand tabernacle, le *naos*, ordinairement formé d'un seul bloc de pierre. A l'intérieur était déposée la statue du dieu. Le roi seul et le grand prêtre avaient le droit d'entrer dans le sanctuaire, et d'ouvrir la porte du *naos*.

Croyances des Egyptiens relativement à l'âme. — Les Egyptiens croyaient à l'immortalité de l'âme, à la résurrection future des corps, à la récompense des bons et à la punition des méchants dans l'autre vie.

Après la mort, disaient-ils, l'âme, *le double* du corps, est conduite vers les espaces infernaux par le dieu *Anubis*, à la tête de chien, et par le dieu *Thot*, à la tête d'ibis. Son voyage s'effectue d'abord à pied, par des galeries obscures, puis en barque sur un fleuve souterrain. Dans sa route elle est soumise à de nombreuses épreuves et soutient les attaques de démons terribles.

Elle parvient enfin à la *Salle de Vérité*. Là siège Osiris,

29e Lecture. — **LES SACRIFICES**. — Le sacrifice est décrit en ces termes par M. Maspéro dans ses *Lectures historiques* :
« Le sacrifice était au début un véritable repas que le célébrant, roi, prince ou simple particulier, devait préparer et servir au dieu, de ses propres mains. Il allait donc aux champs lacer le taureau à demi sauvage, le liait, l'écorchait, en brûlait une partie à la face de l'idole, distribuait le reste aux assistants avec une profusion de gâteaux, de fruits, de légumes et de vin.

« Le sacrifice majeur, celui qu'on célèbre dans les circonstances solennelles, comprend ordinairement quatre victimes. L'esprit d'économie en réduit souvent le nombre à deux, et même à une seule, qu'on appelle alors le taureau du sud.

« Les serviteurs du temple l'amènent au licou dans l'endroit désigné, et lui attachent la corne droite à la jambe droite de derrière, en lui renversant légèrement la tête et en lui passant la corde par dessus l'épaule gauche, de manière à lui gêner les mouvements et à lui paralyser presque entièrement le cou, s'il s'avisait de vouloir jouer des cornes.

« Cela fait, on le pique, et, dès qu'il est parti, le prince royal le saisit par la queue à deux mains, et Rhamsès lui lance le lasso autour des cornes.

« Comme il s'arrête, étourdi de cette attaque et ne comprenant rien à ce qui lui arrive, les prêtres se précipitent sur lui, le renversent et lui tirent les quatre jambes en un faisceau unique.

« Cependant pharaon s'est armé d'une longue canne

Culte des Morts. — *Jugement de l'âme dans la salle de Vérité.* — *Osiris* (n° 1) est sur son tribunal pour prononcer la sentence. A côté, sur un piédestal est assise *la Dévorante* des enfers (n° 2), monstre à tête d'hippopotame, chargé de la punition des méchants. Vient ensuite le dieu *Thot* ou *Tahout*, à la tête d'Ibis (n° 3), incorruptible greffier, prêt à enregistrer le résultat du pèsement de l'âme. La balance est manœuvrée par le dieu *Anubis* ou *Anôpou*, à la tête de chacal (n° 4) et par le dieu *Horus* à la tête d'épervier. Au-dessus de la *balance infaillible de justice* est perché un *singe cynocéphale* (à tête de chien), consacré au soleil. Dans le plateau de droite, l'âme (n° 6) place son cœur dans un vase; dans le plateau de gauche est la statue de la vérité. — (Dessin d'un Livre des Morts.)

droite, unie, sans ornements, et d'une masse légère, à tête en pierre blanche, souvenir de la massue avec laquelle ses ancêtres abattaient leur proie.

« Dès que la victime est parée, il étend la masse au-dessus d'elle comme pour la frapper. Aussitôt le boucher sacré lui ouvre la gorge d'une oreille à l'autre. Un des aides reçoit le sang dans un bassin en cuivre et l'apporte chaud encore devant la statue.

« D'autres détachent en quelques coups de tranchet les parties sacrées : le cœur, le foie, la rate ; les autres apportent en courant ces morceaux au roi.

« Rhamsès les présente au fur et à mesure qu'ils arrivent, puis les entasse sur le sol avec des pains, des gâteaux, des fruits et des légumes de toute espèce. »

assisté des 42 Juges des enfers. Ses bonnes et ses mauvaises actions sont pesées dans la *balance de la justice*.

L'âme condamnée est livrée à la *Dévorante* des enfers. Ce monstre, à tête d'hippopotame, la précipite dans un lieu de supplices, où elle passe un certain temps, tourmentée par des scorpions et des serpents. Quelquefois elle revient sur la terre pour animer le corps d'un animal immonde. A la fin, elle retourne dans le néant.

L'âme justifiée est introduite dans l'*Ament*, ou demeure des dieux. Elle y mène une vie éternellement heureuse, passant son temps à cultiver les champs célestes. Elle est nourrie de mets succulents à la table d'Osiris. Plus tard son corps se réunira de nouveau à elle et viendra partager ses joies.

Ces croyances étaient la base du culte que les Egyptiens rendaient à leurs morts.

30ᵉ Lecture. — **LES JOURS DE FÊTE EN ÉGYPTE.** — Le peuple égyptien aimait à s'amuser. Aux jours de fête, réuni devant le temple des dieux, il dansait et chantait en plein air.

Hérodote décrit ainsi la fête de Bubaste :

« On va à la fête par eau, hommes et femmes réunis dans des bateaux sur le Nil.

« Pendant qu'on navigue, une partie des femmes joue des castagnettes ; quelques hommes jouent de la flûte. Tous les autres, hommes et femmes, battent des mains en chantant.

« Passe-t-on près d'une ville, le bateau s'approche du rivage, et tandis que les uns continuent à chanter et à jouer des castagnettes, les autres interpellent de toutes leurs forces les habitants et leur adressent des plaisanteries. Les habitants répondent et se mettent à danser.

« A Bubaste, on célèbre la fête au temple, puis on s'amuse ; et l'on boit ce jour-là autant de vin que pendant tout le reste de l'année. »

L'ÉGYPTE.

Le culte des morts. — L'embaumement. — Les Egyptiens, croyant en la résurrection future, cherchaient à préserver de la corruption les corps de leurs morts, afin que les âmes pussent les retrouver dans leur intégrité. Pour cela, ils les embaumaient, les enveloppaient de bandelettes, et plaçaient les *momies*, c'est-à-dire les corps embaumés, dans de riches cercueils.

Avant de fermer le cercueil, on plaçait sur la poitrine du défunt des *scarabées* en terre émaillée, le *livre des morts*, et de petites statuettes représentant des momies.

Le *scarabée*, qui naît dans la pourriture, était le symbole de la résurrection. — Le *livre des morts* contenait les

---

31ᵉ Lecture. — **EMBAUMEMENT.** — Les procédés d'embaumement étaient très différents, selon la dépense que pouvaient faire les parents du mort.

Pour les pauvres, la manière la moins dispendieuse consistait à faire dessécher le corps, en le laissant plongé, pendant soixante-dix jours, dans le *natron*. Le natron est un carbonate de soude que produisent naturellement plusieurs lacs de l'Egypte. On l'ensevelissait ensuite dans une étoffe de toile grossière, et on le déposait dans les catacombes publiques, ou simplement dans le sable.

Pour les personnes de haute condition, l'embaumement était fort compliqué. Par les narines on remplissait le crâne d'une injection de bitume liquide très pur, qui durcissait en se refroidissant. On remplaçait les yeux par des yeux en émail. Les embaumeurs retiraient les intestins, et remplissaient l'intérieur du corps de myrrhe, de laudanum et d'autres parfums, entremêlés de bijoux et de figurines religieuses.

Le corps ainsi préparé était immergé dans le natron, où on le laissait soixante-dix jours.

Le cœur et les intestins étaient placés dans des vases en argile, ou en albâtre, connus sous le nom de *canopes*.

L'embaumement était accompagné de prières, qui sont

prescriptions à l'usage de l'âme, pour éviter les épreuves du grand voyage, et pour répondre convenablement aux juges de la salle de vérité. — Les *statuettes* de momies portaient à la main une pioche et une houe, afin d'aider l'âme à cultiver les terres célestes d'Osiris.

L'embaumement, la mise au cercueil et la conduite au tombeau se faisaient par des prêtres, au milieu de prières et de chants, d'après un cérémonial très solennel.

Les tombeaux. — Les corps des pauvres étaient simplement enterrés dans le sable, ou dans des tombeaux communs. Les grands avaient de riches tombeaux, tantôt creusés dans les flancs de la montagne, tantôt bâtis en

---

parvenues jusqu'à nous dans le *Rituel de l'embaumement*. Elles étaient récitées par un prêtre.

Après les soixante-dix jours d'immersion dans le natron, le corps était enveloppé de bandelettes étroites, faites de la toile la plus fine. Ces bandelettes portaient les noms des dieux et étaient fabriquées dans les temples. On les imprégnait de parfums précieux, de résine, d'eau de rose et de baume. La quantité d'étoffe nécessaire pour envelopper un seul corps est incroyable. M. Mariette a mesuré celle qui a servi à envelopper une riche momie : les bandelettes ont une longueur d'environ cinq mille mètres.

Dans les momies très soignées, on dorait les ongles des pieds et des mains, on couvrait les yeux et la bouche de plaques d'or et le visage lui-même d'un masque d'or.

Les personnages considérables étaient enfermés dans trois ou même quatre cercueils, emboîtés les uns dans les autres. On peignait des sujets religieux sur le couvercle.

Dans le cercueil était déposé un exemplaire du *Livre des Morts*, avec des statuettes, des bijoux de toute espèce, des chaussures, les instruments des diverses professions, et surtout des scarabées, emblèmes d'immortalité.

(*D'après* Vigouroux. — *La Bible et les découvertes modernes.*)

Monuments égyptiens. — *Pyramide d'Asehour en Ethiopie.* — Chaque pyramide était le tombeau d'un roi. Elles étaient précédées d'un petit temple, où l'on célébrait les cérémonies funèbres en l'honneur du roi, dont le cercueil était caché dans le massif du monument.

pierre ou en briques. Les rois se construisirent pour tombeaux des pyramides, ou des chambres funéraires placées dans les temples, ou encore des chapelles taillées dans les rochers.

§ II. — INSTITUTIONS POLITIQUES ET SOCIALES DE L'ÉGYPTE

Le roi. — Le gouvernement. — Le gouvernement de l'Egypte fut toujours la monarchie, et la monarchie la plus absolue.

Le roi, ou pharaon, était le chef politique et militaire de l'Etat. Il était regardé comme le *dieu visible* de l'Egypte.

Il portait les titres de *fils du dieu-Soleil*, de *dieu grand et bon*.

Ses sujets lui rendaient des hommages comme à la divinité. Ils se considéraient comme ses esclaves, obligés par la religion à une obéissance aveugle. Comme les dieux, on représentait le pharaon avec le serpent d'or, l'*uræus*, sur le front, avec un diadème chargé de plumes et tenant à la main le sceptre à tête d'animal, le crochet et le fléau.

En temps ordinaire, le pharaon était coiffé d'un bonnet de toile blanche. A la guerre, il portait un casque retenu par des fanons, ornés de franges. Dans les cérémonies, il plaçait sur sa tête le *pschent* royal. C'était une coiffure haute, formée par l'assemblage du diadème rouge du Delta et du diadème blanc du Midi.

32ᵉ Lecture. — LES FUNÉRAILLES. — Des esclaves marchent en tête du convoi. Les uns sont chargés d'offrandes, les autres portent les pièces du mobilier funéraire : le lit, les chaises, les guéridons, les coffrets et les amulettes.

Vient ensuite un chœur de pleureurs et de pleureuses à gages, puis le prêtre officiant. Derrière le prêtre, la momie couchée sur un traîneau, tiré par des bœufs. Derrière la momie, la famille et les amis en costume d'apparat. D'autres pleureuses ferment la marche.

Tout le cortège funèbre exprime sa douleur par des manifestations bruyantes. Les uns déchirent leurs vêtements ; les autres se battent à deux mains le front et la poitrine, se couvrent les cheveux et la face de poussière et de boue.

Tantôt les voix s'élèvent isolées, tantôt elles se confondent dans une plainte commune. Aux cris inarticulés, aux sanglots, se mêlent l'éloge du défunt, des allusions à ses goûts et à ses actions, aux charges qu'il a remplies, aux honneurs qu'il a obtenus.

Le convoi s'avance ainsi par les rues de la ville, et des-

Constitution sociale. — Les classes d'habitants. — Le peuple égyptien était divisé en plusieurs classes, qu'on peut ramener aux cinq suivantes : les prêtres, les scribes, les guerriers, les agriculteurs et les artisans.

Les prêtres étaient chargés du soin des temples et du culte des dieux. Ils étaient de différentes catégories : les simples prêtres, les prêtres divins, les prophètes et le grand-prêtre.

Les scribes étaient les employés de l'administration royale. Ils s'occupaient surtout de la répartition et de la rentrée des impôts.

Les guerriers étaient les chefs des familles nobles, qui avaient reçu du roi quelques terres sous condition de service militaire. Ils formaient la garde du pharaon et les bataillons d'élite de l'armée.

---

cend jusqu'au bord du Nil. Là, une flottille de barques peintes reçoit le cortège et le transporte sur la rive occidentale du fleuve, où se trouve le tombeau creusé dans le rocher.

Les derniers rites accomplis, la momie est déposée dans le tombeau avec tous les objets apportés par le cortège.

La chambre funéraire s'ouvre à l'extrémité d'un couloir, qui plonge dans les profondeurs de la montagne. La porte est soigneusement murée, de telle sorte que jamais intrus ou malfaiteur puissent la découvrir.

La cérémonie terminée, parents et amis s'asseyent à un banquet, servi sur l'esplanade qui précède l'hypogée. La place d'honneur y reste vide, réservée qu'elle est pour l'ombre du mort.

Le temps des pleurs est fini et le banquet prend toutes les allures d'une réjouissance. Des danseuses l'égayent par leurs ballets ; des musiciens et des musiciennes excitent la danse par leurs chants variés et les accords mélodieux de leurs instruments.

Le reste des troupes se recrutait, en cas de guerre, parmi les jeunes gens des villes et des villages. L'infanterie portait la lance, l'arc, une petite hache et un bouclier. Il n'y avait pas de cavalerie. Les guerriers d'élite combattaient montés sur des chars à deux chevaux.

Mœurs et coutumes. — Les Egyptiens avaient le caractère doux et facile. Leur costume était fort simple. Les hommes s'enveloppaient le corps d'une pièce d'étoffe de lin bordée de franges, et jetaient par dessus un manteau de laine blanche. Les femmes étaient vêtues d'une longue robe flottante. Elles portaient des bracelets, se fardaient de rouge et se teignaient les cheveux en noir ou en bleu. Elles étaient très honorées et les vraies maîtresses dans leur maison.

Les maisons étaient petites, à toits plats et peu meublées. Celles des gens riches étaient construites en briques, celles des laboureurs et des artisans, en terre et en roseaux.

On mangeait debout ou assis, mais sans table. Les vivres, qui consistaient en pain, en fruits, en légumes, en oignons, en poissons crus ou desséchés, en oiseaux crus et salés, en viandes cuites, étaient offerts aux convives dans des corbeilles.

En Egypte, le mensonge et la calomnie étaient sévèrement réprimés. Le parjure était puni de mort, comme l'homicide volontaire.

Industrie. — Le peuple égyptien, essentiellement agriculteur, était en même temps fort habile dans les arts industriels et dans le commerce.

Les recherches pratiquées de nos jours dans des tombeaux, fermés depuis quatre mille ans et plus, nous ont

Monuments égyptiens. — *Portail ou pylône d'un temple égyptien.* — La porte d'un temple était toujours flanquée de tours massives quadrangulaires, à pans inclinés. Les jours de fête on les ornait de mats avec des banderoles.

33ᵉ Lecture. — **L'AME DU MORT EN PRÉSENCE D'OSIRIS.** — L'âme arrivée dans la salle du jugement se trouvait, au dire des Egyptiens, en face du tribunal d'Osiris. Le *Livre des Morts*, placé dans le cercueil à côté de la momie, indique qu'à son arrivée elle doit adresser à Osiris ce salut : « Hommage à toi, Seigneur de vérité et de justice ! Je suis venu vers toi, ô mon maître, pour contempler tes perfections. Car je connais ton nom et celui des 42 divinités qui sont à tes côtés ! »

L'âme alors commence la justification des actes de sa vie. Elle le fait en ces termes :

« Je n'ai commis aucune fraude contre les hommes ! Je n'ai pas tourmenté la veuve ! Je n'ai pas menti dans le tribunal ! Je ne connais pas le mensonge ! Je n'ai pas été paresseux !

« Je n'ai pas affamé les autres ! Je ne les ai pas fait pleurer !

montré qu'ils travaillaient l'or, l'argent, le cuivre et le fer, avec une habileté qui n'a guère été dépassée depuis. Ils savaient fabriquer la faïence et le verre, préparer l'émail, disposer les mosaïques, tailler les pierres précieuses et façonner de riches bijoux.

« Je n'ai pas tué, je n'ai fait tuer personne par trahison !

« Je n'ai pas détourné les pains des temples, ni les gâteaux offerts aux dieux. Je n'ai pas enlevé les provisions ou les bandelettes des morts !

« Je n'ai pas altéré les mesures des grains. Je n'ai pas usurpé dans les champs ! Je n'ai pas vendu à faux poids, ni faussé la balance.

« Je n'ai pas chassé les troupeaux sacrés dans leurs pâturages, ni pris au filet les oiseaux divins, ni pêché les poissons sacrés dans leurs étangs.

« Je n'ai pas coupé un canal ! Je n'ai pas repoussé de dieu dans sa procession !

« Je suis pur ! Je suis pur ! Je suis pur ! »

L'âme après avoir répondu ainsi aux accusations des 42 juges des enfers, commençait l'énumération de ses bonnes actions.

« J'ai été d'un cœur doux, sans colère, les dieux m'ont accordé la prospérité sur la terre, mes concitoyens m'ont souhaité la santé et la vie.

« J'ai appliqué la punition aux malfaiteurs.

« J'ai eu des enfants nombreux ; j'ai donné à chacun son lit, sa chaise et sa table.

« J'ai ramassé du blé, aimant les dieux, j'ai été attentif aux semailles.

« Une famine étant survenue pendant plusieurs années, j'ai donné du blé à ceux de ma ville pendant chaque famine. »

Alors a lieu le pesage de l'âme. Pour cela elle est placée dans un plateau d'une balance ; dans l'autre la statue de la

Commerce. — Les produits de l'agriculture et de l'industrie faisaient l'objet d'un commerce actif dont Thèbes et Memphis étaient les centres principaux. Ils étaient exportés par mer et par terre jusqu'aux contrées les plus lointaines.

De Thèbes une route conduisait à la mer Rouge et deux autres remontaient jusqu'en Ethiopie. De Memphis partaient des caravanes qui se dirigeaient par Suez vers l'Asie et transportaient les marchandises jusqu'à Ninive et à Babylone.

---

déesse *Vérité*, ou simplement une plume de la coiffure de cette déesse. Si les deux plateaux demeurent en équilibre, l'âme est admise par Osiris dans son séjour éternel ; si les méfaits l'emportent, elle est livrée à la terrible *Dévorante*, qui en fait sa proie.

CHAPITRE SIXIÈME

Les principaux monuments.

Les monuments. — Les Egyptiens se préoccupaient peu de l'habitation des vivants. Le roi seul, à cause de son caractère divin, habitait un palais somptueux. Mais la magnificence la plus riche était déployée dans la construction des temples, consacrés aux dieux, et dans celle des tombeaux destinés aux morts. Le caractère des monuments égyptiens était bien moins l'élégance que la solidité. Ils désiraient les rendre éternels.

La vallée du Nil est couverte de monuments ou de leurs débris. Les principaux sont les *Pyramides*, le *grand Sphinx*, le *Labyrinthe*, les *grottes funéraires* de Gizeh et de Sakkarah, les *tombes royales de Thèbes*, les *temples de Karnak* et de *Louqsor* et le *Sérapeum* de Memphis.

Les pyramides. — Les grandes pyramides de Gizeh, dans le voisinage de Memphis, sont les monuments les plus anciens et les plus imposants de l'Egypte. Elles sont l'œuvre de trois rois de l'ancien empire, Chéops, Chéphren et Mycérinus, qui les avaient élevées pour en faire leurs tombeaux.

Cent mille ouvriers, qui se remplaçaient tous les trois mois, furent employés pendant trente ans à construire la plus grande, celle de Chéops. Elle atteignait 152 mètres de

Monuments égyptiens. — *Le sphinx.* — Monstre à corps de lion et à tête d'homme, il était le symbole de la divinité et de la royauté. Ce nom de *sphinx* signifie le *Seigneur*.

On plaçait des statues de sphinx à l'entrée des temples ; quelquefois on en bordait l'allée qui y conduisait.

---

hauteur, à peu près le double des tours de Notre-Dame de Paris (1).

On compte, en outre, une centaine d'autres pyramides plus petites, échelonnées dans la vallée du Nil.

Le grand Sphinx. — Au pied des grandes pyramides se trouve le grand Sphinx. Taillée dans le rocher sur lequel elle repose, cette statue colossale, à la tête d'homme et au corps de lion, mesure près de 30 mètres de long et 23 mètres de haut. Sa tête seule a plus de 8 mètres du menton au sommet. Entre ses deux pattes de devant se trouvait un petit sanctuaire, consacré au soleil.

Le Labyrinthe. — Construit vers le débouché du lac Mœris, dans le Fayoum actuel, le Labyrinthe était un grand édifice formé par l'assemblage de vingt-sept palais et renfermant trois cents chambres.

(1) Voyez les Lectures sur les pyramides et sur le Sphinx, pages 33 et 36.

Les grottes funéraires de Gizeh et de Sakkarah. — Les grottes ou chapelles funéraires, destinées à la sépulture des particuliers, se succèdent tout le long de la vallée du Nil. Les plus remarquables sont celles de Gizeh et de Sakkarah, dans les environs de Memphis.

Chaque monument funèbre se compose de trois parties : la *chapelle*, ornée de peintures, dans laquelle les parents du mort venaient prier ; — le *puits*, par lequel on descendait au caveau ; — le *caveau*, creusé sous terre, dans le rocher ; on y pénétrait par une porte placée au fond du puits.

Les tombes royales de Thèbes. — Les tombes royales des Pharaons à Thèbes sont situées dans des gorges profondes, aux environs de la ville. La porte du monument est assez étroite ; elle donne entrée sur un long corridor, qui s'enfonce sous la montagne, et aboutit à une grande salle, aux nombreuses colonnes taillées dans le roc.

34ᵉ Lecture. — **LE LABYRINTHE.** — Le Labyrinthe, d'après Strabon, renfermait autant de palais qu'il y avait primitivement de nomes en Egypte, c'est-à-dire vingt-sept.

Il y avait vingt-sept cours, entourées de colonnes, les unes à côté des autres, disposées en avant de la façade de l'édifice. Pour donner accès aux vingt-sept cours, de longs souterrains formaient des couloirs. Ils communiquaient les uns avec les autres. Ils offraient mille passages tortueux ; de telle façon qu'un étranger, une fois introduit, ne pouvait, sans un guide, trouver le chemin de l'entrée ni de la sortie.

Le plafond de chacune des chambres était formé d'une seule pierre ; les couloirs étaient aussi couverts de dalles monolithes d'une énorme dimension.

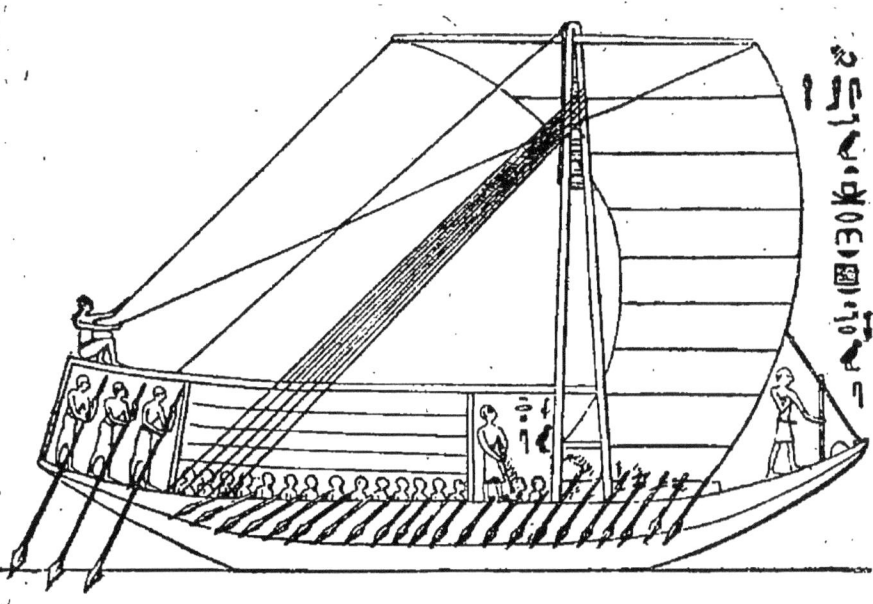

La navigation sur le Nil. — *Grande barque du Nil.* — Presque tout le commerce entre les villes égyptiennes se faisait par le fleuve. — (Peinture d'un tombeau à Thèbes.)

Quand la momie royale avait été déposée dans le sarcophage de pierre, placé au milieu de la salle funéraire, le corridor était rempli de terre et la porte était murée, de manière à dissimuler pour toujours l'entrée du tombeau. Vingt-cinq de ces tombes existent encore ; les autres ont été détruites par les éboulements de la montagne.

35ᵉ Lecture. — **LES RUINES DE THÈBES.** — Pendant l'expédition d'Egypte, en 1798, la division de l'armée française, que commandait le général Desaix, lancée dans la Haute Egypte à la poursuite de Mourad-Bey et de ses Mamelouks, manquait de vivres et mourait de chaleur.

Tout à coup on arrive en vue des ruines de Thèbes. Les soldats oublient à l'instant leurs fatigues, leurs souffrances,

Les ruines de Karnak et de Louqsor. — Les villages actuels de Karnak et de Louqsor ont été bâtis au milieu même des ruines de Thèbes. Ces ruines présentent encore un prodigieux ensemble de constructions grandioses.

A Karnak, trois temples principaux attirent l'admiration de l'explorateur. Le *temple d'Ammon*, le plus important, mesure 366 mètres de long sur 106 de large. On y voit la fameuse salle hypostyle avec ses 134 colonnes, si grosses et si hautes qu'on dirait autant de tours.

Une avenue bordée de 1,200 sphinx, à corps de lion

---

le voisinage de l'ennemi, et, saisis d'enthousiasme, se mettent à battre des mains d'un mouvement unanime.

C'est qu'en effet, malgré l'action des siècles, malgré l'action des eaux qui minent graduellement ses murailles, Thèbes présente encore le plus grandiose et le plus prodigieux ensemble de constructions élevées par la main des hommes, qui existe dans le monde.

36ᵉ Lecture. — **LE TEMPLE DE KARNAK**. — Les grands monarques de la dix-neuvième dynastie ont richement doté le temple de Karnak. Ramsès Iᵉʳ y construisit un énorme pylône en avant de ceux qui existaient déjà. Dans l'intervalle qui sépare ce pylône de celui d'Aménophis, Seti Iᵉʳ fit édifier la grande salle hypostyle qu'acheva son fils Rhamsès II.

C'est la plus prodigieuse salle de l'Egypte et de l'univers, la merveille incomparable de Thèbes.

« L'imagination, dit Champollion, s'arrête et tombe impuissante au pied des cent trente-quatre colonnes de la salle de Karnak... Je me garderai bien de rien décrire, car, ou mes expressions ne vaudraient pas la millième partie de ce qu'on doit dire en parlant de tels objets, ou bien, si j'en traçais une faible esquisse, même très décolorée, je passerais pour un enthousiaste et peut-être même pour un fou. »

et à tête de bélier, relie les ruines de Karnac à celles de Louqsor. Devant l'un des temples de Louqsor, Rhamsès avait fait élever deux obélisques : l'un d'eux orne aujourd'hui la place de la Concorde à Paris.

Le Sérapeum de Memphis. — Le Sérapeum, ou temple consacré à la sépulture du bœuf Apis à Memphis, avait été complètement enfoui sous les tempêtes de sables qui viennent du désert. Son enfouissement l'a préservé de la ruine. Il a été retrouvé et déblayé par Auguste Mariette, savant explorateur envoyé en Egypte en 1850 par le gouvernement français.

37ᵉ Lecture. — **LA SALLE HYPOSTYLE DE KARNAK.** — Le plus extraordinaire des monuments élevés par Séti est la fameuse salle hypostyle ou salle des Colonnes, dans l'immense temple d'Ammon à Karnak.

Séti avait fait représenter ses exploits dans les bas-reliefs qui ornent les murailles de cette salle gigantesque.

Un de ces tableaux représente le Pharaon attaquant les nomades pillards du désert. Dans un autre, les habitants du haut Liban coupent les cèdres et les cyprès de leurs forêts, pour les constructions du roi qui les a vaincus. Ailleurs les Routennou sont taillés en pièces et se soumettent au tribut. Plus loin de grandes batailles sont livrées contre les Khétas dans le nord de la Syrie.

D'autres sculptures représentent l'entrée du roi en Egypte suivi de nombreux captifs. Il est accueilli par les grands de son empire ; puis il présente au dieu Ammon ses prisonniers.

Hist. Anc.

CHAPITRE SEPTIÈME

Découvertes de Champollion. — Les égyptologues français.

Sources anciennes de l'histoire de l'Egypte. Avant le dix-neuvième siècle, on connaissait peu l'histoire de l'Egypte. Les seules sources de cette histoire étaient la *Bible*, les œuvres d'*Hérodote*, de *Diodore de Sicile*, de *Strabon* et de *Manéthon*.

Hérodote, Diodore de Sicile et Strabon sont trois historiens grecs qui avaient visité l'Egypte : Hérodote, cinq siècles avant Jésus-Christ, Diodore de Sicile et Strabon, dans le premier siècle avant l'ère chrétienne. Leurs écrits sont très exacts quand ils décrivent les mœurs du pays et ses monuments, mais ils en racontent les légendes bien plus que l'histoire réelle. Manéthon est un prêtre égyptien du troisième siècle avant Jésus-Christ, qui a donné une iste des dynasties royales.

L'expédition d'Egypte de 1798 à 1801. — L'expédition d'Egypte, entreprise par le général Bonaparte sous le Directoire, au commencement de ce siècle, a été le point de départ de la reconstitution de l'histoire de l'Egypte.

Bonaparte avait amené avec lui des savants et des artistes, chargés d'étudier le pays et de relever le plan des anciens monuments. Les ouvrages qu'ils publièrent excitèrent au plus haut point la curiosité de toute l'Europe. Des musées égyptiens furent fondés à Rome, à Londres, à Turin, à Paris, à Berlin ; on y recueillit précieusement des statues, des sarcophages, des momies, des papyrus, des inscriptions, transportés des bords du Nil.

L'écriture égyptienne. — Les hiéroglyphes.
— Les Egyptiens avaient deux sortes de caractères d'écriture : les caractères des inscriptions monumentales et les caractères de l'écriture cursive ou *démotique* sur le papier.

La découverte des papyrus et des monuments égyptiens était une chose fort intéressante, mais l'histoire n'en pouvait tirer grand profit, parce qu'on ne savait lire ni les inscriptions gravées sur les monuments, ni l'écriture des papyrus.

L'écriture des monuments avait reçu des Grecs le nom d'*hiéroglyphes*, c'est-à-dire de sculptures sacrées. Les caractères représentent tous des objets matériels : des hommes, des animaux, des plantes, des ustensiles, etc., gravés dans la pierre ou peints sur les murailles.

L'écriture cursive, composée de signes dérivés des hiéroglyphes, se traçait sur le papyrus avec de l'encre, au moyen d'une tige de jonc taillée en pointe.

Découvertes de Champollion. — Jusqu'à nos jours, le déchiffrement des hiéroglyphes avait paru impossible. On regardait toutes ces figures et ces signes comme des espèces de *rébus* dont on ignorait la clef. Le problème a été résolu par le génie pénétrant d'un Français, Jean-François Champollion.

Champollion était né à Figeac dans le Lot en 1790. Il se livra fort jeune à l'étude des langues orientales et surtout à celle des monuments égyptiens. Une pierre monumentale, découverte à Rosette en 1798 par l'officier d'artillerie Broussard, lui révéla les secrets de l'écriture égyptienne.

La pierre de Rosette contenait, en effet, une inscription rédigée en trois caractères différents : en hiéroglyphes, en lettres cursives ou démotiques et en lettres grecques. Le nom du roi *Ptolémée,* répété dans les trois écritures, lui servit à retrouver quelques lettres de l'alphabet égyptien ; d'autres mots qu'il parvint à lire lui donnèrent l'alphabet complet.

Il put dès lors établir que les signes hiéroglyphiques n'étaient pas des rébus, mais que chacun pouvait être employé de trois manières, suivant les phrases et la volonté de l'écrivain : pour indiquer une seule lettre, pour signifier une syllabe, pour signifier l'objet représenté.

Ce n'était pas tout de lire les mots, il fallait les comprendre. Champollion trouva la signification des mots par l'étude approfondie de la langue copte, langue que parlaient les Egyptiens pendant les premiers siècles de notre

---

38ᵉ LECTURE. — **LECTURE DES HIÉROGLYPHES.** — La pierre de Rosette porte trois inscriptions, deux en écriture égyptienne, la troisième en grec. C'est un décret en l'honneur de Ptolémée Epiphane, qui régnait de 204 à 181 avant Jésus-Christ. Les signes hiéroglyphiques de l'écriture égyptienne consistaient en images d'objets de toute nature.

Les savants antérieurs avaient déjà remarqué, dans les inscriptions hiéroglyphiques, certains mots qui étaient entourés d'un trait en forme de cartouche. Ils avaient pensé que ces mots, ainsi séparés des autres, pouvaient contenir des noms de dieux ou de rois. Ils avaient raison.

Le nom royal, qui revenait le plus souvent dans le texte

ère. Cette langue diffère peu de celle que l'on parlait au temps des pharaons.

La mort de Champollion, survenue en 1832, ne permit pas à cet illustre savant de terminer le dictionnaire égyptien et la grammaire égyptienne, dont il avait commencé le manuscrit.

L'égyptologie. — Les égyptologues français. — Les découvertes de Champollion avaient créé une

---

grec de l'inscription, était celui de Ptolémée. Le cartouche qui dans le texte hiéroglyphique se trouvait le plus souvent était ainsi fait :

On pensa qu'il signifiait le mot Ptolémée.

On découvrit bientôt une nouvelle inscription en grec et en égyptien, dans l'île de Philæ. Dans le texte grec on voyait fréquemment le nom de Cléopâtre, et dans l'égyptien, le cartouche hiéroglyphique suivant :

On en conclut que ce cartouche contenait le mot de Cléopâtre.

François Champollion se mit au travail.

Si les deux cartouches rendaient réellement, lettre par lettre, les noms de Ptolémée et de Cléopâtre, ils devaient renfermer plusieurs lettres communes. Dans le cartouche de Ptolémée, le premier signe, un carré ☐, devait signifier P. Or, le même signe ☐ se trouvait dans celui de Cléopâtre, au cinquième rang, c'est-à-dire à la place où on s'attendait à le rencontrer. Le petit carré était donc un P.

De même, le troisième signe du cartouche de Ptolémée, une espèce de nœud, devait être un O, le quatrième représentant un lion devait être un L. Et en effet, dans le car-

nouvelle science : l'*égyptologie*, ou connaissance de la langue égyptienne. Cette science se propagea dans toute l'Europe.

Les principaux égyptologues étrangers sont Lepsius, professeur à l'Université de Berlin, et le savant anglais Birch.

Mais c'est aux savants français que l'égyptologie a dû ses réels progrès. Parmi eux, il faut citer au premier rang MM. Lenormant, le vicomte de Rougé, Chabas, Mariette et Gaston Maspéro.

Le vicomte de Rougé, Lenormant et Chabas continuèrent et perfectionnèrent la méthode trouvée par Champollion.

Auguste Mariette, de Boulogne-sur-Mer, envoyé en Egypte en 1850 par le gouvernement français, découvrit le Sérapeum de Memphis et recueillit des milliers de documents, qui ont permis de reconstituer l'histoire de l'Egypte. Il fut le fondateur du musée de Boulaq, auprès du Caire.

Gaston Maspéro remplaça Mariette. Il a été nommé récemment professeur d'archéologie au Collège de France. Personne ne connaît mieux aujourd'hui que ce jeune savant la langue et l'histoire de l'ancienne Egypte.

M. Gaston Maspéro a eu pour successeur au musée de Boulaq, *M. Eugène Grébaut,* ancien avocat à la cour de Paris, qui poursuit avec distinction la voie ouverte par ses habiles devanciers.

---

touche de Cléopâtre le lion L était à la seconde place et le nœud de corde O à la quatrième, c'est-à-dire, au bon endroit.

Champollion continua ainsi les comparaisons avec d'autres noms propres, et à force de patience et de travail, il arriva à reconstituer complètement l'alphabet égyptien.

TROISIÈME PARTIE

LES CHALDÉENS & LES ASSYRIENS

CARTE DE

LA CHALDÉE & DE L'ASSYRIE

HISTOIRE ANCIENNE

TROISIÈME PARTIE

LES CHALDÉENS & LES ASSYRIENS

Programme officiel. — CHALDÉENS ET ASSYRIENS. — *Description de la région du Tigre et de l'Euphrate. — Ninive et Babylone. Sargon et Nabuchodonosor. — Ruine de Babylone. — Mœurs et coutumes, monuments. — Découvertes contemporaines.*

CHAPITRE PREMIER

Description de la région du Tigre, de l'Euphrate. — Chaldée et Assyrie.

Le Tigre et l'Euphrate. — Le Tigre et l'Euphrate sont deux grands fleuves situés à l'ouest de l'Asie, dans cette région que nous appelons aujourd'hui la Turquie d'Asie.

Le Tigre et l'Euphrate prennent leur source en Arménie, tout près l'un de l'autre, dans les flancs du mont Niphatès, la plus haute des montagnes de la région. Les deux fleuves coulent d'abord dans des directions opposées, puis finissent par se rapprocher. Ils coulent alors parallèlement à quelques lieues de distance, et finissent par ne plus faire qu'un seul fleuve, qui se jette dans le golfe Persique.

L'*Euphrate*, formé à sa source par la réunion de deux torrents, se dirige d'abord par bonds impétueux du côté de l'ouest, à travers des gorges étroites. Sa direction première ferait croire qu'il va se diriger vers la Méditerranée. Mais dès qu'il a quitté la région des montagnes, il tourne brusquement au sud-est et prend son cours vers le golfe Persique. Resserré, impétueux, difficile à franchir dans la montagne, l'Euphrate devient dans la plaine une rivière paisible, large de 120 mètres, qui coule lentement ses eaux jaunâtres, à travers de vastes déserts sablonneux.

Le *Tigre* sort du rocher par trois échancrures, non loin des sources de l'Euphrate. Il prend immédiatement la direction du sud-est et ne la quitte plus. Son parcours est moins long, mais son cours ne cesse point d'être rapide. Il justifie son nom de *Tigre*, qui signifie *la Flèche*. Grossi par d'importantes rivières, il atteint à Bagdad deux cents mètres de large.

Les deux courants se rejoignent fort au-dessus de la ville actuelle de Bassora. Leur réunion prend aujourd'hui le nom de *Chat-el-Arab*.

La Mésopotamie. — Chaldée et Assyrie. — Autrefois, l'Euphrate et le Tigre ne se rejoignaient pas ; chacun d'eux se jetait directement dans le golfe Persique. Ce sont les sables, charriés par les eaux, qui ont insensiblement changé la configuration du sol et qui ont amené la jonction des deux fleuves.

Le vaste pays compris entre les deux rivières, depuis

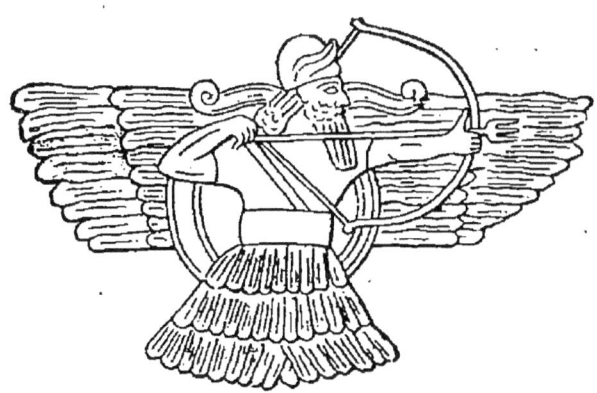

Religion de l'Assyrie et de la Chaldée. — *Ilu, le dieu suprême.* — Le dieu Ilu se subdivisait en trois dieux : *Anou* le roi du ciel, *Bel* le créateur et *Oannès* le maître de la vie. Anou, Bel et Oannès formaient la *triade suprême*. Au-dessous de cette triade venaient les douze grands dieux, dont les principaux étaient la déesse *Istar*, fille de Anu, le dieu *Marduk*, fils de Oannès, et le dieu *Sin*, le dieu *Samas*, tous deux fils de Bel. — (D'après Lajard, culte de Mithra.)

l'endroit où elles quittent la montagne jusqu'au golfe Persique, formait une plaine immense, à laquelle les anciens donnèrent, les uns le nom de *Plaine de Sennaar*, les autres de *Mésopotamie*, mot qui signifie *pays d'entre les fleuves*.

La région méridionale de cette plaine, celle qui est la plus rapprochée du golfe Persique, a formé la *Chaldée* ; la région placée au-dessus, en remontant le Tigre, et sur les deux rives de ce fleuve jusqu'aux montagnes de l'Arménie, a formé l'*Assyrie*.

Plus tard, le nom de Mésopotamie appartint surtout à la partie supérieure de la plaine qui s'étend entre les deux fleuves.

Climat et productions. — La Mésopotamie est un pays sablonneux et très sec. Il y règne en hiver un vent froid, qui souffle du sommet des pics neigeux de l'Arménie. Mais à partir du mois d'avril, la chaleur devient intolérable. Aussi le pays ne serait-il qu'un désert aride sans le Tigre et l'Euphrate. Ces deux fleuves, en effet, débordent chaque printemps à la fonte des neiges, inondent les terres pendant trois semaines et les fertilisent.

Les anciens habitants, ceux de la Chaldée surtout, dont le sol est plus fertile, savaient utiliser cette inondation périodique, pour faire produire au sol des récoltes abondantes en froment, en orge et en millet. Le palmier du reste, suffisait à la plupart de leurs besoins. Ils en

---

39ᵉ Lecture. — **LA MÉSOPOTAMIE**. — La Mésopotamie se divise en deux parties bien distinctes, celle du nord et celle du midi. La limite entre les deux se trouve au point où les deux fleuves commencent à avoir un cours parallèle.

La partie du nord, c'est-à-dire l'*Assyrie*, n'est fertile que là où existent des sources et des cours d'eau. Elle produit alors la vigne, le grenadier, l'oranger, l'olivier, le mûrier, le cerisier, le poirier, l'amandier et le figuier. Partout ailleurs, elle ressemble aux déserts voisins, elle est, comme eux, stérile et impropre à la culture.

La partie du sud au contraire, c'est-à-dire la Babylonie ou la Chaldée, arrosée par le Tigre et l'Euphrate, qui ne sont plus alors qu'à une journée de distance l'un de l'autre, offre l'aspect d'une immense prairie.

Les eaux de l'Euphrate et du Tigre grossissent périodiquement chaque année, et déposent, comme le Nil, sur les terres basses un limon qui les fertilise.

Les inondations des deux fleuves sont devenues aujourd'hui un fléau redoutable ; si elles étaient dirigées par les habitants, comme dans l'antiquité, elles feraient encore de la Chaldée le jardin de l'Asie. Aujourd'hui les canaux étant négligés, la plaine est devenue un immense marécage pestilentiel.

Religion de la Chaldée et de l'Assyrie. — *La triade suprême Anou, Bel et Oannès, portée sur les ailes d'Ilou.* — Un roi et son visir adorent la triade suprême. Entre les deux se trouve l'arbre de vie, souvenir du paradis terrestre. — (D'après un cylindre du musée de Londres.)

tiraient une sorte de pain, du vin, du vinaigre, du miel et les tissus les plus variés.

A travers de riches prairies on voyait paître le bœuf, l'âne, le mouton et la chèvre. On y trouvait la plupart des oiseaux domestiques, surtout l'oie et le canard.

Aujourd'hui, sous l'administration incapable des Turcs, ce pays, abandonné à lui-même, est devenu un immense marécage couvert de roseaux, où règne la fièvre, et que quelques Arabes pillards, disséminés çà et là, osent seuls habiter.

Les premiers habitants. — La Bible nous apprend qu'après le déluge, les descendants de Noé, devenus nombreux, quittèrent les hauteurs voisines du mont Ararat et vinrent s'établir dans les plaines de Sennaar ou de Mésopotamie. Ils s'arrêtèrent sur les bords de l'Euphrate, à l'endroit où fut fondée Babylone, et commencèrent la tour de Babel, que Dieu ne leur permit pas d'achever.

Lors de la dispersion des hommes qui suivit l'échec de la tour de Babel, l'un des petits-fils de *Cham*, Nemrod, fils de *Kousch*, demeura dans la Mésopotamie avec sa famille. Il devint chef d'un Etat dont Babylone fut la capitale. Sa postérité occupa toute la partie basse et méridionale du pays jusqu'au golfe Persique, c'est-à-dire la *Chaldée*.

Avec les *Chamistes* ou *Kouschistes*, descendants de *Cham*, il était aussi demeuré en Chaldée de nombreux *Sémites* ou descendants de *Sem*. Lors d'une invasion des tribus Elamites en Chaldée, Assur, l'un d'entre eux, remonta le Tigre avec les siens, bâtit Ninive et se fixa dans la région haute qui devint l'*Assyrie*.

La ville la plus illustre de la Chaldée fut *Babylone* ; la plus célèbre de l'Assyrie fut *Ninive*.

L'histoire de la Chaldée et de l'Assyrie. — Les peuples de la Chaldée et de l'Assyrie, ayant vécu longtemps ensemble, parlaient la même langue et avaient les mêmes coutumes. Ensemble ils avaient perdu la notion du vrai Dieu et, à son culte vénéré, ils avaient substitué les mêmes pratiques superstitieuses envers des idoles.

L'histoire de la Chaldée et celle de l'Assyrie sont donc inséparables.

En effet, la Chaldée, organisée la première, conserva d'abord la suprématie, et Ninive fut dans l'origine une ville vassale de Babylone.

Plus tard, les plaines de l'Euphrate et du Tigre étant tombées au pouvoir de l'Egypte, ce furent les Assyriens qui, après deux siècles et demi d'asservissement, donnèrent le signal de l'indépendance et délivrèrent le pays. L'Assyrie victorieuse établit à son profit un empire qui comprit aussi la Chaldée. Babylone devint à son tour vassale de Ninive.

Sept siècles après, Babylone, qui supportait avec impatience la suprématie des Assyriens, s'allia aux Mèdes pour détruire Ninive. La chute de sa rivale lui permit de reconstituer un nouvel Empire chaldéen, dans lequel fut englobé le territoire de l'Assyrie. Ce nouvel empire, après 87 ans d'existence, fut renversé à son tour par Cyrus. La Chaldée et l'Assyrie furent alors réunies au royaume des Perses.

Telle est en abrégé l'histoire de ces deux peuples.

L'étude s'en divise naturellement en trois parties :

1° *l'ancien Empire chaldéen ;*

2° *l'Empire assyrien ;*

3° *le nouvel Empire chaldéen.*

CHAPITRE SECOND

Le premier empire chaldéen.

L'ancien empire chaldéen.. — Les Chaldéens donnaient à la fondation de leur empire une date tout à fait fabuleuse. Ils prétendaient, en effet, que leur pays possédait des rois depuis plus de trente mille ans, et que leur premier souverain avait régné pendant 2,700 ans.

Ce qui est vrai, c'est que la Chaldée fut habitée peu de temps après la dispersion des hommes, et que sa civilisation n'est guère moins ancienne que celle de l'Egypte.

Peuplée principalement par des descendants de Cham, que conduisait Nemrod, la Chaldée se divisa en deux régions : le pays d'*Accad* et le pays de *Sumir*, et forma d'abord quatre petites principautés indépendantes. Les capitales de ces quatre principautés furent Babylone, Arach ou Erech, Accad ou Nippour et Ur ou Chalanné.

En dehors de ces quatre villes, d'autres eurent aussi leur gouvernement particulier. Telles furent Ourouk, Larsam, Sirtella, Sippara, Agadé et Borsippa. Toutes étaient construites en briques crues, car la pierre manquait en Chaldée.

Les quatre périodes de l'empire chaldéen. — L'histoire de l'ancien empire chaldéen se divise en quatre périodes. Dans la première, le pays se trouvait partagé en petites principautés. Dans la seconde, il fut gouverné par

LES CHALDÉENS.

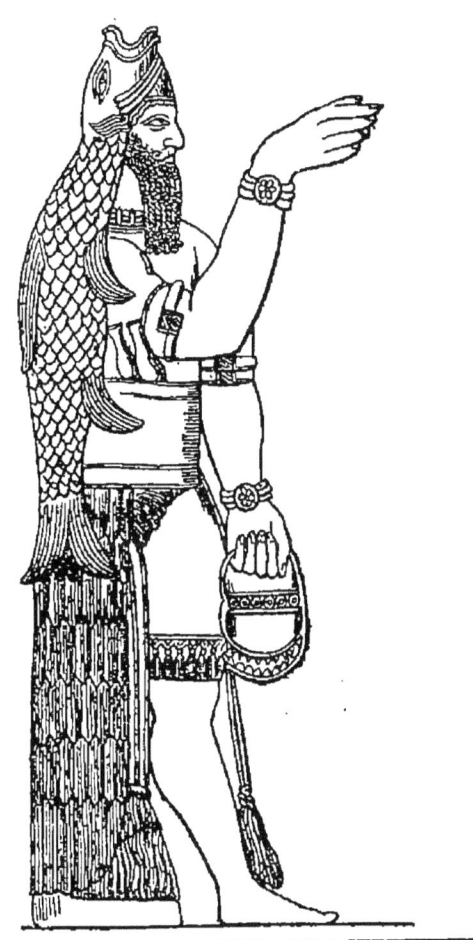

Religion de la Chaldée et de l'Assyrie. — *Le dieu Oannès ou dieu poisson.* — On l'appelait aussi le dieu Eâ. Il était considéré comme le créateur du monde et le gouverneur de l'humanité. Il avait le corps et la tête d'un poisson et, au-dessous de sa tête de poisson, il avait une tête d'homme. Ses pieds humains sortaient d'une queue de poisson. Il était né dans le golfe Persique, disait la Fable, et en était sorti sur la plage de Chaldée pour civiliser les Chaldéens. — (D'après un bas-relief du musée de Londres.)

les rois élamites de Suse ; dans la troisième régnèrent des rois chaldéens ; dans la quatrième, la Chaldée fut gouvernée par des princes arabes.

Première période. — La Chaldée partagée en petites principautés. — Les anciens rois. — Les habitants de la Chaldée considéraient les astres comme des dieux. Chaque petite souveraineté avait un astre comme protecteur. Le grand prêtre du dieu protecteur était en même temps roi de la principauté.

Les fouilles récentes faites en Chaldée nous ont révélé les noms de quelques-uns de ces petits souverains. Retenons ceux de *Ourcham*, roi de Ur ; de *Gudéa*, roi de Sirtella, et de *Sargon l'Ancien*, roi d'Agadé.

Ourcham, encore appelé *Lik-Bagus*, fit construire dans sa ville d'Ur, un temple en l'honneur du soleil et de la lune. Le soleil était adoré sous le nom de *dieu Ur, luminaire puissant du ciel*, et la lune portait le nom de déesse *Sin, luminaire de la nuit*.

Le nom du roi *Gudéa* a été trouvé empreint sur toutes les briques du palais qu'il s'était fait bâtir à Sirtella. Dans la cour du palais, un explorateur français, M. de Sarzec, a découvert une statue de ce prince. Il est assis et tient sur ses genoux le plan d'un temple qu'il avait fait élever en l'honneur du dieu *Nin-Girsu*.

Sargon l'Ancien vécut, dit-on, vers l'an 3800 avant Jésus-Christ. Sa mémoire est restée fort vénérée dans la nation chaldéenne jusqu'à la chute de Babylone. Il avait fait composer un recueil célèbre de textes relatifs à la magie, à l'astrologie et aux présages.

Sargon réunit en un seul empire la Chaldée, qui avait été jusqu'à lui divisée en petites principautés. Les autres

Religion de la Chaldée et de l'Assyrie. — *La déesse Istar.* — Istar est la fille du dieu Anou ou Anu. C'était la planète Vénus divinisée. Elle était la déesse principale de Ninive et d'Arbèles. On la regardait comme la reine des dieux et on l'invoquait sous le nom de Nanâ. Elle était la déesse de la guerre et était représentée avec un arc et un carquois et montée sur un léopard. — (D'après un cylindre assyrien.)

princes devinrent ses vassaux. Ses descendants la possédèrent jusqu'au moment où elle fut envahie par les Elamites.

Seconde période. — **Les rois élamites.** — Lorsqu'après la dispersion des hommes Nemrod se fixa en Chaldée, un groupe d'hommes de même race s'était établi sur la rive gauche du Tigre, aux bords du golfe Persique.

Ils eurent pour capitale la ville de Suse. Leur pays s'appela l'*Elam* ou la *Susiane* ; on les nomma les *Elamites*.

Les Elamites étant devenus très puissants, passèrent le Tigre et envahirent la Chaldée, sous la conduite de Khodor-Nakhounta leur roi. Ils transportèrent à Suse les statues des dieux chaldéens et réunirent le pays à la Susiane. La Chaldée fut soumise aux rois élamites pendant deux siècles et demi.

L'un de ces rois, Khodor-Lagamar ou Chodorlahomor, au retour d'une expédition sur les frontières d'Egypte, fut défait par le patriarche Abraham.

Fondation de l'Assyrie. — Quand les Elamites envahirent la Chaldée, les tribus sémites, qui habitaient la région d'Ur, remontèrent le Tigre pour fuir les envahisseurs, et s'établirent dans le haut des plaines de Mésopo-

---

40ᵉ Lecture. — **LE ROI HAMMOURABI CREUSE LE CANAL DE BABYLONE.** — Hammourabi, qui régna environ de 1700 à 1645 avant notre ère, fut le véritable fondateur de la grandeur de Babylone. Ce fut lui qui fit la conquête des pays de Sumir et d'Accad et renversa par la force les petits Etats qui essayaient de se maintenir dans ce pays.

« Les dieux Raman et Bel, dit-il de lui-même dans une inscription, m'ont donné les peuples de Sumir et d'Accad à gouverner.

« J'ai fait creuser le canal de Nahar-Hammourabi, la bénédiction des habitants de la Babylonie. Ce canal irrigue les terres des Sumirs et des Accads.

« J'ai dirigé les eaux dans des plaines désertes, je les ai fait se déverser dans des canaux, de manière à fournir des eaux intarissables aux peuples de Sumir et d'Accad.

« J'ai transformé les plaines désertes en terres fécondes ; je leur ai donné la fertilité et l'abondance ; j'en ai fait un séjour de bonheur. »

Religion des Chaldéens et des Assyriens. — *Génie ailé à forme humaine arrêtant deux autruches.* — Au-dessous des douze grands dieux, les Chaldéens et les Assyriens avaient inventé une multitude de divinités inférieures ou *génies*, les uns bons et les autres méchants. Ces génies sont tantôt représentés sous la forme humaine avec des ailes, tantôt ce sont des lions ou des taureaux ailés avec une tête d'homme.

tamie. Leur chef se nommait *Assur*. Ils donnèrent au pays qu'ils occupèrent le nom d'Assyrie.

Troisième période. — Rois chaldéens. — Après avoir subi pendant deux siècles et demi des rois étrangers, les Chaldéens chassèrent les Elamites et se donnèrent des rois de leur nation. Les Assyriens se considérèrent comme leurs vassaux.

Le plus célèbre des rois chaldéens de cette époque fut *Hammourabi*. Ce prince, qui régnait dix-sept siècles environ avant Jésus-Christ, est le véritable fondateur de la grandeur de Babylone. Il y construisit des monuments utiles, entre autres le grand canal qui conduisait les eaux de l'Euphrate à travers la Chaldée, pour en assainir et fertiliser les champs.

Quatrième période. — Domination de l'Egypte. Rois arabes. — Sous les descendants d'Hammourabi, le puissant roi d'Egypte Thoutmès III envahit la Chaldée et s'empara de Babylone. Le roi national fut renversé ; à sa place, le vainqueur mit sur le trône un prince arabe. Ninive et les Assyriens tombèrent aussi sous la puissance de Thoutmès.

Les rois arabes régnèrent à Babylone pendant deux siècles et demi. L'ancien empire de Chaldée n'existait plus que de nom ; il était une dépendance de l'empire égyptien.

Le jour où cessa la domination égyptienne, ce ne fut plus Babylone et la Chaldée qui tinrent le premier rang dans les plaines de Mésopotamie, ce furent Ninive et l'Assyrie.

CHAPITRE TROISIÈME

L'empire d'Assyrie.

I. L'ASSYRIE CONSTITUÉE EN EMPIRE. — II. LE PREMIER EMPIRE ASSYRIEN. — III. LES DEUX PREMIÈRES DYNASTIES DU SECOND EMPIRE ASSYRIEN.

§ Ier. — L'ASSYRIE CONSTITUÉE EN EMPIRE.

L'Assyrie. — L'ancien empire d'Assyrie, borné au sud par la Chaldée et au nord par l'Arménie, s'étendait sur les deux rives du Tigre. La région qu'il occupait se nomme aujourd'hui le Kurdistan et fait partie de la Turquie d'Asie.

Les campagnes qui bordent le Tigre sont assez fertiles, mais en général, le sol qui s'élève en pente jusqu'au

---

41e Lecture. — **LES INSTINCTS FÉROCES DES ROIS D'ASSYRIE.** — Les rois d'Assur ne calculaient leur puissance que par le nombre des villes ennemies qu'ils avaient incendiées, et par celui des guerriers qu'ils avaient cruellement égorgés après la bataille.

Le monarque, le sceptre en main et la tiare sur la tête, se plaisait à contempler les ruines fumantes des forteresses prises d'assaut, les prisonniers garrottés, les cadavres des ennemis décapités.

On le voyait après la victoire, debout sur son char de guerre, insulter aux vaincus.

sommet des monts est peu favorable à la culture. C'est surtout un pays de pâturages.

Les villes de l'Assyrie. — *Assur*, descendant de Sem, quitta la Chaldée devant l'invasion des Elamites et vint coloniser les régions du haut Tigre. Les émigrants construisirent une ville, à laquelle ils donnèrent le nom de leur chef, *Assur* ou Elassur, ils s'appelèrent eux-mêmes les Assyriens.

Ils bâtirent encore *Ninive*, *Kalah* et *Arbèles*. Assur ou Elassur était la capitale, Ninive la grande place forte qui défendait le pays.

Tout en ayant ses rois particuliers, l'Assyrie reconnaissait le roi de Babylone comme son suzerain. Lors de la conquête du pays par le pharaon Thoutmès III, elle partagea le sort de la Chaldée et dut obéir aux souverains arabes imposés par l'Egypte.

L'Assyrie secoue le joug de l'Egypte et s'érige en empire. — Les Assyriens supportaient avec impatience le joug humiliant des Egyptiens. Treize siècles environ avant l'ère chrétienne, ils se révoltèrent, marchèrent sur Babylone sous le commandement de Téglath-Adar leur chef et renversèrent les rois arabes.

Le vainqueur Téglath-Adar fonda l'empire d'Assyrie, qui comprit aussi la Chaldée. Assur demeura la capitale du royaume. Babylone reçut un gouverneur.

Histoire de l'empire assyrien. — L'empire assyrien dura près de sept cents ans (de 1314 à 625). Son histoire se divise en deux phases :

La première, qui dura environ deux siècles, comprend le règne de la dynastie de Téglath-Adar ; elle constitue ce qu'on appelle le *premier empire assyrien*.

Religion des Chaldéens et des Assyriens. — *Taureau ailé à tête humaine.* — Les taureaux ailés étaient des génies ou dieux secondaires de la cour du dieu Marduk, où ils remplissaient le rôle de portiers. De chaque côté de la porte du temple de Marduk à Babylone se voyait un de ces taureaux en pierre de taille gigantesque ayant la tête coiffée d'une tiare cylindrique ornée de plumes et de rosaces. Ces taureaux de pierre ont été transportés à Paris, au Musée du Louvre.

42ᵉ Lecture. — **LE CYLINDRE DE TÉGLATHPHALASAR.** — Les cylindres-cachets, dont le musée du Louvre possède de nombreux exemplaires, se roulaient sur un gâteau d'argile molle et y laissaient leur empreinte.

Celui de Téglathphalasar porte l'inscription suivante :

« Teglathphalasar, roi des nations, fils de Salmanasar, roi du pays d'Assur, a conquis le pays de Rar-Dunias. Si quelqu'un détruit cette inscription et mon sceau, que les dieux Assur et Raman fassent disparaître son nom de ces régions. »

La seconde, qui dura cinq siècles, comprend ce qu'on appelle le *second empire assyrien*. Ce second empire fut illustré par le roi Sargon et ses successeurs.

§ II. — LE PREMIER EMPIRE ASSYRIEN.

Le premier empire assyrien. — Téglath-Adar et ses premiers successeurs s'occupèrent surtout à consolider leur pouvoir. Les Chaldéens, dont le pays était de beaucoup plus riche que celui des Assyriens, acceptaient mal leur subordination et se révoltèrent plusieurs fois. Les rois d'Assur les réprimèrent fort durement.

Le plus grand monarque du premier empire fut *Téglathphalasar*, avec lequel s'ouvrit pour l'Assyrie une période glorieuse, qui dura plusieurs siècles.

Téglathphalasar — Téglathphalasar, l'un des successeurs de Téglath-Adar, voyait à son avènement la Mésopotamie tout entière docilement soumise à sa couronne. Il était ambitieux et ne rêvait que conquêtes à entreprendre, villes à incendier, soldats captifs à égorger, esclaves nombreux à faire et riche butin à rapporter dans son palais. Il soumit tous les petits peuples ses voisins, et traversa en vainqueur l'Arménie et la Syrie septentrionale ou pays d'Aram. Partout il porta la mort et la dévastation. Car jamais nation ne se laissa aller dans la guerre à des instincts plus féroces et à un mépris plus cruel des vaincus.

Le souvenir des exploits de Téglathphalasar, amplifié par l'imagination populaire, donna lieu à une légende fabuleuse que les Grecs recueillirent et dont ils firent les aventures de *Ninus et de Sémiramis*.

Chute du premier empire assyrien. — Les successeurs de Téglathphalasar ne surent point conserver

Religion des Chaldéens et des Assyriens. — *Sacrifice à la grande déesse Istar.* — La déesse est sur son trône au milieu d'une panoplie de lances et un chien sous les pieds. Devant elle est un autel ou petit bûcher sur lequel des Chaldéens ont placé la tête d'un animal qui a été immolé. Ils apportent encore une chèvre et une branche de grenadier pour le sacrifice. — (Cylindre chaldéen.)

43e Lecture.— **GÉNÉALOGIE DE TÉGLATHPHALASAR.**— Sur une pompeuse inscription, Téglathphalasar s'est plu à tracer lui-même la liste de ses glorieux ancêtres :

« Je suis, écrit-il, Teglath-Pal-Asar, le grand, le suprême, dont les dieux Assur et Adar ont comblé les vœux, qui a poursuivi les ennemis d'Assur jusqu'au fond de leurs retraites et les a tous anéantis.

« Je suis le fils d'Assur-ris-Isi, le roi puissant, qui a conquis les pays rebelles, qui a dompté les plus forts.

« Je suis le petit-fils du Mutakkil, que le dieu Assur dans sa bonté, a daigné choisir pour lui confier le gouvernement du pays d'Assur.

« Je suis l'arrière-petit-fils d'Assur-Dayan, qui a tenu en main le sceptre suprême et a gouverné le pays de Bel, dont les grands dieux ont agréé l'œuvre et les offrandes et qui parvint à une grande vieillesse.

« Je suis le descendant d'Adar-Pal-Asar, le roi gardien du sanctuaire d'Assur. »

ses conquêtes. L'un d'entre eux fut défait par les Khétas du pays d'Aram et laissa Babylone reprendre son indépendance. Les Ninivites indignés le renversèrent et remirent la couronne à l'un des officiers du palais, nommé *Bélitaras*. Ainsi se termina le premier empire assyrien.

§ III. — LES DEUX PREMIÈRES DYNASTIES DU SECOND EMPIRE ASSYRIEN.

(1050-625.)

Le second empire assyrien. — Le premier empire assyrien n'avait eu qu'une seule dynastie de rois. Ils faisaient leur résidence habituelle dans la ville d'*Elassur*.

Le nouveau roi *Bélitaras* fonda le second empire d'Assyrie, dont les souverains eurent d'abord pour capitale la ville de *Kalah* et ensuite *Ninive*.

Le second empire compta trois dynasties.

Les rois des deux premières dynasties furent en général des guerriers farouches, des conquérants infatigables.

La troisième dynastie, fondée par *Sargon*, vit l'apogée, puis la chute du royaume assyrien. On désigne les rois de cette dynastie sous le nom de *Sargonides*.

Première dynastie du second empire assyrien.

Première dynastie du second empire. — Bélitaras et ses premiers successeurs ne s'occupèrent que de consolider leur trône, sans songer à ramener Babylone et le pays d'Aram sous leur joug.

Mais bientôt apparurent des souverains actifs, robustes, à l'humeur belliqueuse, aimant à se reposer de la guerre contre leurs voisins par la chasse contre les taureaux

Religion des Chaldéens et des Assyriens. — *Procession de la Colombe, symbole d'Istar.* — On représentait la déesse Istar sous la forme d'une colombe. — (D'après un bas-relief du musée britannique à Londres.)

44ᵉ Lecture. — **LES CHASSES DE TÉGLATHPHALASAR RACONTÉES PAR LUI-MÊME.** — « Les dieux Adar et Nergal ont confié à mes royales mains leurs armes terribles et leur arc puissant.

« Avec le secours du dieu Odar mon protecteur, j'ai tué quatre buffles d'une force et d'une grandeur extraordinaires. C'était au désert, près de la ville d'Arazihi ; je les ai tués avec mon arc puissant, mon glaive de fer et ma lance aiguë, et j'ai rapporté leurs peaux et leurs cornes dans ma ville d'Elassur.

« Une autre fois, j'ai tué des éléphants gigantesques dans le voisinage de Haran, aux sources de Habour ; j'en ai pris quatre autres vivants ; les peaux et les défenses des tués ont été transportées à Elassur.

« Une fois encore, avec le secours du dieu Odar, j'ai tué cent vingt lions, que j'ai étendus raides morts à mes pieds.

« J'en ai chargé huit cents sur mes chars.

« Ni les fauves du désert, ni les oiseaux du ciel n'ont pu se soustraire à mes flèches. »

sauvages et les lions du désert. Malheureusement ces princes joignaient à leur invincible bravoure, la cruauté sanguinaire et tous les vices des populations barbares.

Les deux rois les plus remarquables de cette dynastie furent Assurnazirpal et Salmanasar III.

Assurnazirpal (882 à 860 avant J.-C.). — Assurnazirpal abandonna la ville d'Elassur et vint d'abord se fixer à Ninive. Puis il bâtit au sud de Ninive la ville de Kalah et en fit sa capitale.

A peine assis sur le trône, ce prince fit le dénombrement de ses troupes et de ses chars de guerre. Ayant trouvé tout selon ses désirs, il entra aussitôt en campagne, dans le but de ramener sous l'autorité assyrienne les peuples qui s'en étaient affranchis.

Il commença par remonter le Tigre vers ses sources.

45ᵉ Lecture. — **RÉPRESSION FAROUCHE DE LA VILLE DE SURU PAR ASSURNAZIRPAL.** — La ville tributaire de Suru s'étant révoltée, Assurnazirpal vint pour la soumettre. Elle implora la clémence du roi d'Assyrie.

Assurnazirpal se montra inflexible. « Je tuai un habitant sur deux, dit-il, et la moitié du reste fut réduit en esclavage. » Le roi de la ville dut assister au pillage de son palais, voir enchaîner ses fils et ses filles, emporter ses dieux tutélaires.

« J'ai fait, dit Assurnazirpal, écorcher un grand nombre des rebelles en ma présence et j'ai fait couvrir le mur de leurs peaux ; je fis des pyramides de leurs têtes et des trophées de leurs cadavres. Enfin j'ai emmené le roi à Ninive, où je le fis écorcher, et j'étendis sa peau sur le rempart de la ville. »

Et l'on parle de la civilisation assyrienne ! Et l'on vante les beautés de la superbe Ninive ! Certes, autant vaut la barbarie qu'une pareille civilisation !

Les rois de Chaldée et d'Assyrie. — *Lik-Bagus, ancien roi de Ur en Chaldée.* — Lik-Bagus, vivait, dit-on, 2400 ans avant J.-C. — Sur ce cachet, qui est le sien, on lit : *Lik-Bagus, l'homme puissant, roi d'Ur, roi des pays de Sumir et d'Accad.* — Il est assis sur son trône, sous la protection du dieu Lune ou dieu Sin, et donne audience à ses sujets. — (Cylindre de Lik-Bagus.)

Les habitants s'enfuirent dans les montagnes à son approche. Il les y poursuivit et en massacra le plus grand nombre. Beaucoup de prisonniers étaient écorchés vifs et leurs peaux étaient clouées aux murailles des villes.

Assurnazirpal descendit ensuite les plaines de la Mésopotamie et ramena sous son autorité Babylone et la Chaldée. Puis il marcha contre les Khétas ou Hétéens du pays d'Aram en Syrie, les vainquit, mit leur pays à feu et à sang et revint chargé de butin. L'ancienne défaite des Assyriens était vengée.

Ivre de gloire, l'orgueilleux Assurnazirpal exprimait sa joie par des mots féroces, qu'il faisait graver sur ses monuments. On lit encore sur l'un d'entre eux : « Ma figure s'épanouit au milieu des ruines et je trouve ma satisfaction dans l'assouvissement de mon courroux. »

Salmanasar III (860-823). — Salmanasar III, fils et successeur d'Assurnazirpal, ne fut ni moins guerrier que son père, ni moins heureux dans ses expéditions. Il a fait graver lui-même le récit de trente et une de ses campagnes sur un obélisque qui se trouve actuellement à Londres.

Ses principales guerres eurent pour but de réprimer plusieurs grandes coalitions, formées contre lui par les populations syriennes que son père avait subjuguées. A leur tête était le roi de Damas. Salmanasar entra plusieurs fois en Syrie, où il remporta des victoires chaudement disputées. Dans la bataille de Karkar, il se vante d'avoir tué 14,000 hommes. « Je poursuivis les Syriens jusqu'au delà de l'Oronte, inscrivit-il après sa victoire, et je n'eus qu'à recueillir sur mon chemin leurs chars, leurs cavaliers et leurs chevaux. »

Les derniers rois de la première dynastie. — L'un des successeurs de Salmanasar III, *Raman-Nirar*, avait épousé une princesse de Babylone, la reine *Sammouramit*. Il lui confia le gouvernement de la Chaldée. C'est à cette reine, qu'ils appellent *Sémiramis*, que les Grecs ont attribué tous les exploits des rois belliqueux qui avaient vécu avant cette époque.

46ᵉ Lecture.— **LÉGENDE DE NINUS ET DE SÉMIRAMIS.** — Les Perses, dans leurs légendes, racontaient que le premier roi des Assyriens fut Ninus, fils de Bélus.

Ninus, d'après le récit des Perses, voulant fonder un immense empire, composa son armée de jeunes gens d'élite et attaqua les Babyloniens. Les habitants furent bientôt vaincus.

Ninus, de là, marcha sur l'Arménie, qu'il rendit

LES ASSYRIENS.

Après Raman-Nirar montèrent sur le trône une série de princes sans valeur, *des rois fainéants* qui ne s'occupèrent que de leurs plaisirs. La puissance de Ninive subit pendant trente ans un affaissement complet. Le dernier de ces rois fut *Sardanapale*. Le peuple, indigné de son incapacité, le renversa et mit sur le trône Téglathphalasar II.

---

tributaire. Le roi de Médie Pharnus, attaqué ensuite, voulut résister ; il fut fait prisonnier et mis en croix.

Ninus, en dix-sept ans, subjugua toute l'Asie, à l'exception de la Bactriane et de l'Inde ; il conquit aussi l'Egypte.

Au retour, il construisit Ninive sur les bords de l'Euphrate.

Une expédition contre les Bactriens mit en rapport Ninus et Sémiramis.

Sémiramis, femme d'un officier de Ninus, avait suivi son mari à la guerre. On assiégeait Bactres et le siège traînait en longueur. Sémiramis se travestit en guerrier, escalada la forteresse et entraîna à sa suite les troupes de Ninus.

Ninus, émerveillé de tant de bravoure, épousa Sémiramis. A sa mort, la reine demeura maîtresse de l'empire.

Jalouse de surpasser la gloire de son époux, Sémiramis conçut le dessein de bâtir sur l'Euphrate une ville immense ; ce fut Babylone, qui n'existait pas jusqu'alors.

Puis elle soumit les Mèdes, les Perses et parcourut victorieusement toute l'Asie, perçant partout les montagnes, brisant les rochers, pratiquant de grandes et belles routes.

Elle voulut ensuite conquérir l'Inde.

Au retour, elle abdiqua en faveur de son fils Ninyas, puis elle fut changée en colombe et disparut au milieu d'un vol de ces oiseaux. Les Assyriens en firent une déesse et rendirent, à cause d'elle, des honneurs divins à la colombe.

Telle est la fable, qui a servi longtemps de base à l'histoire de la fondation de Ninive et de Babylone.

HIST. ANC.

Seconde dynastie du nouvel empire assyrien.
(745-721 avant l'ère chrétienne.)

Téglathphalasar II. — Téglathphalasar II commença une nouvelle dynastie assyrienne qui ne comprit que deux rois, lui et son fils. C'était un prince entreprenant et guerrier. Avec lui recommencèrent les grandes expéditions.

Babylone s'était rendue indépendante sous les rois fainéants ; les tribus syriennes en avaient fait autant. Téglathphalasar les obligea à reconnaître de nouveau leur vassalité.

Il rendit aussi tributaire le royaume d'Israël.

Son règne de vingt-deux ans ne fut qu'une suite non interrompue de victoires. De retour dans son palais de Kalah, il y fit inscrire ces paroles : « Je suis le roi qui, depuis le lever jusqu'au coucher du soleil, ai mis en fuite tous mes ennemis. »

Salmanasar V. — Sous son fils Salmanasar V, le royaume d'Israël, excité par Osée son roi, tenta de secouer le joug assyrien. Salmanasar vint assiéger la ville de Samarie, capitale des Israélites. Il mourut pendant le siège. Son successeur fut *Sargon*, l'un de ses principaux généraux, qui fut le chef de la dynastie des *Sargonides*.

CHAPITRE QUATRIÈME

Empire d'Assyrie. — Sargon et les Sargonides. — Grandeur et chute de Ninive.

Troisième dynastie du nouvel empire assyrien.
(721 à 625.)

Les Sargonides (721 à 625 avant J.-C.). — Salmanasar V, mort au siège de Samarie, n'avait laissé qu'un fils en bas âge. Les troupes proclamèrent pour roi Sargon leur général.

Sargon fonda la *troisième dynastie* du Nouvel Empire assyrien, celle des *Sargonides*, sous laquelle Ninive devint la ville la plus célèbre et la plus riche du monde.

47e Lecture. — **LA NAISSANCE DE SARGON RACONTÉE PAR LUI-MÊME.** — Le roi babylonien Sargon Ier raconte en ces termes, sur un fragment d'argile trouvé à Koyundjik, le récit de sa naissance :

« Je suis Sargon, le roi puissant, le roi d'Agané.

« Ma mère était une princesse, je n'ai pas connu mon père.

« Dans la ville d'Azupiranu, qui est située sur les bords de l'Euphrate, je naquis.

« Ma mère, qui ne m'aimait pas, me plaça dans une petite arche de roseaux enduite avec du bitume ; elle m'enferma, et elle me lança sur le fleuve qui ne me noya pas.

« Le fleuve m'emporta ; chez Akki, le porteur d'eau, il me porta.

« Akki, le porteur d'eau, dans la compassion de ses

LES ASSYRIENS.

Sargon et ses successeurs furent les plus illustres des rois d'Assyrie. Aussi despotes que leurs devanciers, ils les surpassèrent par le succès de leurs armes, par le luxe et la mollesse de leur existence et par la splendeur de leurs palais. La Grèce n'avait que du mépris pour ces princes asiatiques, avec leurs parures étincelantes et leurs vêtements couverts d'or, avec leurs broderies qui les rendaient pareils à des femmes.

La dynastie des Sargonides dura près d'un siècle ; elle compta cinq rois : *Sargon, Sennachérib, Assarhaddon, Assurbanipal* et *Assurédilani*. Sous le dernier de ces princes, Ninive, arrivée au faîte de sa puissance, tomba au pouvoir des Mèdes et l'empire d'Assyrie fut détruit pour toujours.

Sargon (*721 à 704 avant Jésus-Christ*). — Sargon alla se faire reconnaître roi à Ninive, puis revint continuer le

---

entrailles, me recueillit ; Akki, le porteur d'eau, m'éleva comme son enfant.

« Akki, le porteur d'eau, m'établit comme son garde de forêts, et, dans ma garde de forêts, la déesse Istar me prit en amitié.

« Je suis arrivé de là à gouverner le royaume..... »

48º Lecture. — **CONSTRUCTION DU PALAIS DE KHORSABAD RACONTÉE PAR SARGON.** — A la suite de ses conquêtes, Sargon voulut éterniser sa gloire, en élevant un monument digne de lui. Il choisit donc un emplacement à quelques lieues de Ninive, là où se trouve actuellement le village de Khorsabad, et y bâtit une ville. Voici comme il en raconte lui-même la construction, dans une inscription qu'on a retrouvée :

« D'après la volonté divine et le vœu de mon cœur, j'ai construit, au pied du pays de Musri, pour remplacer

Les rois de Chaldée et d'Assyrie. — *Marduk, roi de Chaldée, roi de Babylone, dans son costume de cérémonies.* — Le roi était pontife et roi, on le surnommait le vicaire des dieux. Le roi est ici coiffé de la tiare sacerdotale ornée de broderies et de plumes. Sa barbe est frisée avec soin. Il est vêtu d'une tunique longue, surchargée de broderies, de passementeries d'or et d'argent et de pierres précieuses. Cette robe ou tunique était assujettie à la taille par une large ceinture brodée, dans laquelle étaient passés deux poignards. Il porte à la main gauche un arc et à la droite deux flèches. — (Monument appartenant au musée de Londres.)

siège de Samarie. Décimés par deux années de combats, épuisés par les privations, les Israélites succombèrent. Le vainqueur envoya les habitants captifs en Assyrie, repeupla la ville par des Chaldéens et lui donna un de ses lieutenants pour gouverneur. Avec Samarie tomba le royaume d'Israël.

Le puissant monarque promena ensuite ses armes victorieuses en Arménie, dont il fit écorcher vifs les souverains ; en Médie, qu'il soumit à payer d'énormes rançons ; au pays des Philistins, qu'il dépeupla complètement, et jusque dans l'île de Chypre, qu'il annexa à son empire. Les Assyriens écrasaient les peuples et les détruisaient ; ils ne portaient nulle part la civilisation.

Ninive, une ville que j'ai appelée *Dur-Sarkin* (château de Sargon). Les dieux Salman, Sin, Samas, Nabu, Raman, Adar et leurs grandes épouses, qui règnent de toute éternité sur les temples du pays et dans les enfers, ont béni les œuvres merveilleuses que j'ai faites et les rues superbes de Dur-Sarkin.

« .... Cette ville, située sur le versant des montagnes, je l'ai faite pour qu'elle ressemble à Ninive. Trois cent cinquante rois environ ont exercé avant moi l'empire sur le pays d'Assur et ont illustré la puissance de Bel ; mais aucun, parmi eux, n'avait examiné cet emplacement, ni songé à le rendre habitable, ni même tenté d'y creuser un canal.

« J'ai bâti dans la ville des palais couverts en peaux de amsi, construits en santal, en ébène, en lentisque, en cèdre, en cyprès, en pistachier, d'une incomparable splendeur, pour le siège de ma royauté.

« Puisse Assur, le père des dieux, bénir ces palais ! Que devant sa face suprême, le Taureau sculpté, le Taureau protecteur et le dieu qui procure le bonheur et la joie restent dans ce palais, aussi longtemps que les matériaux resteront debout ! »

Les rois de Chaldée et d'Assyrie. — *Le roi Sargon, roi d'Assyrie.* — Il est debout, la main gauche sur la garde de son épée, et, de la droite, il tient le bâton d'ivoire, insigne de sa dignité pontificale. Ses cheveux et sa barbe sont frisés avec soin. Sa tiare, en forme de cône, est ornée de fanons ou rubans brodés, qui pendent par derrière. Il a aux oreilles des boucles en forme de croix à quatre branches, symbole d'immortalité. Par dessus sa robe ou tunique, il porte une espèce de manteau qui pend par devant et par derrière, comme une chasuble. Sur sa poitrine se croise une riche écharpe, ornée de franges. Il a des bracelets d'or aux bras. — (Bas-relief du palais de Khorsabad. — Musée du Louvre à Paris.)

Les dernières années de son règne furent occupées à réprimer un soulèvement général du peuple de Babylone et de la Chaldée. Sargon entra dans Babylone, lui imposa comme gouverneur un de ses officiers et réunit toute la Chaldée sous son autorité directe.

Sargon voulut éterniser le souvenir de ses victoires par un monument digne de lui. Il bâtit donc, à quelques lieues de Ninive, un immense palais qu'il nomma Dour-Sargon, c'est-à-dire le château de Sargon. Les ruines de ce palais ont été explorées par MM. Botta et Victor Place. Elles occupent au village actuel de *Khorsabad* une superficie de dix hectares. Les inscriptions découvertes à Khorsabad par les savants explorateurs ont permis de reconstituer l'histoire de l'ancien royaume d'Assyrie.

Sargon périt assassiné dans son palais, au milieu d'une émeute de ses soldats.

49ᵉ Lecture. — **BABYLONE CHATIÉE PAR SENNACHÉRIB.** — Dans l'inscription qu'il fit graver sur les rochers de Bavian, Sennachérib raconte avec une joie féroce le traitement terrible qu'il infligea à Babylone :

« Je marchai rapidement sur Babylone, dans laquelle j'entrai sans coup férir ; je me précipitai sur elle, rapide comme l'orage, et je la renversai comme un ouragan.

« La ville et ses temples, depuis leurs fondations jusqu'à leur sommet, je les ai détruits, démolis complètement, livrés aux flammes. Les forteresses et les temples des dieux, les tours à étages en briques cuites et en briques crues, je les ai abattus et renversés dans le canal Nahr-Araht.

« Pour que dans la suite des temps, on ne pût pas trouver l'emplacement de cette ville et des temples des dieux, je la submergeai dans les eaux. »

Rois de Chaldée et d'Assyrie. — *Sennachérib, roi d'Assyrie (Ninive) sur son trône.* — Sur sa tête est le diadème royal en toile blanche, attaché par des fanons ou rubans, ornés de franges qui pendent sur les épaules. Il fait une libation en l'honneur des dieux. L'orgueilleux Sennachérib disait de lui-même : « J'ai soumis à ma puissance tous les chefs des hommes. Les rois ennemis, pris de vertige, évitaient de se ranger en bataille devant moi ; leurs alliés les abandonnaient ; ils s'envolaient comme une nichée d'oiseaux, pour se soustraire à ma rencontre. » — (Bas-relief du palais de Nimroud transporté au Musée Britannique à Londres.)

Sennachérib ou Sinachérib (704-681).

— Le meurtre de Sargon fut le signal d'une révolte générale de tous les peuples subjugués : Babyloniens, Mèdes, Arméniens, Phéniciens, Philistins et Juifs du royaume de Judée. Sennachérib, fils de Sargon, se vit donc obligé d'entreprendre une série d'expéditions, qui durèrent la plus grande partie de son règne.

Parmi ces expéditions, deux méritent surtout qu'on les signale : l'une contre Babylone et l'autre contre le royaume de Juda.

Expédition de Sennachérib contre Babylone.

— Les Babyloniens avaient repris leur indépendance et s'étaient donné un roi. Sennachérib marcha droit sur Babylone, dispersa les révoltés dans une grande bataille et leur imposa pour roi le fils d'un astrologue.

Les Babyloniens se soulevèrent plusieurs fois encore. Le monarque assyrien résolut d'en finir avec ces insurrections continuelles. Il entra donc à Babylone et en ordonna la destruction par le fer et le feu. On lui obéit avec une froide cruauté. Les temples mêmes ne furent pas respectés : on brisa jusqu'aux statues des dieux.

Après le départ de Sennachérib, ceux qui restaient de la malheureuse population sortirent des lieux où ils s'étaient réfugiés, et rebâtirent peu à peu leur ancienne capitale.

Expédition de Sennachérib en Judée.

— A la mort de Sargon, Ezéchias, roi de Juda, était entré dans une coalition, formée contre l'Assyrie, entre les princes de Phénicie et de la Palestine et le roi d'Egypte.

Sennachérib, après avoir châtié les Phéniciens et les Philistins, envahit le royaume de Juda et vint assiéger Jérusalem. Le roi Ezéchias obtint son départ au prix de

Les rois de Chaldée et d'Assyrie. — *Assurbanipal, roi de Ninive, sur son char de parade.* — Sur son char de guerre ou de parade, le roi se tenait debout. Son cocher conduisait et un de ses esclaves se tenait derrière avec un chasse-mouches à la main. Ses officiers le suivent.— C'est cet Assurbanipal qui dictait cette inscription : « J'ai pris un lion par la queue et, avec l'aide des dieux, je lui ai broyé la tête d'un coup de massue. » — (D'après un bas-relief de Koyoundjik, transporté au musée du Louvre à Paris.)

50ᵉ Lecture. —**L'ARMÉE DE SENNACHÉRIB DÉTRUITE DEVANT JÉRUSALEM.** — Avant de marcher contre l'armée d'Egypte, Sennachérib résolut d'en finir avec la Judée. Il parut bientôt devant Jérusalem.

En face du danger, le vieux roi Ezéchias sentit naître en lui toute l'énergie du désespoir. Il restaura les murailles de Jérusalem, rebâtit de nouvelles tours et ranima tous les cœurs par son exemple.

En apprenant ces préparatifs, le roi d'Assyrie dépêcha trois de ses officiers pour sommer la ville d'ouvrir ses portes.

Ezéchias se rendit au temple et, les bras levés vers le ciel, s'écria :

« O Jéhovah ! Dieu d'Israël, toi qui sièges entre les chéru-

tout l'or qui se trouvait dans le temple et dans le trésor royal. Le fougueux Sennachérib s'éloignait, quand il apprit que l'armée du roi d'Egypte marchait contre lui. Il se crut trahi par le roi de Juda et revint aussitôt furieux contre Jérusalem.

Ezéchias, résolu à une résistance désespérée, implora avec tout son peuple le secours du Dieu d'Israël.

Tandis que Sennachérib s'apprêtait à châtier Jérusalem et en même temps à faire front à l'armée d'Egypte, cent quatre-vingt-cinq mille hommes de son armée périrent tout à coup, enlevés par un fléau providentiel. Le puissant monarque se hâta de ramener les débris de ses troupes en Assyrie.

---

bins, tu es le seul Dieu de tous les royaumes de la terre ! c'est toi qui as fait les cieux et la terre !

« O Jéhovah ! prête l'oreille et écoute ; ouvre tes yeux et regarde ; écoute les paroles de Sennachérib et de celui qu'il a envoyé pour blasphémer le Dieu vivant.

« O Jéhovah, notre Dieu, je te prie, délivre-nous de la main de Sennachérib, afin que tous les royaumes de la terre sachent que c'est toi, Jéhovah, qui es le seul dieu ! »

Le prophète Isaïe annonça de la part de Dieu à Ezéchias que sa prière était exaucée. « Voici la parole que Jéhovah a
« prononcée contre Sennachérib : Il n'entrera point dans
« cette ville, il n'y jettera aucune flèche, il ne se présentera
« point contre elle avec le bouclier et ne dressera point de
« talus contre elle. Car je garantirai cette ville et je la déli-
« vrerai, à cause de moi et à cause de David mon serviteur. »

« Il arriva donc cette nuit-là, poursuit la Bible, qu'un ange de Jéhovah sortit et tua cent quatre-vingt-cinq mille hommes au camp des Assyriens ; et quand on fut levé de bon matin, voilà, c'étaient tous des corps morts. Et Sennachérib, roi des Assyriens, partit de là. Il s'en alla et s'en retourna à Ninive. »

Grands personnages de la cour de Ninive et de Babylone. — *Le grand visir.* — C'était le premier personnage après le roi. On l'appelait *Tartan* quand il remplaçait le roi à la tête des armées. Son vêtement consistait en une tunique frangée, à manches courtes, avec une grande écharpe et une sorte de petit manteau brodé. Les autres grands personnages de la cour étaient le préfet du palais, l'officier gardien du sceau royal et le gouverneur du pays. Venaient ensuite les gouverneurs des provinces. — (D'après un bas-relief.)

Sennachérib mourut assassiné par ses deux fils aînés. Il avait fort agrandi et embelli Ninive, dont il avait fait sa capitale.

Assarhaddon (681-667). — Les fils meurtriers de Sennachérib ne profitèrent pas de leur crime. Ils furent honteusement chassés par l'armée, qui proclama Assarhaddon, un de leurs frères plus jeune.

Les exploits principaux d'Assarhaddon furent la soumission de l'Arabie, qu'il rendit tributaire, et une expédition en Egypte, où il pilla Memphis et Thèbes. Il prit alors le titre de *Roi des rois d'Egypte et d'Ethiopie*.

Assurbanipal (667-647 avant J.-C.). — Le fils aîné d'Assarhaddon, nommé Assurbanipal, monta sur le trône à vingt ans. Actif, belliqueux et cruel, possédant l'armée la plus aguerrie et la plus redoutable du monde, le superbe monarque porta à son apogée la puissance assyrienne et la gloire de Ninive. Mais il fut, pour les nations qu'il parcourut en vainqueur, un fléau terrible et redoutable.

Assurbanipal châtie l'Egypte. — L'Egypte tenta de secouer le joug ; il se mit en marche pour aller la soumettre. Vingt-deux petits rois des provinces de la Syrie accoururent à son passage et se mirent à sa suite. Thèbes aux cent portes tomba entre ses mains et fut ruinée de fond en comble. Il en enleva toutes les richesses et jusqu'à deux obélisques qu'il transporta en Assyrie.

51ᵉ Lecture. — **PRISE DE THÈBES PAR ASSURBANIPAL.** Assurbanipal raconte lui-même la manière dont il traita la ville de Thèbes, dont il s'était emparé pour la seconde fois :

« Je pris la ville de Thèbes et mes mains la soumirent à la domination d'Assur et d'Istar ; je m'emparai de son argent, de son or, des pierres précieuses, des trésors du palais royal, des étoffes de laine et de lin, des grands chevaux, des esclaves, de deux obélisques couverts de magnifiques sculptures et du poids de 25,000 talents, dressés devant la porte d'un temple ; je les enlevai de leur place et les transportai jusqu'en Assyrie, et je suis rentré à Ninive avec un butin considérable. »

La ruine de Thèbes entraîna la soumission de l'Egypte, qui devint pour quelque temps vassale de l'Assyrie.

L'armée en Assyrie et à Babylone. — *Cavalier assyrien.* — L'armée comprenait des cavaliers, des soldats montés sur des chars et des fantassins. Tous portaient le même costume. — Les cavaliers montaient sans étriers et sans selle, avec un seul tapis étendu sur le dos du cheval. Leurs armes étaient l'arc, la lance et l'épée courte. — (Bas-relief du Musée Britannique.)

52ᵉ Lecture. — **CHUTE DE NINIVE.** — La chute de Ninive n'a laissé de trace que dans l'histoire du peuple hébreu. L'un de ses écrivains sacrés, le prophète Nahum, l'avait prédite en ces termes éloquents :

« Le destructeur vient contre toi, ô Ninive ! Il vient assiéger tes forteresses. Assyrien, mets des sentinelles sur le chemin, fortifie tes reins, rassemble le plus de forces que tu pourras !

Assurbanipal réprime Babylone. — Il avait nommé l'un de ses frères vice-roi de Babylone. Celui-ci étant entré dans une ligue formée contre lui, le puissant monarque vint l'assiéger dans sa capitale. Babylone se défendit jusqu'à la dernière extrémité. Poussés par la famine, les soldats mangèrent jusqu'à leurs propres enfants.

Babylone succomba. Assarhaddon fit brûler vif son frère. Quant aux officiers survivants, il leur fit arracher la langue et trancher la tête. Les simples soldats furent écorchés vifs. Le farouche vainqueur s'en fait gloire dans ses inscriptions : « Le reste des soldats, dit-il, furent écorchés devant les taureaux ailés et les lions colossaux élevés par Sennachérib mon grand-père. Moi-même j'en écorchai de mes propres mains, et je jetai leurs chairs pantelantes aux chiens, aux chacals et aux vautours. »

La domination d'Assurbanipal s'étendait, au moment de sa mort, depuis les bords de la mer Caspienne jusqu'aux extrémités de l'Egypte.

« Ce sera en vain ; car Jéhovah va punir l'insolence avec laquelle tu as traité Jacob et Israël.

« L'ennemi fera marcher ses plus vaillants hommes ; ils iront à l'attaque, d'une course précipitée ; ils se hâteront de monter sur la muraille et ils prépareront des machines où ils seront à couvert.

« Enfin ces portes, par où les peuples entraient comme des fleuves, sont ouvertes. Le temple est détruit jusqu'aux fondements. Ninive était remplie d'habitants comme une piscine remplie d'eau : ils ont pris la fuite. Elle crie : « Demeurez » ; mais personne ne détourne la tête.

« Pillez l'argent, pillez l'or ; ses richesses sont infinies ; sa magnificence est au-dessus de tout ce qu'on peut imaginer.

« Ninive est pillée, elle est dépouillée de tout, elle est déchirée.

« Où est maintenant ce repaire de lions ! »

L'armée en Assyrie et en Chaldée. — *Archers*. — (D'après un bas-relief.)

Chute et ruine de Ninive (*l'an 625 avant J.-C.*). — A voir la puissance de Ninive sous le règne de Sargon et des *Sargonides* ses successeurs, qui eût présagé que l'opulente cité touchait à sa ruine ? Seul, le prophète Nahum, sur la terre d'Israël, annonçait sa destruction prochaine : « Le destructeur marche contre toi, ô Ninive ! s'écriait-il. Jéhovah s'apprête à punir l'insolence avec laquelle tu as traité Israël. Malheur à la ville sanguinaire ! »

Le destructeur de Ninive devait être le roi des Mèdes.

Les Mèdes, qui descendaient de Japhet, étaient établis sur les plateaux de l'Iran, à l'est de l'Assyrie. Soumis longtemps à Ninive, ils avaient repris leur indépendance. Ils avaient même marché contre Assurbanipal et avaient été repoussés.

A la mort d'Assurbanipal, son fils *Assurédilani* lui ayant succédé, les Mèdes profitèrent du changement de règne pour prendre de nouveau les armes contre l'Assyrie. Leur roi Cyaxare avait juré d'anéantir l'orgueilleux empire, qui faisait peser sur l'Asie un joug si dur. Babylone, soulevée par Nabopolassar, vice-roi de la Chaldée, joignit ses troupes à celles des Mèdes.

Cyaxare, à la tête d'une armée innombrable, vint mettre le siège devant Ninive. Pendant deux années entières, la ville résista avec le courage du désespoir. Mais une crue subite du Tigre ayant renversé un large pan de murailles, les Mèdes s'introduisirent par cette trouée.

Le roi Assurédilani, voyant sa capitale prise, s'enferma dans son palais avec ses trésors, y mit le feu et se précipita dans les flammes.

Les Mèdes et les Babyloniens, maîtres de Ninive, après avoir massacré les habitants, s'acharnèrent à détruire les palais, les temples et les maisons jusqu'aux fondements. Puis ils détournèrent le cours du Tigre et en firent passer les eaux sur les ruines, afin de les ensevelir pour toujours sous des couches de sable. Les destructeurs ne se retirèrent point tant qu'il y eut un pan de mur debout, tant qu'il y eut un homme vivant, capable de songer à la revanche.

Deux siècles après la chute de l'orgueilleuse cité, le grec Xénophon, pendant la fameuse retraite des dix mille, traversa les lieux où elle avait existé ; dans le récit qu'il écrivit de cette mémorable retraite, il ne prononce pas même le nom de Ninive.

Les ruines de Ninive ont été retrouvées, de nos jours seulement, sous l'épais lit de sable qui les recouvrait depuis 2,400 ans peut-être.

CHAPITRE CINQUIÈME

Le nouvel empire chaldéen. — Babylone et Nabuchodonosor.

(625 à 538 avant l'ère chrétienne).

Le nouvel empire chaldéen (625 à 538 avant Jésus-Christ). — Après la destruction de Ninive, les vainqueurs se partagèrent les dépouilles. *Cyaxare*, roi des Mèdes, retint la possession de l'Asie Mineure. *Nabopolassar*, vice-roi de Babylone, eut pour sa part l'ancien royaume d'Assyrie, le pays d'Elam, la Syrie, la Phénicie et la Palestine. Il réunit ces régions à sa vice-royauté et en forma le *nouvel empire de Chaldée*, qui eut Babylone pour capitale.

Le nouvel empire dura 87 ans. Son histoire peut ainsi se résumer :

Sa fondation par Nabopolassar ;
L'apogée de sa puissance sous Nabuchodonosor ;
Sa décadence sous leurs successeurs ;
Sa destruction par Cyrus, roi des Perses.

Nabopolassar et Nitocris son épouse fondent la grandeur de Babylone (625-604). — Nabopolassar, devenu roi de Babylone, qu'il avait autrefois gouvernée au nom du roi d'Assyrie, ne négligea rien pour faire de sa capitale la ville la plus somptueuse et la plus opulente de l'Asie.

Babylone, qui avait été si cruellement traitée par le roi de Ninive Sennachérib un demi-siècle auparavant, s'était assez promptement relevée de ses ruines. Ses habitants étaient actifs, industrieux, habiles à tisser les riches étoffes, à ciseler l'or et le fer, à fabriquer les bijoux. Elle avait établi des relations commerciales avec les habitants des contrées les plus lointaines. Elle trafiquait par le Tigre avec les régions du Caucase, par le golfe Persique avec l'Arabie et l'Inde, par ses chemins de caravanes avec Tyr et la Phénicie.

La reine *Nitocris*, épouse de Nabopolassar, était Égyptienne d'origine. Ce fut elle surtout qui dirigea les grands travaux d'embellissements entrepris à Babylone, sous le règne de son époux. Elle éleva les remparts de la ville, et la préserva des inondations au moyen de digues puissantes sur chaque rive de l'Euphrate ; elle relia les deux parties de la cité par un pont de pierres et de briques. Enfin elle établit sur les terrasses du palais royal ces fameux jardins suspendus, que l'antiquité citait comme l'une des sept merveilles du monde.

Apogée de la puissance de Babylone sous Nabuchodonosor (604-561). — Le jeune roi Nabuchodonosor, qui monta à vingt-cinq ans sur le trône de Chaldée, était déjà célèbre par la victoire de Karkémis, qu'il avait remportée sur les armées égyptiennes de Néchao II. Par la splendeur de son règne, il éclipsa la renommée des plus grands rois de Ninive. Sa gloire en Orient atteignit de telles proportions, qu'enivré lui-même de sa puissance, il voulut se faire adorer comme un dieu.

Les points culminants de son histoire sont ses expéditions en Judée, en Phénicie et en Egypte, et les travaux importants qu'il entreprit pour l'embellissement de Babylone.

L'armée d'Assyrie et de Babylone. — *Guerriers assyriens.* — Ils sont armés de la lance et d'une épée courte. Ils portent un bouclier rond fait d'osier. — Leur casque est surmonté d'un cimier. — (Bas-relief du palais de Nimroud, apporté au musée de Londres.)

L'armée d'Assyrie et de Babylone. — *Les archers protégés par de longs boucliers d'osier.* — Un guerrier conduit les prisonniers à coups de lance. — (Bas-relief du palais de Nimroud.)

Expéditions de Nabuchodonosor en Judée. — La captivité des Juifs à Babylone (588 avant J.-C.). — Les Juifs s'étant laissé entraîner par les Egyptiens dans une ligue contre l'Assyrie, Nabuchodonosor entreprit presque coup sur coup trois expéditions pour les châtier. Dans les deux premières, il se montra assez clément ; mais dans la troisième, il s'empara de Jérusalem, après dix-huit mois de siège.

Sédécias, roi de Juda, se trouva parmi les prisonniers avec toute sa famille. Nabuchodonosor fit égorger ses fils en sa présence, puis il lui creva les yeux à lui-même. Le temple de Jérusalem et le palais royal furent brûlés. Le roi, les prêtres, les soldats et tous les habitants de la classe supérieure furent transportés en Chaldée. Alors

---

53ᵉ Lecture. — **BABYLONE SOUS LE NOUVEL EMPIRE CHALDÉEN.** — L'historien grec Hérodote visita Babylone dans le cours du Vᵉ siècle avant l'ère chrétienne. Il parle en ces termes des splendeurs de la vieille cité chaldéenne :

« Située dans une vaste plaine, Babylone forme un carré dont chaque côté a cent vingt stades. Un fossé large et profond, rempli d'eau courante, est creusé tout à l'entour ; au delà s'élève un rempart large de cinquante coudées royales, haut de deux cents.

« Au sommet de la muraille pouvait aisément tourner un char à quatre chevaux.

« L'Euphrate traverse Babylone par le milieu et la partage en deux quartiers. Ce fleuve est grand, profond et rapide ; il vient de l'Arménie et se jette dans la mer Erythrée.

« Les maisons sont à trois et quatre étages. Les rues sont droites et coupées par d'autres qui aboutissent au fleuve.

« Le centre des deux quartiers est remarquable : l'un, par le palais du roi, dont l'enceinte est grande et bien fortifiée ;

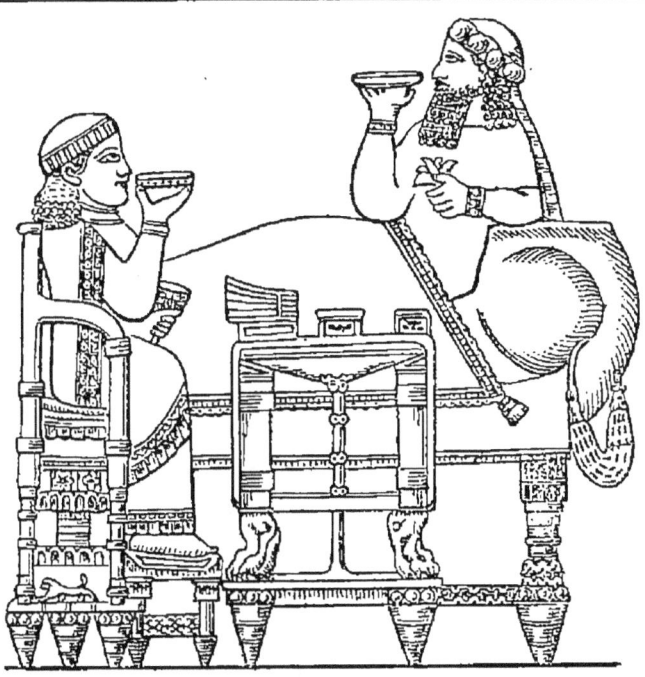

Mœurs et usages chez les Chaldéens et les Assyriens. — *Repas du roi et de la reine.* — Le roi est étendu sur un lit de parade. La reine est assise sur un fauteuil très élevé et elle a sous ses pieds un tabouret. Entre les deux se trouve la table chargée de mets. Les habitants de Ninive et de Babylone mangeaient assis ; le roi, étendu sur un lit de parade ou assis sur un trône richement sculpté. — (Bas-relief de Koyoundjik. — Musée de Londres.)

l'autre, par le lieu consacré à Bel, dont les portes sont d'airain. »

Au dire de Pausanias, Babylone était la plus grande ville que le soleil eût jamais vue dans sa course.

Aristote prétend que c'était une véritable province, et qu'elle pouvait être comparée, pour sa grandeur, au Péloponèse tout entier.

D'après les mêmes auteurs, l'élévation des murs de Babylone était de cent coudées royales, c'est-à-dire près de quatre-vingt-quinze mètres. Leur épaisseur atteignait jusqu'à vingt-cinq mètres. Ils étaient flanqués de deux cent cinquante tours. Cent portes de bronze donnaient accès dans la ville.

commença pour les Juifs la grande *captivité de Babylone*, qui devait durer 70 ans.

Guerres de Nabuchodonosor en Phénicie et en Egypte. — L'ambitieux conquérant convoitait les richesses de l'opulente ville de Tyr, capitale de la Phénicie. Il en entreprit le siège, s'en empara et la livra au pillage.

Enfin il voulut châtier les Egyptiens. Il envahit donc la vallée du Nil et la couvrit de sang et de ruines.

Embellissements de Babylone. — Nabuchodonosor fit de Babylone la reine des villes de l'Asie. Il employa à l'embellir les richesses immenses qu'il avait rapportées de ses conquêtes et les milliers de captifs qu'il avait faits. Il rebâtit presque entièrement la partie de la cité où se trouvait le palais royal. Il reconstruisit aussi ce palais et l'embellit de jardins suspendus, terrasses gigantesques, plantées d'arbres et de fleurs, qui reposaient sur des piliers et des voûtes immenses. Il bâtit encore le fameux temple de Bel, au milieu duquel s'élevait une tour à sept étages.

Ces appréciations des anciens étaient-elles exagérées ? Point du tout. De nos jours, la grande enceinte de Babylone a été mesurée par M. Oppert ; il a constaté qu'elle renferme cinq cent treize kilomètres carrés, c'est-à-dire, un territoire aussi grand que le département de la Seine ; ou encore un espace sept fois aussi grand que l'enceinte fortifiée du Paris actuel.

On a retrouvé les traces de cinquante rues principales, aboutissant aux cent portes et se coupant à angle droit de manière à diviser la ville en carrés réguliers.

Le pont de pierre jeté sur l'Euphrate avait un kilomètre de longueur.

Costume des Chaldéens et des Assyriens. — *Cheval sauvage pris au lacet.* — Le costume ordinaire des hommes consistait en une tunique demi-longue, à manches courtes, bordée de franges et serrée à la taille par une ceinture. Ils portaient les cheveux longs et frisés et se chaussaient de bottes ou de sandales. — Les gens du peuple portaient une tunique sans ornements. — (Bas-relief du palais de Sennachérib.)

L'orgueilleux monarque venait de se proclamer dieu et d'ordonner qu'on rendît à sa statue les honneurs divins, quand il fut tout à coup frappé d'une maladie étrange, dont les détails lui avaient été prédits. On le vit fuir la société des hommes et prendre les allures, les goûts et les habitudes des animaux. Il marchait à quatre pattes et cherchait à manger l'herbe de ses jardins.

Après sa guérison, il acheva paisiblement son règne.

Les successeurs de Nabuchodonosor. — Le peuple de Babylone n'était pas assez énergique pour maintenir, comme les Assyriens, sa puissance pendant plusieurs siècles. Dès que Nabuchodonosor eut disparu, la décadence commença. Ni *Evilmérodach* son fils, qui périt assassiné après deux ans de règne, ni *Nergal-*

sarassar ou *Nériglissar*, qui régna ensuite, ne purent en empêcher les progrès.

Chute de Babylone (538 avant J.-C.). — Le dernier roi de Babylone fut Nabou-Nahid, ou Nabonid. Sous son règne arriva la prise de Babylone par Cyrus.

Cyrus, issu de la famille royale des Perses, avait détrôné Astyage, roi des Mèdes, et se trouvait maître de tous les pays qui environnaient la Chaldée. Il s'avança enfin contre Babylone.

Le roi Nabonid confia la défense de la place à son fils *Balthasar* et alla s'enfermer à Borsippa.

Babylone paraissait inexpugnable. Cyrus, désespérant de la prendre d'assaut, détourna les eaux de l'Euphrate, qui traversait la ville, et fit pénétrer ses troupes par le lit desséché du fleuve. Il avait choisi pour cela un jour de fête, que les Chaldéens célébraient par de longs festins.

Les Babyloniens furent surpris au milieu de leur ivresse. Balthasar fut tué. Babylone s'humilia devant le vainqueur et devint une dépendance de l'empire des Perses.

54ᵉ Lecture. — **LES JARDINS SUSPENDUS.** — Dans la vaste enceinte du palais royal de Babylone, Nabuchodonosor fit élever les fameux jardins suspendus. Ils formaient comme une montagne artificielle. C'était une succession de vastes terrasses, étagées les unes au-dessus des autres et supportées par d'énormes galeries voûtées.

Ces terrasses étaient plantées d'arbres rares et de fleurs odorantes. La fraîcheur y était entretenue par un arrosage continuel, à l'aide d'ingénieuses machines.

Les ruines de ces galeries existent encore : elles ont trente mètres de hauteur.

Ainsi tomba misérablement l'empire chaldéen, au milieu d'une orgie, pour ne plus se relever jamais.

Babylone après la chute de l'empire chaldéen. — Cyrus fit de Babylone l'une des grandes capitales de son empire. Il la fit gouverner par un satrape.

Elle fut enlevée plus tard aux Perses par Alexandre le Grand, roi de Macédoine. Ce prince mourut dans cette ville, dont il voulait faire la capitale de son empire d'Asie. Après sa mort, elle fit partie du royaume de Séleucus, l'un de ses lieutenants.

Négligée par les successeurs de Séleucus, Babylone

55ᵉ Lecture. — **LE FESTIN DE BALTHASAR.** — La scène du dernier festin de Balthasar est racontée dans la Bible par le prophète Daniel avec une saisissante et dramatique concision.

« Le roi Balthasar offrait un grand festin à mille des plus grands de sa cour, et chacun buvait selon son âge.

« Le roi, étant donc déjà pris de vin, commanda qu'on apportât les vases d'or et d'argent que son ancêtre Nabuchodonosor avait emportés du temple de Jérusalem, afin de boire dedans avec ses femmes et les grands de la cour.

« Ils buvaient du vin et ils louaient leurs dieux d'or et d'argent, d'airain et de fer, de bois et de pierre.

« Au même moment, on vit apparaître comme un doigt de la main d'un homme qui écrivait sur la muraille de la salle. Et le roi voyait le mouvement de la main qui écrivait.

« Alors le visage du roi se changea ; son esprit fut saisi d'un grand trouble et, dans son tremblement, ses genoux s'entrechoquaient.

« Il poussa un grand cri et ordonna qu'on fît venir les mages, les savants chaldéens et les devins.

« Et le roi dit aux savants de Babylone : Quiconque me lira cette écriture et me l'interprètera sera revêtu de

commença à se couvrir de ruines, puis elle disparut sous ses propres décombres et sous les sables du désert. On en vint à oublier même son emplacement, qui ne fut retrouvé qu'en 1851 par les soins du gouvernement français. Son territoire tomba successivement entre les mains des Parthes, des Arabes, des Persans, puis des Turcs. Il fait aujourd'hui partie de l'empire ottoman et forme les deux provinces de Bagdad et de Bassorah.

---

pourpre, aura un collier d'or au cou et sera la troisième personne du royaume. »

Les savants chaldéens ne purent comprendre les mots mystérieux.

Daniel, prophète captif du peuple de Juda, fut alors appelé.

« Voici, dit-il, ce qui est écrit :

« *Mané, Thécel, Pharès ;* et telle en est l'explication :

« *Mané*, Dieu a supporté ta royauté et il y met fin ;

« *Thécel*, tu as été pesé dans la balance et tu as été trouvé trop léger ;

« *Pharès*, ton royaume a été partagé et il a été donné aux Mèdes et aux Perses. »

« Alors Balthasar commanda, et l'on revêtit Daniel de pourpre, et on lui mit un collier d'or au cou, et on publia qu'il serait le troisième dans le royaume.

« Dans cette même nuit, Balthasar, roi de Chaldée, fut tué. »

CHAPITRE SIXIÈME

Mœurs et Coutumes de Ninive et de Babylone.

Mœurs et Coutumes des Chaldéens et des Assyriens. — Les habitants de la Chaldée et ceux des descendants de Sem qui fondèrent plus tard le royaume d'Assyrie ayant longtemps vécu côte à côte, parlant la même langue et ne formant qu'une même nation, il n'est pas étonnant de retrouver chez les Chaldéens et les Assyriens les mêmes mœurs et les mêmes institutions. Tout ce que nous dirons d'une manière générale se rapporte à l'un et à l'autre de ces deux peuples.

Examinons donc leur organisation politique, leur organisation religieuse et leur organisation sociale.

Organisation politique.

Organisation politique des Assyriens et des Chaldéens. — A Ninive comme à Babylone, la royauté était héréditaire ; la forme du gouvernement était le *despotisme* sans limite et sans frein. On ne considérait pas, comme en Egypte, le roi comme un dieu, mais on le regardait comme participant au pouvoir des dieux, vis-à-vis des hommes. Il était à la fois roi, premier pontife de la religion, et chef suprême de l'armée. Il jouissait d'un pouvoir absolu sur la vie et les biens de ses sujets.

Le roi vivait dans son palais au milieu du faste le plus luxueux. Les officiers de sa cour s'occupaient de l'administration du royaume. Il commandait lui-même les armées ; en son absence il était remplacé par le grand visir, qui remplissait le rôle de général en chef, avec le titre de *grand tartan*.

Organisation religieuse.

Organisation religieuse. — Les Assyriens et les Chaldéens adoraient un grand nombre de dieux. Adonnés dès les temps les plus reculés à l'étude de l'astronomie, ils en étaient arrivés à adorer les astres. Toutefois ils reconnaissaient l'existence d'une divinité suprême, le *dieu Ilu*, dont ils pensaient que les astres, ou dieux secondaires, étaient les manifestations extérieures.

Ilu, ou la divinité suprême, formait trois dieux : *Anou*,

56ᵉ Lecture. — **HYMNE BABYLONIENNE EN L'HONNEUR DU DIEU MARDUK.** — Les Babyloniens chantaient en l'honneur de leur dieu Marduk l'hymne suivante :

« Roi de la surface de la terre, roi des contrées, fils aîné d'Eâ, grand seigneur de la surface de la terre, roi des contrées, dieu des dieux du ciel et de la terre, qui n'as pas d'égal, roi de Babylone ;

« A toi sont le ciel et la terre,

« A toi est le charme de la vie,

« A toi l'ensemble des hommes,

« Et tous les êtres vivants, désignés par un nom, qui existent à la surface de la terre.

« O Marduk ! roi du ciel et de la terre, j'ai invoqué ton nom, j'ai invoqué ton cœur ;

« Que les dieux glorifient ton nom !

« Qu'ils bénissent celui qui t'est soumis ! »

Costume des Chaldéens et des Assyriens. — *La cueillette du dattier par les femmes.* — Les femmes portaient une robe longue à manches courtes. Hors de chez elles, elles mettaient sur la tête un voile qui laissait le visage découvert et retombait par derrière. Elles portaient un petit manteau. — D'ordinaire, leur tunique était serrée par une ceinture. Elles bouclaient leurs cheveux très soigneusement et les laissaient tomber sur leurs épaules, comme on le voit dans la gravure qui représente la reine, page 151. — (Cachet assyrien.)

57ᵉ Lecture. — **HYMNE DES BABYLONIENS AU DIEU SIN.** — Sin, le dieu *Lune*, était la divinité tutélaire de la ville d'Ur. Les habitants lui récitaient cette prière :

« Père, illuminateur, seigneur d'Ur, prince des dieux !

« Père, illuminateur, qui t'avances dans l'appareil de la majesté, prince des dieux !

« Luminaire puissant, aux cornes vigoureuses, à la barbe étincelante, splendide quand tu remplis ton orbe.

« Seigneur, dans les cieux est ta seigneurie, sur la terre ton principat ; parmi les dieux tes frères, tu n'as pas de rival.

« Roi des rois, qui n'as aucun juge au-dessus de toi, dont aucun dieu n'égale la divinité.....

« Favorise la ville d'Ur, ô dieu ! favorise-la ! »

maître du ciel, *Bel*, créateur du monde et *Eâ* ou *Oannès*, le dieu poisson, maître des sciences et de la vie.

Au-dessous de ces trois divinités principales ils plaçaient les astres, qui formaient l'assemblée des douze grands dieux. Les plus célèbres étaient *Marduk* la planète Jupiter, *Sin* le dieu-lune, *Istar* ou *Nana* la planète Vénus, *Samas* le dieu-soleil, placé au-dessous de Sin le dieu-lune dans l'ordre des divinités.

Chaque ville était consacrée à un dieu protecteur qu'elle honorait d'un culte spécial. Marduk ou *Mérodach* était le dieu spécial de Babylone ; il y portait encore le nom de dieu *Bel*. *Istar* ou *Nana* était la protectrice de Ninive ; *Sin* était le dieu de la cité d'Ur ; *Assur* était le protecteur de toute l'Assyrie.

Les prêtres et les sacrifices. — Soit à Ninive, soit à Babylone, le roi était le prêtre suprême du culte religieux. Au-dessous de lui étaient organisés des collèges ou compagnies de prêtres, qui se partageaient les fonctions du temple et présidaient aux sacrifices.

58ᵉ Lecture. — **LES SACRIFICES HUMAINS A BABYLONE ET A NINIVE.** — Devant la statue du dieu assis sur son trône, un homme choisi pour victime, se tient immobile et à genoux.

Tout à coup le sacrificateur s'avance vers lui, le saisit et le frappe du glaive à coups redoublés.

En même temps, le pontife suprême, revêtu de sa longue robe à franges, portant sur la tête la tiare ornée de cornes, élève ses mains à la hauteur du visage et offre au dieu le sang encore tout fumant.

Ces détails horribles, les Chaldéens ont pris soin de les consigner dans les cylindres ou cachets sculptés, qui leur servaient de sceaux.

LES CHALDÉENS & LES ASSYRIENS.

Les sacrifices consistaient en immolations de victimes: un bœuf gras, une gazelle, un jeune chevreau. Le roi, quelquefois, offrait le sacrifice d'un lion pris au piège dans l'une de ses chasses. En Chaldée, au moins dans l'origine, on immola des victimes humaines. On offrait aussi aux dieux les fruits et les productions de la terre. On répandait sur leurs autels des libations de lait, d'huile et d'hydromel.

Les prêtres, ceux de Chaldée surtout, étaient renommés pour leur connaissance de la marche des astres. Ils furent les fondateurs de l'astronomie, dont l'étude les conduisit à approfondir les mathématiques. C'est à eux

---

59ᵉ Lecture. — **L'ASTROLOGIE CHEZ LES CHALDÉENS.** — Les Chaldéens s'imaginaient que toutes les choses d'ici-bas dépendaient des astres d'en haut, et que, par l'observation des astres, ils pouvaient deviner les secrets de l'avenir.

Aussi avaient-ils un certain nombre de présages, dont les formules sont parvenues jusqu'à nous.

En voici quelques-uns :

« Si la lune est visible le 1ᵉʳ du mois, la face du pays sera bien ordonnée, le cœur du pays sera réjoui.

« Si la lune apparaît avec sa corne droite longue et sa corne gauche courte, le roi d'un autre pays, sa main sera renommée.

« Si la lune apparaît très petite, la récolte du pays sera bonne.

« Si la lune a le même aspect le 1ᵉʳ et le 28 du mois, mauvais augure pour le pays d'Occident.

« Si la lune est visible le 30, bon augure pour le pays d'Accad, mauvais pour la Syrie.

« Quand la lune, dans son aspect, est obscurcie de nuages épais, il y aura des inondations. »

que Pythagore emprunta la fameuse table de multiplication, qui porte son nom.

Les démons et la magie. — En Chaldée et en Assyrie, on croyait à l'existence de démons malfaiteurs, sans cesse occupés à nuire aux hommes et à leur envoyer des maladies. Pour s'en défendre, on avait recours aux magiciens et aux sorciers, qui prétendaient guérir les maladies et conjurer l'influence mauvaise au moyen d'amulettes et de formules d'incantation.

60ᵉ Lecture. — **LES INCANTATIONS.** — Les habitants du Tigre et de l'Euphrate croyaient que certains hommes, devins ou sorciers, avaient le pouvoir de nuire aux autres en jetant des maléfices et des sorts. D'autres sorciers pouvaient détruire le sort au moyen d'incantations.

L'on possède encore un certain nombre de formules de ces incantations.

Un homme frappé d'un ulcère croyait-il devoir son mal à un maléfice, il allait trouver le sorcier. Celui-ci, prenant une datte, la mettait en pièces et prononçait sur le malade les paroles suivantes :

« Comme cette datte est mise en pièces, ainsi en sera-t-il du maléfice dont tu es atteint.

« Le feu brûlant la brûlera ; elle ne retournera pas au rameau dont elle est détachée, on ne la présentera pas sur la table d'un dieu ou d'un roi.

« L'homme qui a jeté le mauvais sort, son fils aîné, sa femme, le maléfice, les lamentations, les transgressions, les sortilèges par écrit, le mal qui est dans ton corps, dans tes chairs, dans tes ulcères, que tout cela soit mis en pièces comme cette datte, et qu'en ce jour le feu brûlant le brûle !

« Que le mauvais sort s'en aille ! et que, toi, tu revoies la lumière ! »

Le malade se retirait en attendant sa guérison.

Attelage de mulets en Assyrie. — (D'après un bas-relief du Musée britannique à Londres.)

61ᵉ Lecture. — LES DEVINS ET LES SONGES. — Les habitants de Ninive et de Babylone croyaient que les dieux révélaient l'avenir aux hommes dans les songes.

Quelquefois, disaient-ils, les songes sont clairs, sans obscurités d'aucune sorte, et n'ont pas besoin d'interprète ; mais le plus souvent, ils ne sont que des symboles ou des avertissements cachés ; alors, pour comprendre leur signification, il faut avoir recours au devin.

Le devin avait son manuel de songes, établi sur ses observations personnelles et surtout sur l'expérience de ses devanciers. L'on a retrouvé l'un de ces manuels dans la bibliothèque d'Assurbanipal.

On y lit que, si en rêve on a vu des animaux monstrueux, c'est un présage funeste. Il faut alors, en s'éveillant, invoquer le soleil qui en détruira la mauvaise influence.

62ᵉ Lecture. — LES AMULETTES. — Les Assyriens croyaient que l'air était rempli de démons, sans cesse occupés à nuire aux hommes. Aussi chaque maison était-elle remplie d'*amulettes* destinées à repousser les esprits.

Le plus redoutable parmi les démons était, croyaient-ils,

Le culte des morts. — On ne trouve guère de tombes qu'en Chaldée. Les Assyriens, en effet, aimaient à y faire transporter leurs corps, afin d'être enterrés dans leur pays d'origine.

Le corps des morts, enveloppé de bandelettes enduites de bitume ou de miel, était placé dans un cercueil de terre cuite, puis transporté par le Tigre jusqu'au caveau funéraire. Les tombeaux, même ceux des rois, étaient d'ordinaire d'une grande simplicité.

---

celui du *Vent du Sud*. Son haleine enflammée, disaient-ils, dessèche les maisons et apporte la fièvre aux hommes et aux animaux.

Pour s'en préserver, ils suspendaient sa statue dont la tête était hideuse, au-dessus de leurs portes, avec une incantation ou prière destinée à détruire son pouvoir malfaisant.

63ᵉ Lecture.— **LES TOMBEAUX DES CHALDÉENS.**— Les Chaldéens construisaient leurs tombeaux en forme de grands caveaux voûtés. Ils se servaient aussi de grands pots en terre cuite, dans lesquels on accroupissait le cadavre, puis on l'enterrait. D'autres fois, ils prenaient deux longs tuyaux cylindriques, fermés à un bout comme les deux parties d'un étui à aiguilles. Ils allongeaient le corps dans l'intérieur et soudaient les deux parties avec du bitume. Enfin, ils élevaient de petites constructions rondes ou ovales, qu'ils recouvraient d'un dôme ou d'un toit plat. Le corps y était placé, replié et comme doublé sur lui-même.

Dans les grands caveaux, le cadavre était étendu tout habillé sur une natte bitumée. On plaçait à ses côtés ses armes, des provisions, le cylindre avec lequel il avait cacheté ses actes.

Pour la femme, on plaçait ses parures, des fleurs et ses flacons à parfums.

LES CHALDÉENS & LES ASSYRIENS.

Organisation sociale.

Organisation sociale. — La population chaldéo-assyrienne n'était point divisée en classes, ni en castes. Tous les hommes étaient égaux, ou plutôt étaient également soumis à la volonté sans contrôle du souverain. Les

---

64e Lecture. — **LE VÊTEMENT DU SOUVERAIN.** — Le roi se parfumait les cheveux et la barbe et, à l'aide d'onguents, les divisait en plusieurs étages de boucles qui retombaient sur les épaules et sur la poitrine.

Sa robe à fond bleu, tout ornée de broderies rouges et de franges, était bordée d'une large frange terminée par des verroteries. Elle était serrée à la taille par une large ceinture. Il passait par-dessus une sorte de veste courte, très riche de broderies, dans lesquelles l'or se mariait avec les soies de toutes les couleurs.

Enfin, sa tête était coiffée d'une mitre de laine blanche rayée de bleu, en forme de cône tronqué. Un large ruban brodé d'or la maintenait sur le front. Les deux extrémités de ce ruban, étincelantes de broderies, retombaient par derrière comme deux fanons.

65e Lecture. — **LES REPAS A NINIVE ET A BABYLONE.** — Les bas-reliefs sculptés retrouvés en Assyrie nous font connaître ce qu'étaient les banquets des habitants de Ninive et de Babylone.

Sur un monument de Khorsabad, les convives sont au nombre d'une soixantaine. Ils sont divisés par groupes de quatre, assis deux par deux sur des sièges élevés et se faisant face. Chaque groupe a devant lui une table particulière et à côté un serviteur.

Les convives portent aux pieds des sandales et ont les bras ornés de bracelets. Ils tiennent de la main droite, à la hauteur du front, une coupe élégante, terminée en bas par une tête de lion et s'évasant en haut d'une manière gracieuse.

Les tables sont couvertes d'une sorte de nappe pendant

fonctions que le roi confiait, selon son caprice, à certains de ses sujets, établissaient seules quelque différence entre eux.

Du reste, les Assyriens étaient un peuple rude et belliqueux. Ils étaient petits de taille, mais trapus et bien

---

sur les côtés. Dans un coin, des musiciens jouent de la lyre.

Dans le palais d'Assurbanipal, à Koyoundjik, on a trouvé une autre sculpture qui appartient aujourd'hui au musée Britannique à Londres. Elle représente le repas du roi.

Le monarque et son épouse tiennent chacun à la main une coupe de forme ordinaire. La reine est assise sur un siège comme les convives du monument de Khorsabad, mais le roi est couché sur un lit, appuyé sur le coude gauche.

Deux serviteurs, avec des chasse-mouches à la main, sont placés derrière chacun des époux. Dans un coin, un musicien joue la harpe.

66ᵉ Lecture. — **LES COSTUMES CHEZ LES ASSYRIENS.** — Les vêtements des Assyriens étaient faits d'étoffes raides et pesantes. Ils les chargeaient de broderies multicolores et les terminaient par des rangées de franges.

Ils enveloppaient complètement leur corps dans ces vêtements, du cou à la cheville, sans faire de plis.

Les femmes comme les hommes, s'emprisonnaient dans de lourdes robes cousues en fourreau ; aussi avaient-elles l'aspect raide et empesé et manquaient-elles complètement de grâce et de souplesse.

67ᵉ Lecture. — **LA TOILETTE A NINIVE ET A BABYLONE.** — Les Chaldéo-Assyriens prenaient un soin extrême de leur barbe et de leurs cheveux. Ils les laissaient croître et les tressaient en longues boucles. Ils se teignaient les paupières en noir, portaient des colliers, des pendants d'oreilles et des bracelets.

Leur coiffure variait beaucoup. Tantôt ils se mettaient autour de la tête un simple bandeau pour retenir leurs longs

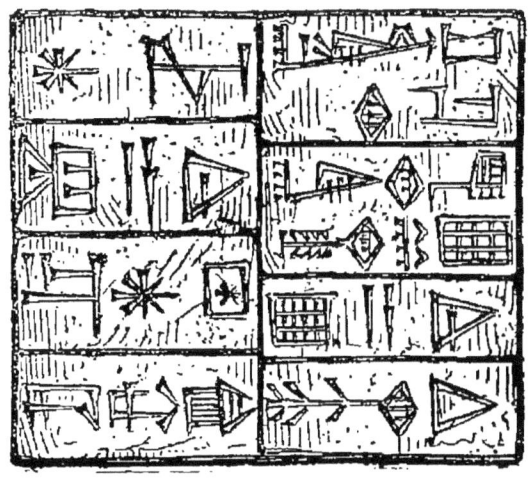

Ecriture cunéiforme. — *Brique d'Uruk (Erech) en Chaldée.* — Cette brique est une page d'un ouvrage chaldéen. Elle porte une inscription du roi Lilt-Bagus. Les Chaldéens et les Assyriens avaient deux méthodes d'écriture. Ils écrivaient sur des peaux d'animaux avec de l'encre, ou bien encore, ils imprimaient leurs pensées et leurs actes sur de l'argile molle, avec un poinçon, qui avait au bout la forme d'un clou.

---

cheveux, tantôt ils se coiffaient d'une sorte de bonnet phrygien, formé par les enroulements d'un turban en étoffe de laine. La tiare était réservée au roi, au grand vizir et aux prêtres.

Le vêtement consistait en une chemise de lin qui descendait jusqu'aux pieds ; sur cette chemise, ils endossaient une tunique de laine assez longue et par-dessus un manteau blanc.

Chaque Babylonien, hors de sa maison, portait à la main un bâton, sur lequel il faisait sculpter un emblème personnel, comme une sorte d'armoirie. Il portait au cou son cachet de pierre dure, en forme de cylindre. Sur ce cachet étaient gravées des représentations mythologiques avec le nom du propriétaire.

faits ; ils avaient le visage blanc, les yeux grands, l'expression énergique. Les Babyloniens se plaisaient moins à la guerre et recherchaient davantage le luxe et le bien-être.

Agriculture. — Industrie. — Les deux peuples cherchaient leurs principales ressources dans l'agriculture et l'industrie. Le sol des Chaldéens étant plus fertile, l'agriculture y était plus développée. Les Assyriens leur avaient emprunté leurs méthodes de culture.

68ᵉ Lecture. — **LES DEVOIRS DES MEMBRES DE LA FAMILLE EN ASSYRIE ET EN CHALDÉE.** — Les explorateurs ont retrouvé quelques feuillets d'un code assyrien, qui concerne les devoirs des membres de la famille.

En voici un extrait :

« Si un fils dit à son père : Tu n'es plus mon père, celui-ci lui coupera les cheveux, le réduira en servitude et le vendra pour de l'argent.

« Si un fils dit à sa mère : Tu n'es plus ma mère, on lui rasera le visage et la tête, on le promènera honteusement autour de la ville et on le chassera de la maison.

« Si un père dit à son fils : Tu n'es plus mon fils, il sera enfermé quelque temps dans sa maison et dans son enclos.

« Si une femme injurie son mari et lui dit : Tu n'es plus mon mari, on la jettera dans le fleuve.

« Si un mari injurie sa femme et lui dit : Tu n'es plus ma femme, il lui paiera une demi-mine d'argent.

« L'homme qui frappe son esclave, si celui-ci meurt, est perdu, estropié, incapable de travail ou rendu infirme, il paiera une demi-mesure de blé. »

69ᵉ Lecture. — **LES MARIAGES A BABYLONE.** — Dans les temps primitifs de Babylone, l'homme qui voulait se marier attendait l'époque de la foire aux filles. Cette foire se tenait chaque année sur une des places de la ville.

Les jeunes filles, conduites par leurs parents, étant toutes

Les produits industriels de Ninive et de Babylone étaient surtout les étoffes aux couleurs éclatantes, les riches tapis, les meubles précieux, l'orfèvrerie délicatement ciselée et les poteries émaillées. Babylone trafiquait principalement avec l'Inde et la Perse ; Ninive, avec l'Asie Mineure et la Médie.

---

réunies, le crieur public les mettait à l'enchère l'une après l'autre. Il commençait par les plus belles. Elles appartenaient à qui en offrait le plus haut prix.

Les laides venaient ensuite, mais l'enchère était bien différente. Au lieu de demander de l'argent, le crieur public offrait à qui voulait les accepter une somme d'argent proportionnée à leur laideur. Cette somme était prélevée sur le produit des belles.

La vente terminée, on mariait les couples en bonne forme.

Plus tard, on changea de méthode ; l'achat et la vente des épouses n'eurent plus lieu en public, mais de parents à parents.

70ᵉ Lecture. — **LE SOIN DES MALADES.** — Les Assyriens et les Chaldéens n'avaient pas de médecins. Ils observaient pour leurs malades une coutume assez bizarre.

Un des leurs était-il atteint de maladie, ils le transportaient sur la place du Marché. Chaque passant s'en approchait, le questionnait sur son mal et lui conseillait le remède dont il avait éprouvé du soulagement dans des souffrances du même genre. Personne ne devait passer devant un malade sans l'interroger et lui donner un conseil.

71ᵉ Lecture. — **LE MARCHÉ AUX ESCLAVES.** — L'esclavage était une institution publique, à Ninive comme à Babylone.

Il y avait dans chaque ville, dans chaque bourgade de quelque importance, un marché aux esclaves, dans lequel on vendait ou on achetait à l'encan un esclave comme un mouton ou un bœuf. On pouvait même simplement louer un esclave pour un temps déterminé.

CHAPITRE SEPTIÈME

Découvertes contemporaines. — Ecriture et monuments des Chaldéens et des Assyriens.

L'histoire de l'Assyrie et de la Chaldée avant les découvertes contemporaines. — Avant les découvertes contemporaines, l'histoire de l'Assyrie et de la Chaldée, comme celle de l'Egypte, n'était connue que d'une manière très imparfaite. Nous sommes loin de la connaître encore complètement, mais du moins les recherches de nos laborieux savants ont permis de rectifier bien des erreurs, admises jusqu'à ce jour.

Les seules sources auxquelles on pouvait recourir autrefois, pour écrire l'histoire de Ninive et de Babylone, étaient la Bible et les écrits d'Hérodote, de Diodore de Sicile, de Strabon, de Ctésias et de Bérose.

Les renseignements donnés par la Bible sont exacts, mais peu nombreux. Hérodote, Diodore, Ctésias et Strabon sont des auteurs grecs, qui ont vécu fort longtemps après la ruine de Babylone et qui n'ont pu contrôler leurs renseignements.

Ctésias qui avait vécu à la cour du roi de Perse vers l'an 400 avant J.-C., rapporte dans son histoire de la Perse les légendes populaires sur l'Assyrie, sans se préoccuper de leur vérité historique.

Bérose était un prêtre chaldéen qui vécut trois siècles avant J.-C; l'*Histoire de Babylone*, qu'il écrivit, a été perdue. Les quelques fragments qui en ont été conservés par l'historien juif *Josèphe* contiennent des renseignements précieux qui font regretter la perte de l'ouvrage.

Découvertes contemporaines.— En 1844, M. *Botta*, consul de France à Mossoul, ville forte située sur la rive droite du Tigre, découvrit au petit village de *Khorsabad* les restes d'un palais assyrien. Les fouilles qu'il y pratiqua mirent au jour d'énormes bas-reliefs de pierre, représentant des taureaux ailés. Il crut d'abord avoir trouvé les ruines de Ninive; c'étaient celles d'un palais, que le roi Sargon avait fait élever dans les environs.

M. Botta fut remplacé par M. Place en 1848. Celui-ci, avec une persévérance digne de louanges, continua les recherches dans le palais de Khorsabad. Les découvertes de ces savants explorateurs ornent aujourd'hui le musée du Louvre à Paris.

L'Angleterre, en 1846, envoya de son côté, sur les bords du Tigre, un savant explorateur, M. Layard, qui après bien des recherches, découvrit les ruines de Ninive. Il fut assez heureux pour y retrouver la fameuse bibliothèque formée de tablettes de terre cuite, qui avait été rassemblée par le roi Assurbanipal dans son palais. Le produit de ses recherches fut envoyé à Londres.

On possédait les ruines de Ninive et celles de plusieurs autres villes assyriennes ; le gouvernement français voulut faire fouiller aussi celles de Babylone. MM. Fresnel, Félix Thomas et Oppert furent envoyés dans ce but sur les bords de l'Euphrate en 1851. Ils retrouvèrent dans la petite ville turque de Hillah l'emplacement de la capitale de la Chaldée et en relevèrent le plan. Mais les objets qu'ils recueillirent furent perdus dans un naufrage. Les recherches furent alors abandonnées pendant plus de vingt ans. Elles ne furent reprises qu'en 1878 par M. de Sarzec, vice-consul de France à Bassora. Le musée du Louvre possède les statues chaldéennes rendues à la lumière par ce dernier explorateur.

Les explorateurs anglais, venus en Chaldée vers l'époque de nos premières fouilles, n'ont jamais interrompu leurs recherches ; aussi le *Musée britannique* à Londres est-il le plus riche de l'Europe en antiquités chaldéennes.

L'écriture cunéiforme. — Les fouilles au pays de Ninive et de Babylone avaient ramené au jour un grand nombre d'inscriptions et surtout la fameuse bibliothèque du roi Assurbanipal. Il s'agissait de lire et de comprendre ces précieux documents, tous écrits en *caractères cunéiformes*, c'est-à-dire en lettres affectant la forme de *clous* ou de *coins*.

Pourquoi cette forme singulière ? En voici la raison :

Les habitants des plaines baignées par le Tigre et l'Eu-

72ᵉ LECTURE. — **LES DEUX MANIÈRES D'ÉCRIRE.** — Les Assyriens n'écrivaient pas seulement sur des tablettes d'argile ; ils écrivaient encore au moyen d'encre et d'un jonc taillé en pointe, sur des peaux préparées, sur des tablettes de bois et même sur du papyrus qui leur venait d'Egypte. C'est de cette manière que les scribes enregistraient les impôts et les affaires courantes.

Lorsqu'il s'agissait de livres à composer et de documents officiels, on avait recours aux tablettes d'argile, qu'on faisait cuire ensuite.

Les livres de terre cuite étaient peu commodes à manier, mais ils étaient indestructibles.

Les monuments chaldéens et assyriens. — *La tour à sept étages de Khorsabad, près de Ninive.* — Certaines de ces tours étaient aussi hautes que les pyramides d'Egypte. Il reste encore trois étages complets de la tour de Khorsabad ; chaque étage avait 6 mètres de hauteur. La tour complète avait donc 42 mètres ou 126 pieds. Une rampe régnait tout autour et conduisait jusqu'au sommet où se trouvait la chapelle du dieu. — (Restitution de M. V. Place.)

73ᵉ Lecture. — **LA BIBLIOTHÈQUE DE NINIVE.** — Assurbanipal avait fait recueillir et copier les ouvrages que possédaient les villes de son empire. Il entretenait des copistes dans l'Assyrie et dans la Chaldée, qui transcrivaient pour sa bibliothèque toutes les tablettes déposées dans les temples. Toutes ces copies étaient concentrées à Ninive, dans son palais.

Sa bibliothèque contenait plus de trente mille tablettes, rangées méthodiquement pour la facilité des recherches. Sur chacune de ces tablettes, il avait fait imprimer son nom.

La bibliothèque établie par Assurbanipal à Ninive était surtout destinée aux maîtres et aux disciples que ce prince

phrate, au lieu d'écrire toujours sur le papyrus à la manière des Egyptiens, écrivaient aussi sur des tablettes d'argile fraîchement battues. Sur ces tablettes, au lieu de se servir d'encre et d'un roseau taillé en pointe, ils se servaient d'une petite tige de fer, terminée par une partie plate en forme de triangle allongé. C'est en enfonçant ce triangle de fer dans l'argile qu'ils formaient les caractères d'écriture. De sorte que les lettres et les mots étaient composés de petits triangles, diversement tournés et diversement assemblés.

Ainsi, le mot Nabuchodonosor s'écrivait :

NABU - *KUDUR* - *UTSUR*

Les tablettes d'argile, une fois remplies et numérotées par l'écrivain, étaient cuites au four et devenaient des briques. Chaque brique tenait lieu d'un feuillet de papier.

La bibliothèque d'Assurbanipal était composée de plusieurs milliers de ces briques, imprimées en *écriture cunéiforme*.

---

avait établis dans son palais. La plupart des livres d'*argile*, qui ont été retrouvés, sont des ouvrages classiques, des grammaires, des dictionnaires, des cours d'histoire, des exercices littéraires et des devoirs.

Une des tablettes renferme un *syllabaire*, destiné à faire épeler et lire l'assyrien par une jeune princesse.

Ces tablettes étaient sans doute répandues dans les écoles primaires de l'Assyrie, et les enfants devaient être initiés à l'étude des trois ou quatre cents signes de l'écriture assyrienne, avant de pouvoir lire facilement les textes écrits.

Lecture et traduction de l'écriture cunéiforme. — Tandis que les explorateurs déterraient sous les amas de sable les tablettes et les inscriptions cunéiformes, des savants français et anglais s'appliquaient à les déchiffrer. Certaines inscriptions, écrites en assyrien et traduites en langue persane sur la même pierre, permirent à ces savants qu'on appela les *assyriologues*, de reconstituer l'alphabet, puis de comprendre les mots et les phrases.

Les plus célèbres assyriologues de l'Angleterre sont MM. Smith, Hincks et Rawlinson. En France, ce sont MM. de Saulcy, François Lenormant, Oppert et Joachim Ménant.

Les monuments et les beaux-arts de l'Assyrie et de la Chaldée. — Les fouilles pratiquées sur les rives de l'Euphrate et du Tigre ont permis de se faire une idée des constructions et des sculptures de leurs anciens habitants.

Les principaux monuments découverts jusqu'à ce jour sont : *dans la Chaldée*, les temples et les palais ruinés d'Ourouk, de Larsan, d'Ourou, de Lagath et de Babylone ; — *dans l'Assyrie :* les ruines des temples et des palais de Kalah, de Ninive et de Khorsabad.

Palais. — Les *palais* étaient bâtis sur une plate-forme en briques crues, qui formait une sorte de colline artificielle. Des pentes douces, serpentant autour, conduisaient jusqu'à l'entrée du monument. La porte du palais était flanquée de deux grosses tours carrées ; elle semblait gardée par deux énormes statues de taureaux ailés, à figure humaine.

La porte introduisait dans une grande cour carrée, qui était suivie de plusieurs autres cours de même forme.

Autour de chacune s'ouvraient les chambres du roi et de ses officiers.

Dans chaque palais se trouvait une tour pyramidale à sept étages, qui servait de temple et d'observatoire pour contempler les astres.

Temples. — *Les temples chaldéens et assyriens* avaient la forme d'une immense tour carrée, à sept étages. Chaque étage supérieur étant moins large que celui qui le précédait, le temple ressemblait de loin à une énorme pyramide.

Chacun des étages était consacré à un astre spécial. Sur la plate-forme du dernier étage se trouvait une petite chapelle carrée, dans laquelle se trouvait la statue du dieu protecteur de la cité.

Matériaux. — Temples et palais étaient construits en

74ᵉ Lecture. — **LA TOUR DE DUR-SARKIN OU DOUR-SARGON A NINIVE.** — Les architectes chaldéens élevaient les sanctuaires des dieux le plus haut qu'ils pouvaient. C'étaient des tours à étages, posées en retraite les unes sur les autres et raccordées par des rampes, qui montaient en colimaçon de la base au sommet.

La tour de *Dour-Sarkin* est élevée de quarante-trois mètres. Elle a sept étages. Chacun d'eux était consacré à l'une des sept planètes. Le premier était peint en blanc, le second en noir, le troisième en pourpre, le quatrième en bleu, le cinquième en vermillon, le sixième était argenté, le dernier était doré.

La tour était complètement massive et ne renfermait aucune salle à l'intérieur. Au sommet, sur la plate-forme, se trouvait une petite chapelle, renfermant deux autels en pierre, la statue d'Istar et un lit pour la déesse. Car la chapelle était considérée comme sa chambre à coucher.

Monuments assyriens.— *Statue de taureau ailé à face humaine placée à l'entrée du palais royal.*

briques, reliées entre elles par de l'argile et le plus souvent par du bitume. A Babylone, on manquait de pierre et les constructeurs avaient été obligés d'avoir recours à la brique. A Ninive et en Assyrie, la pierre ne faisait pas défaut, mais les architectes avaient suivi les méthodes chaldéennes. Ils revêtaient souvent les murailles de plaques de pierres, sur lesquelles ils sculptaient des personnages et des inscriptions.

Artistes. — Les artistes étaient inférieurs à ceux de l'Egypte. Leurs statues sont raides, mais elles respirent la vie et l'énergie. Elles sont remarquables par la préoccupation minutieuse, qu'avaient les sculpteurs, de n'omettre aucun détail, soit dans les vêtements, soit dans la barbe et les cheveux de leurs personnages.

Les Assyriens étaient fort habiles à graver les pierres dures. On a retrouvé dans les fouilles une quantité de petits cylindres de cristal de roche, de jaspe ou de grenat, avec des personnages gravés en creux tout autour. C'étaient les cachets des habitants. En roulant sur la terre glaise ces petits cylindres, on imprimait en relief les figures du cachet. Les sujets ont généralement un caractère religieux.

QUATRIÈME PARTIE

LES ISRAÉLITES

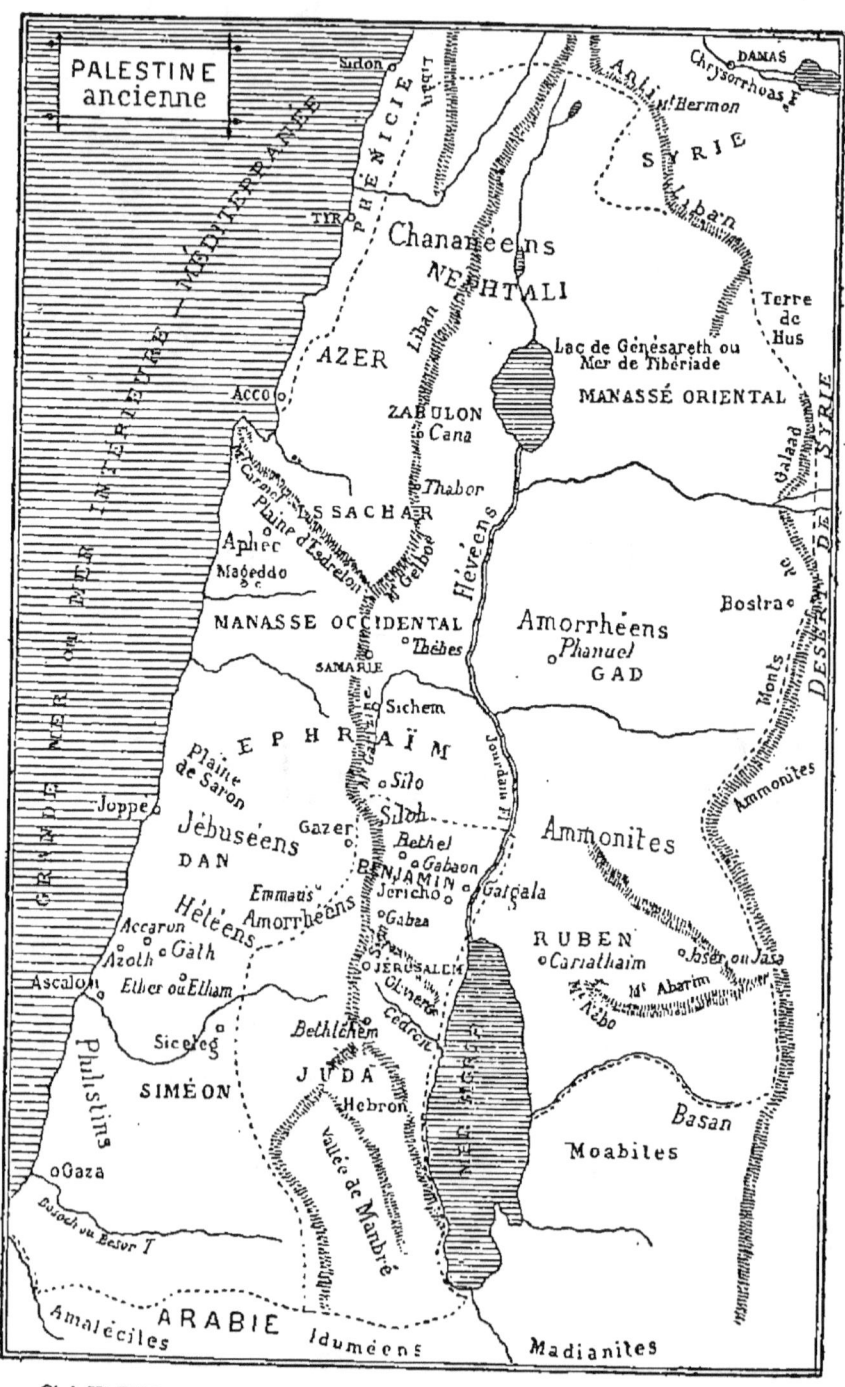

CARTE DE LA PALESTINE ANCIENNE

HISTOIRE ANCIENNE

QUATRIÈME PARTIE

LES ISRAÉLITES

Programme officiel : Les Israélites. — Description de la Palestine. — Les Israélites en Egypte et dans la Terre promise. — Moïse ; les juges. — Le royaume de David et de Salomon, le Temple.— Le schisme des dix tribus. — Destruction des deux royaumes.

CHAPITRE PREMIER.
La Palestine.

I. DIVISION DE L'HISTOIRE DES ISRAÉLITES. — II. DESCRIPTION DE LA PALESTINE.

§ Ier. — DIVISION DE L'HISTOIRE DES ISRAÉLITES.

Les Israélites. — Entre l'Assyrie et l'Egypte, dans une étroite bande de terre qu'on appelait la Palestine, était venu s'établir le peuple israélite.

A n'envisager que leur territoire, d'une médiocre étendue, que la force matérielle de leurs armes, assez insignifiante, que leur rôle politique, assez effacé, les Israélites étaient bien petits à côté des Egyptiens et des Assyriens.

Mais si l'on considère la mission providentielle de ce petit peuple; si l'on se rappelle qu'il avait été choisi pour être le dépositaire des vérités divines, le confident des commandements de Dieu, le gardien de la vraie religion ; — si l'on constate que lui seul avait reçu le secret de la véritable civilisation ; — si l'on se souvient surtout, que du milieu de ce petit peuple devait naître un jour le Rédempteur promis au monde déchu, l'on conviendra qu'il tient une place très importante dans l'histoire du monde et parmi les peuples de l'antiquité.

L'histoire des Israélites. — L'histoire du peuple d'Israël remonte à la création. Car, depuis Adam jusqu'à Noé, depuis Noé, Sem et Abraham jusqu'à sa formation en nation distincte, il connaît la série de ses ancêtres et conserve leurs traditions.

L'étude de l'Histoire sainte s'occupe plus spécialement de la mission providentielle et religieuse des Israélites. Notre programme est plus restreint. Il consiste à étudier leur histoire comme nation, c'est-à-dire à résumer la suite des événements, leurs coutumes spéciales et leurs relations avec les autres peuples.

Nous diviserons cette étude en trois parties :

1º Les origines du peuple israélite, depuis Abraham jusqu'à son arrivée en Palestine.

2º L'histoire des Israélites sous les juges et sous la royauté.

3º Le schisme des dix tribus ; la formation et la chute des royaumes d'Israël et de Juda.

Nous ferons précéder cette étude par une courte description de la *Palestine*.

§ II. — DESCRIPTION DE LA PALESTINE.

La Palestine. — La Palestine était une petite contrée de l'Asie, faisant partie de la Syrie méridionale. Elle était bornée au nord par les montagnes du Liban et de l'Anti-Liban et surtout par le mont Hermon; à l'est, par le désert de Syrie; au sud, par l'Arabie, et à l'ouest par la Méditerranée ou mer Intérieure.

Montagnes. — Deux chaînes de montagnes presque parallèles traversent le pays du nord au sud. A la chaîne de l'ouest appartiennent le Thabor, le mont Carmel, les monts Gelboé et Garizine, le mont Siloh, et les montagnes de Jérusalem : le Golgotha, le mont des Oliviers, le mont

---

75ᵉ LECTURE. — **LA MER MORTE.** — Vingt-cinq lieues de long sur cinq de large, cinq cent trente mètres dans sa plus grande profondeur, telles sont les dimensions de la mer Morte. Son niveau est à plus de 400 mètres au-dessous de celui de la Méditerranée.

Ses eaux contiennent une énorme quantité de sulfate de magnésie, de soude et de chaux, ce qui les rend si épaisses et si lourdes, que les vents même les plus violents ne peuvent parvenir à en rider la surface.

Aucun poisson ne peut y vivre. Les gaz qui s'en dégagent sont si meurtriers, que les oiseaux qui s'aventurent au-dessus, tombent bientôt asphyxiés.

Dans ce site maudit, la nature est d'une stérilité absolue. Il y règne un silence de mort.

Le bassin de la mer Morte fut jadis une vallée fertile, au milieu de laquelle s'élevaient les villes de Sodôme et de Gomorrhe. Le feu du ciel a tout détruit; la vallée s'est enfoncée et les eaux ont tout recouvert.

de Sion. Dans la chaîne de l'ouest se trouvent les montagnes de Galaad et le mont Nébo.

Les pics les plus élevés se couvrent de neige pendant l'hiver. Sur leurs flancs poussent des cèdres, dont plusieurs ont peut-être trois mille ans d'existence.

Le Jourdain. — La vallée qui sépare les deux chaînes de montagnes est verte et fertile. Elle est arrosée par le *Jourdain*, fleuve aux ondes rapides, qui coule du nord au sud, depuis le mont Hermon où il prend sa source, jusqu'à la mer Morte où il se jette.

76e LECTURE. — **LA PALESTINE ACTUELLE.** — La Palestine aujourd'hui est, en général, d'une grande aridité. Les environs de Jérusalem eux-mêmes ne présentent guère qu'un sol brûlé, des vallées déchirées par les torrents et dans lesquelles végètent misérablement des buissons rabougris et des herbes jaunâtres. Le poète Lamartine en a fait cette description :

« L'aspect général des environs de Jérusalem peut se peindre en peu de mots : montagnes sans ombre, vallées sans eau, terres sans verdure, rochers sans terreur et sans grandiose ; quelques blocs de pierre grise perçant la terre friable et crevassée ; de temps en temps un figuier ; auprès, une gazelle ou un chacal se glissant furtivement dans les brisures de la roche, quelques plants de vigne rampant sur la cendre grise ou rougeâtre du sol ; de loin en loin, un bouquet de pâles oliviers jetant une petite tache d'ombre sur les flancs escarpés d'une colline ; à l'horizon, un térébinthe ou un noir caroubier se détachant, triste et seul, du bleu du ciel ; les murs et les tours grises des fortifications de la ville apparaissent de loin sur la crête de Sion ; voilà la terre.

« Un ciel élevé, pur, net, profond, où jamais le moindre nuage ne flotte et ne se colore de la pourpre du soir et du matin.

« Mais tout n'est pas tristesse et désolation dans la vallée du Jourdain. Sur les flancs des monts Nephtali, d'Ephraïm,

Anciens habitants de la terre de Chanaan. — Les habitants de Chanaan au temps d'Abraham. — (Cylindre hétéen.)

Le Jourdain traverse au nord le lac de Génésareth, auquel on donne encore les deux noms de mer de Tibériade ou mer de Galilée. La *mer Morte*, dans laquelle il se perd, est un grand lac sans issue, de vingt-cinq lieues de long, dont les eaux épaisses et noires, saturées de soufre et de bitume, ne peuvent nourrir aucun poisson. La mer Morte reçoit aussi le torrent de Cédron, dans la vallée duquel fut bâtie la ville de Jérusalem.

Productions. — Le climat de la Palestine est brûlant dans la plaine. Ses terres noires et fertiles produisent en abondance du blé, du riz, des fruits de toute espèce, des figues et des raisins.

du Carmel, dans la vallée de la Vision, dans les plaines du Saron, de Zabulon, de Jesraéel, de Nazareth, de Sepphoris, de la Galilée en général, on se promène souvent au milieu de bouquets de lis, de giroflées et d'anémones, ou sous des forêts de grenadiers, de pommiers, d'oliviers ou de chênes majestueux, qui ont excité l'enthousiasme de plus d'un voyageur. »

Premiers habitants de la Palestine. — Après la dispersion des hommes, la partie méridionale de la Syrie, qui porta plus tard le nom de Palestine, fut habitée par des tribus qui descendaient de Sem. Elles furent dépossédées par les *Chananéens*, descendants de Chanaan, l'un des fils de Cham, qui lui donnèrent le nom de *Terre de Chanaan*. Dans la suite, elle reçut des Grecs l'appellation de Palestine, du nom des *Philistins* ou *Palestins*. Ces Philistins avaient fait partie de ces *peuples de la mer*, qui avaient envahi l'Egypte au temps du pharaon Ramsès III. Battus par ce prince, ils avaient obtenu la permission de s'établir dans la partie de la terre de Chanaan la plus rapprochée de l'Egypte. Toute la région fut alors connue sous le nom de Palestine.

Les Israélites désignaient ce pays sous le nom de *Terre promise*.

CHAPITRE SECOND

Les Israélites jusqu'à leur entrée dans la Terre promise.

I. LES ANCÊTRES DES ISRAÉLITES. — II. LES ISRAÉLITES EN EGYPTE. — III. LES ISRAÉLITES DANS LA TERRE PROMISE.

§ Ier. — LES ANCÊTRES DES ISRAÉLITES.

Abraham. — La plupart des hommes, après le déluge, perdirent peu à peu la notion du vrai Dieu et oublièrent les enseignements de la Révélation primitive. Les nations qui se formèrent les premières, comme les Egyptiens et les Chaldéens, étaient tombées dans une grossière idolâtrie.

Cependant le culte du vrai Dieu et la pratique des vertus morales s'étaient conservés intacts dans certaines familles privilégiées. Telle était celle d'un saint patriarche, nommé Abraham.

Abraham, fils de Tharé, descendait de Sem, premier fils de Noé. Ses ancêtres, après la dispersion des hommes, étaient venus se fixer dans la ville d'Ur en Chaldée. C'est dans cette ville que naquit Abraham, vers l'an 2000 ou 2300 avant Jésus-Christ. Sa famille, riche en troupeaux, formait une sorte de petite tribu, qui menait la vie pastorale.

Tharé son père avait fini par quitter Ur, où sans doute les pâturages n'étaient pas suffisants, et il était allé habiter la ville de Harrân, plus au nord dans la Mésopotamie.

C'est à Harrân que Dieu révéla à Abraham qu'il serait la tige de son peuple, et que le Messie promis aux hommes sortirait de sa postérité. Sur l'ordre de Dieu, le saint patriarche quitta son vieux père, franchit l'Euphrate avec Sara sa femme et tous les siens, traversa la Syrie et vint s'établir dans le pays de Chanaan, la Palestine future.

Au pays de Chanaan, Abraham continua à mener la vie pastorale des patriarches, logeant sous la tente et changeant souvent de résidence, suivant les besoins de ses nombreux troupeaux. Une révélation céleste lui fit connaître que toute la contrée appartiendrait un jour au peuple qui descendrait de lui.

A l'âge de quatre-vingt-dix-neuf ans, Abraham eut un fils qu'il nomma *Isaac*.

Isaac et Jacob. — Isaac fut le père de deux fils, Esaü et Jacob. Jacob ayant été surnommé *Israël*, c'est-à-dire *combattant de Dieu*, ses descendants s'intitulèrent *enfants d'Israël* ou *Israélites*.

Jacob eut douze fils : Ruben, Siméon, Lévi, Juda, Dan, Nephtali, Gad, Aser, Issachar, Zabulon, Joseph et Benjamin, qui furent les ancêtres des douze tribus d'Israël.

Jacob en Egypte. — Jacob vivait avec ses enfants dans la terre de Chanaan, lorsqu'un événement imprévu lui fit abandonner ce pays pour aller habiter l'Egypte.

Son fils de prédilection, Joseph, qu'il avait eu dans sa vieillesse, était l'objet de la jalousie de ses frères. Un jour qu'ils faisaient paître leurs troupeaux aux environs de Sichem, ils se saisirent de Joseph et le vendirent à des marchands ismaélites, qui le conduisirent en Egypte.

Vendu comme esclave à Putiphar, l'un des officiers de la cour, puis jeté en prison sous une accusation fausse, Joseph en sortit, après avoir donné l'explication prophétique de deux songes mystérieux qu'avait eus le roi d'Egypte. Ce roi, l'un des pharaons de la dynastie des Hyksos ou rois Pasteurs, frappé de la clairvoyance du jeune prisonnier, lui confia l'administration de toute l'Egypte.

Une terrible famine, prédite par Joseph, et qui s'étendit jusqu'au pays de Chanaan, força les fils de Jacob à venir deux fois en Egypte s'approvisionner de blé. A leur second voyage, Joseph se fit reconnaître par eux, leur pardonna et appela en Egypte Jacob et tous ses enfants; il les établit dans les terres de Gessen, à l'est du Delta. C'est là que Jacob mourut, en léguant à son fils Juda la qualité de chef de famille, ainsi que l'héritage des promesses divines faites à Abraham et à lui-même.

§ II. — LES ISRAÉLITES EN ÉGYPTE.

Les Israélites en Egypte. — Les enfants d'Israël, que l'on appelait communément les *Hébreux*, c'est-à-dire les *hommes venus de loin*, demeurèrent 430 ans dans le riche pays de Gessen. Ils s'y multiplièrent beaucoup et formèrent en Egypte un petit peuple à part, conservant son culte religieux, ses mœurs et son langage.

Chacun des enfants de Jacob fut la souche d'une tribu, qui se gouvernait par ses propres chefs, sous la dépendance du roi d'Egypte.

Pendant longtemps, les Israélites vécurent heureux en

Egypte. Mais après quatre siècles environ de tranquillité, le roi *Rhamsès II*, le *Sésostris* des anciens, commença à les persécuter. C'était, nous l'avons vu, un grand guerrier, mais en même temps un véritable tyran. Une inscription datée de son règne nous apprend qu'il traitait les Hébreux comme des prisonniers de guerre et les employait aux travaux les plus durs.

Moïse. — Le superbe pharaon espérait anéantir les Israélites. Voyant qu'ils continuaient toujours à s'accroître, il ordonna de jeter au Nil tous les enfants mâles qui leur naîtraient.

C'est alors que Moïse vint au monde dans une famille de la tribu de Lévi. Exposé sur le fleuve par sa mère, dans une corbeille enduite de bitume, le petit enfant fut

---

77ᵉ Lecture. — **VOCATION DE MOISE.** — Un jour que Moïse s'était avancé vers le mont Horeb, il vit un buisson tout enflammé, et pourtant le feu ne le détruisait pas. Voulant se rendre compte de ce phénomène, il s'avance :

« N'approche pas d'ici, lui crie une voix du milieu du buisson ; enlève les souliers de tes pieds, car le lieu où tu marches est une terre sainte ! Je suis le Dieu de ton père, le Dieu d'Abraham et d'Isaac, et le Dieu de Jacob. »

Moïse tremblant se voila le visage et il entendit l'Eternel lui confier la mission de délivrer les Israélites du joug des Egyptiens et de les conduire dans la terre de Chanaan, la terre promise à Abraham pour sa postérité.

Moïse répliqua : « Qui suis-je, moi, pour que j'aille trouver Pharaon et que je conduise hors d'Egypte les enfants d'Israël ? Quand je leur aurai dit : Le Dieu de vos pères m'a envoyé vers vous, s'ils me demandent : Quel est son nom ? Que leur répondrai-je ? »

Alors Dieu dit à Moïse : « *Je suis celui qui suis.* Tu diras ceci aux enfants d'Israël : Celui qui s'appelle : *Je suis*, m'a envoyé vers vous. »

LES ISRAÉLITES.

Ancêtres du peuple hébreu. — Des émigrants arrivant dans le pays de Chanaan vers le temps d'Abraham. — (D'après un cylindre chaldéen.)

sauvé par *Thermouthis*, fille de Rhamsès, qui l'éleva à la cour.

Les Israélites sortent d'Egypte. — Devenu homme, Moïse, qui avait depuis longtemps quitté la cour, reçut de Dieu l'ordre de délivrer les Israélites, ses frères, du joug des Egyptiens et de les conduire dans le pays de Chanaan, qui était la *Terre promise* aux descendants d'Abraham et de Jacob.

Le successeur de Ramsès, le pharaon *Ménemphtah*, auquel Moïse déclara les volontés du Seigneur, s'opposa d'abord au départ du peuple hébreu. Alors, l'empire fut successivement frappé des *dix plaies d'Egypte*.

La dixième plaie fut terrible : tous les premiers-nés des Egyptiens et le fils même du roi moururent dans la même nuit. Le pharaon céda enfin.

Les Hébreux partirent. Ils étaient six cent mille, sans compter les femmes et les petits enfants. Avant leur départ, ils avaient célébré la Pâque, d'après l'ordre de Moïse.

Passage de la mer Rouge. — Après trois jours de marche, les Hébreux arrivèrent à cet endroit de la mer

Rouge, qui se nomme aujourd'hui le golfe de Suez. Pharaon, regrettant leur départ, se mit à leur poursuite. Il allait les atteindre. Au commandement de Moïse, les eaux de la mer se séparèrent miraculeusement et permirent aux Hébreux de passer à pieds secs. Les bataillons de l'armée égyptienne, qui s'engagèrent imprudemment dans la même voie, furent engloutis par les flots.

Les Israélites au Sinaï. — Le troisième mois après leur sortie d'Egypte, les Israélites arrivèrent au pied du mont Sinaï, le *Djebel-Mouça* actuel. C'est au sommet du Sinaï, au milieu des éclairs et du tonnerre, que Dieu promulgua sa loi et qu'il dicta à Moïse le Décalogue, c'est-à-dire les *dix commandements*.

78ᵉ Lecture. — **CANTIQUE DES HÉBREUX APRÈS LE PASSAGE DE LA MER ROUGE**. — Après le miraculeux passage de la mer Rouge, Moïse et les enfants d'Israël entonnèrent un cantique en l'honneur de l'Eternel. En voici quelques strophes :

« Je chanterai un hymne à Jéhovah parce qu'il est grand ! Il a jeté dans les flots le cheval et le cavalier. Jéhovah est ma force et ma gloire ; il est mon libérateur. Il est pour moi le dieu fort ; je lui dresserai un tabernacle !

« Jéhovah est un grand guerrier ; son nom est Jéhovah. Il a jeté dans la mer les chars de Pharaon et son armée. Il a submergé dans les flots ses meilleurs capitaines. Le gouffre les a engloutis.

« Ta droite, ô Jéhovah, est sublime en sa force ! Ta droite, ô Jéhovah, a brisé l'ennemi ! Par la grandeur de ta majesté, tu détruis tes adversaires ; tu lances ta colère qui les consume comme le chaume.

« L'ennemi disait : Je les poursuivrai, je les atteindrai ; je partagerai leur butin ; mon désir sera comblé ; je tirerai l'épée et ma main les détruira. Tu as soufflé avec ton haleine et la mer les a engloutis !

« Qui donc est comme toi parmi les forts, ô Jéhovah ? »

Le *Décalogue* est le résumé parfait des devoirs de l'homme envers Dieu, envers son prochain et envers lui-même. C'est le code éternel des lois morales imposées à l'humanité tout entière ; c'est la base nécessaire de toute véritable civilisation.

79ᵉ Lecture. — **LES DIX COMMANDEMENTS.** — Dieu donna en ces termes sa loi à Moïse :

I. Je suis le Seigneur votre Dieu, qui vous ai tirés du pays d'Egypte, de la maison de servitude.

Vous n'aurez point d'autres dieux que moi, le Seigneur.

Vous ne ferez point d'idoles, ni d'images de ce qui est en haut dans le ciel, ou en bas sur la terre, ou dans les eaux. Vous ne les adorerez point et vous ne leur rendrez point le culte souverain, car je suis l'Eternel, votre Dieu : Dieu jaloux et fort, qui venge l'iniquité des pères sur les enfants jusqu'à la troisième et quatrième génération de ceux qui me haïssent, mais qui fais miséricorde jusqu'à la millième génération à ceux qui m'aiment et qui observent mes commandements.

II. Vous ne prendrez pas en vain le nom du Seigneur votre Dieu.

III. Souvenez-vous de sanctifier le jour du sabbat. Vous travaillerez durant six jours, mais le septième jour est celui du repos consacré au Seigneur.

IV. Honorez votre père et votre mère, afin que vous viviez longtemps sur la terre.

V. Vous ne tuerez point.

VI. Vous ne commettrez point d'actions mauvaises.

VII. Vous ne déroberez point.

VIII. Vous ne porterez point de faux témoignage contre votre prochain.

IX et X. Vous ne désirerez point prendre la maison de votre prochain, ni sa femme, ni son serviteur, ni sa servante, ni son bœuf, ni son âne, ni aucune des choses qui lui appartiennent.

Hist. Anc.

Avec le Décalogue, Dieu fit connaître encore à Moïse ses prescriptions concernant le culte religieux et l'organisation politique du peuple d'Israël.

Organisation politique et religieuse du peuple d'Israël. — Dieu était proclamé comme étant le premier et le seul roi de la nation. Son représentant religieux était le grand prêtre ; son représentant dans la direction politique du peuple était un *chef*, assisté de 70 vieillards qui formaient le *Conseil des Anciens*.

Aaron, frère de Moïse, et sa postérité furent désignés pour remplir les fonctions de grand prêtre et de prêtres. La mission d'assister les prêtres fut réservée aux membres de la tribu de Lévi.

Le centre du culte religieux était le *Tabernacle* ou temple portatif. Il était divisé par un rideau en deux parties : le *Sanctuaire* et le *Saint des Saints*. — Dans le sanctuaire se trouvaient la *table des pains de proposition*, sur laquelle des pains étaient perpétuellement offerts à Dieu, au nom de chacune des douze tribus ; le *chandelier à sept branches*, portant des cierges allumés, et l'*autel des parfums*, sur lequel l'encens était brûlé matin et soir. — Le Saint des Saints contenait l'*Arche* ou grand coffret, dans lequel étaient déposées les *deux tables* de la loi.

§ III. — LES ISRAÉLITES DANS LA TERRE PROMISE.

Arrivée des Hébreux au pays de Chanaan. — Du Sinaï, les Hébreux pénétrèrent dans les déserts de l'Arabie, où ils séjournèrent pendant quarante ans.

Ce long séjour, à travers des sables arides, fut un châtiment infligé au peuple de Dieu à cause de ses murmures, de ses révoltes et de ses infidélités. Il eut pour

Les ancêtres du peuple hébreu. — *Arrivée en Egypte d'émigrants asiatiques au temps de Joseph et de Jacob.* — (D'après la peinture d'un tombeau égyptien de Béni-Hassan.)

résultat de donner à Moïse le temps d'accoutumer les Israélites à la pratique du Décalogue et d'en faire une nation guerrière, capable d'entreprendre la lutte pour la conquête de la Terre promise.

Le pays de Chanaan était en effet peuplé par de nombreuses tribus qu'il en fallait chasser. Sur la rive gauche du Jourdain se trouvaient les petits royaumes des Amorrhéens, de Basan, des Madianites et des Moabites. — Sur la rive droite, le vrai pays de Chanaan, les royaumes des Hétéens, des Jébuséens, des Hévéens.

Conquête de la rive gauche du Jourdain. — Les Israélites avaient pour but de s'établir sur la rive droite du Jourdain, entre ce fleuve et la mer. Quand ils parvinrent aux environs de la mer Morte, ils trouvèrent les Amorrhéens en armes, qui leur interdirent le passage. Moïse se vit donc obligé d'entreprendre la conquête de la rive gauche du Jourdain. Il vainquit les Amorrhéens et leur enleva toutes leurs villes. Les habitants de Basan, qui avaient pour roi le géant Og, les Madianites et les Moabites furent défaits pareillement.

Mort de Moïse. — Toute la rive gauche du Jourdain était soumise. Les Hébreux, au nombre de près de

---

80ᵉ Lecture. — **LES ÉCRITS OU LIVRES DE MOISE.** — Les écrits inspirés de Moïse sont renfermés dans l'ouvrage appelé le *Pentateuque*. Dans cet ouvrage, Moïse raconte les origines du monde et l'histoire du peuple de Dieu, jusqu'au moment où celui-ci fut sur le point d'entrer dans la Terre promise.

Le nom de *Pentateuque* est formé de deux mots grecs : *penté* cinq, et *teukoi* volumes. Il est ainsi nommé à cause de sa division en cinq parties. Les Juifs l'appellent *Thorah* ou *la Loi*.

Les cinq livres du Pentateuque sont la *Genèse*, l'*Exode*, le *Lévitique*, les *Nombres* et le *Deutéronome*.

La *Genèse*, mot qui signifie *Origine*, raconte la création et l'origine des choses.

L'*Exode* ou Sortie, décrit la sortie des Hébreux d'Egypte.

Le *Lévitique* est en partie consacré à l'exposition des cérémonies religieuses, que doit accomplir la tribu de Lévi.

Les *Nombres* sont ainsi nommés, parce que ce livre commence par un dénombrement du peuple et des lévites.

Le *Deutéronome*, mot qui signifie *seconde loi*, contient une récapitulation ou seconde promulgation de la loi, donnée à Moïse.

Anciens habitants de la Palestine. — *Guerrier chananéen* de la Palestine au temps de l'arrivée des Hébreux. — (D'après un monument égyptien.)

sept cent mille hommes capables de porter les armes, s'apprêtèrent à franchir le fleuve. A ce moment, Moïse assembla le peuple, lui donna *Josué* comme chef et lui fit ses dernières recommandations. Puis il se retira sur le mont Nébo.

Là, le fidèle serviteur de Dieu, le plus grand de tous les législateurs, le plus parfait de tous les chefs de nation, mourut à l'âge de cent vingt ans, le visage tourné vers cette Terre promise, dans laquelle son peuple allait entrer sans lui.

Conquête de la Terre promise. — Les Israélites, après avoir pleuré la mort de Moïse par un deuil de trente jours, franchirent le Jourdain en face de Jéricho, sous la conduite de Josué. Il y avait juste quarante ans qu'ils étaient sortis d'Egypte. Le fleuve entr'ouvrit miraculeusement ses eaux pour les laisser passer. Les villes de Jéricho et de Sichem tombèrent aussitôt en leur pouvoir.

Effrayées de ces succès, les tribus chananéennes situées au sud du pays : les Hétéens, les Jébuséens, les Amorrhéens, formèrent une coalition générale contre les Hébreux. Leurs troupes furent taillées en pièces par Josué à la *bataille de Gabaon* et leurs rois furent faits prisonniers.

Une seconde coalition, formée des tribus du centre et du nord, fut aussi dispersée. Après six ou sept ans de luttes acharnées, la Palestine presque tout entière se trouva en la possession des Israélites.

Partage de la Terre promise. — Josué partagea la Terre promise entre les tribus du peuple d'Israël. La tribu de Lévi n'eut point de terres, parce que le service du Seigneur était son partage. On lui attribua seulement 48 villes.

Les pays conquis par Moïse sur la rive gauche du Jourdain appartinrent aux deux tribus de Ruben et de Gad.

Les pays de la rive droite furent partagés entre les neuf autres tribus. Celles d'Issachar, de Zabulon, d'Aser et de Nephtali se partagèrent la région du nord, qui devint plus tard la Galilée. — Les descendants de Joseph, formant les deux demi-tribus d'Ephraïm et de Manassé, eurent la région du centre, qui devint la Samarie. — Les tribus de Siméon, de Juda, de Dan et de Benjamin se partagèrent la région du sud, qui devint la Judée.

Au milieu du pays occupé par les Hébreux, les tribus chananéennes conservèrent pendant quelque temps encore certaines villes, comme Jérusalem, Sichem et Mageddo.

Josué mourut après avoir gouverné pendant vingt-cinq ans le peuple d'Israël en qualité de chef suprême. C'était dans la seconde moitié du quatorzième siècle avant l'ère chrétienne.

CHAPITRE TROISIÈME

Les juges. — Les rois.

I. LES PRINCIPAUX JUGES : GÉDÉON, JEPHTÉ, SAMSON, SAMUEL. — II. LES ROIS : SAUL, DAVID, SALOMON. — LE TEMPLE DE JÉRUSALEM.

§ Ier. — LES PRINCIPAUX JUGES : GÉDÉON, JEPHTÉ, SAMSON, SAMUEL.

Gouvernement des Israélites après Josué.] — Moïse et Josué avaient gouverné les douze tribus d'Israël, en qualité de chefs suprêmes. En mourant, Josué ne se désigna pas de successeur et les Israélites ne lui en donnèrent point. Les tribus, ayant chacune un territoire bien déterminé, formèrent chacune comme un petit Etat, gouverné par les vieillards, chefs de famille.

L'unité du culte religieux et du grand prêtre était le grand lien, qui reliait entre elles les tribus et maintenait l'unité nationale.

Les Israélites vécurent ainsi par tribus et sans se réunir en un royaume unique pendant trois cents ans. Malheureusement, pendant ces trois siècles, certaines tribus, avec une légèreté coupable, foulèrent souvent aux pieds la loi de Moïse. Elles abandonnèrent plusieurs fois le culte du vrai Dieu, pour adorer les fausses divinités des peuples voisins.

Lorsque le lien religieux se trouvait rompu par l'apostasie de certaines tribus, les Israélites divisés entre eux se trouvaient fort affaiblis. Les ennemis qui les entouraient en profitaient ordinairement pour envahir leur territoire et les réduire en servitude. C'était le châtiment que leur infligeait la colère divine.

Les juges. — Quand, après avoir été vaincus, le malheur ramenait les Israélites au repentir, ils renonçaient aux idoles et demandaient grâce. Dieu suscitait alors

---

81ᵉ Lecture. — **GOUVERNEMENT DES ISRAÉLITES SOUS LES JUGES.** — Il ne faudrait pas croire que, depuis Josué jusqu'à l'élévation de Saül à la dignité de roi, il y ait toujours eu chez les Israélites un chef du gouvernement, commandant à tout le peuple hébreu. En réalité, pendant l'époque des Juges, il n'y avait chez eux aucun chef permanent de gouvernement, parce qu'il n'y avait point de gouvernement général. Chaque tribu était indépendante et gouvernée par les chefs de famille, d'aînés en aînés. Tout était réglé par l'usage et par la loi de Moïse.

C'était ce qu'on appelle le *régime patriarcal.*

Personne n'avait donc réellement qualité pour se mettre à la tête de la population et lui imposer son autorité.

Mais lorsqu'un ennemi commun menaçait l'existence de toute la nation, ou faisait peser sur elle un joug trop insupportable, un Israélite, que Dieu suscitait et qui se sentait animé d'un courage plus ardent que les autres, appelait ses concitoyens aux armes et se mettait à leur tête. Celui-ci devenait alors *suffète* ou *juge d'Israël*.

Quand le danger public était passé, Israélites et libérateur retournaient chacun à leurs champs.

Le juge n'était donc qu'un chef d'occasion, que Dieu suscitait dans les cas extraordinaires, pour les besoins de son peuple. Sa fonction principale était toute militaire. Sa fonction judiciaire n'était qu'accessoire, au moins jusqu'à Héli et Samuel.

parmi eux un homme d'action, un chef guerrier, qui donnait le signal du soulèvement contre les oppresseurs et entreprenait la délivrance des tribus asservies.

Ce chef militaire, ce libérateur, portait le titre de *Juge*. Son autorité était temporaire et généralement limitée au temps de la guerre de délivrance.

Les principaux *juges* ou *libérateurs* d'Israël furent Gédéon, Jephté, Samson et Samuel.

Gédéon. — Les tribus d'Israël étant tombées dans l'idolâtrie, leur châtiment avait été une invasion des Madianites. Pendant sept ans, elles eurent à souffrir les ravages des envahisseurs.

Israël humilié implora l'assistance de Dieu, qui suscita Gédéon, de la tribu de Manassé. Celui-ci leva l'étendard de l'indépendance, en renversant l'idole de Baal dans son propre village. Quatre tribus répondirent à son appel. Mais pour montrer que la victoire était due à Dieu et non au nombre des combattants, il choisit trois cents hommes seulement, les arma de trompettes et de torches et attaqua avec eux le camp des Madianites, pendant la nuit. Les ennemis surpris s'enfuirent en désordre. Ils furent poursuivis et exterminés.

Gédéon refusa la royauté, mais il continua jusqu'à sa mort à administrer les quatre tribus qui l'avaient pris pour chef.

Jephté et Samson. — Après un nouvel abandon du culte de Dieu, les trois tribus de Juda, d'Ephraïm et de Benjamin tombèrent au pouvoir des Ammonites ; les tribus de Dan et de Siméon furent envahies par les Philistins. Elles se repentirent et Dieu vint à leur aide. Jephté fut suscité contre les Ammonites et Samson contre les Philistins.

Jephté avait été d'abord un chef de bande, qui détroussait les caravanes dans le désert, comme le font encore les Arabes de nos jours. Avant d'attaquer les Ammonites, il fit le vœu insensé d'immoler le premier être vivant qu'il rencontrerait, après la victore. Il vainquit les Ammonites, et ce fut sa fille qui, la première, accourut à sa rencontre avec des instruments de musique et des chants de triomphe. Jephté se crut à tort obligé, par son serment, d'accomplir un vœu, que condamnait formellement la loi de Dieu.

Samson, de son côté, fut le chef du soulèvement national contre les Philistins.

Les Philistins descendaient de Japhet. Ils avaient d'abord habité l'ile de Crète, d'où ils étaient venus par mer occuper la région méridionale de la Palestine. Ils y possédaient cinq villes importantes : Gaza, Azoth, Asca-

---

82e Lecture. — **MORT DE SAMSON.** — Samson, trahi par sa femme Dalila, avait été fait prisonnier par les Philistins. Ces ennemis, auxquels il avait fait tant de mal, lui crevèrent les yeux et le forcèrent à tourner la meule d'un moulin comme le dernier des esclaves.

Mais bientôt Dieu rendit à Samson, avec sa chevelure, une partie de sa force musculaire.

Un jour que les Philistins célébraient à Gaza une fête en l'honneur du dieu Dagon, le robuste prisonnier fut amené dans la salle du festin pour servir de risée à la foule.

Samson s'approcha de deux colonnes centrales, qui supportaient le poids de la voûte, et se mit à les secouer de toutes ses forces en s'écriant : « Que je meure avec les Philistins ! »

La voûte ébranlée s'effondra et ensevelit sous ses décombres plusieurs milliers de Philistins.

lon, Gath et Accaron. Ils aspiraient à s'emparer de tout le pays de Chanaan. Déjà ils avaient asservi la Phénicie; ils envahirent les tribus de Dan et de Siméon.

Samson, de la tribu de Dan, se mit à la tête des siens et exécuta contre les Philistins les plus hardis coups de main. Il ne put abattre la puissance de ces terribles adversaires, mais du moins il arrêta pendant quelque temps leurs progrès.

Samuel. — Après la mort de Samson, les Philistins reprirent leurs projets ambitieux et attaquèrent les tribus du centre. Celles-ci marchèrent contre les envahisseurs jusqu'à Aphec, dans la plaine d'Esdrelon. Pour exciter le courage des combattants, le grand prêtre Héli avait fait porter l'*Arche d'alliance* au milieu de l'armée. Les Israélites furent mis en déroute, trente mille d'entre eux restèrent étendus sur le champ de bataille; l'Arche sainte tomba au pouvoir des Philistins.

A la suite de la bataille d'Aphec, les Israélites restèrent pendant vingt ans sous la domination écrasante des vainqueurs. Ils en furent délivrés par Samuel.

Samuel qui, au milieu de l'apostasie générale, était demeuré fidèle à Dieu, convoqua le peuple et l'amena à rejeter les idoles. Après un temps consacré à faire pénitence, Israël fut conduit au combat. Les Philistins furent vaincus dans une série de batailles et chassés complètement du territoire.

§ II. — LES ROIS : SAUL, DAVID, SALOMON. — LE TEMPLE DE JÉRUSALEM.

Etablissement de la royauté. — Samuel, après avoir chassé les Philistins, continua à gouverner les

Les Israélites. — Juifs du royaume de Juda venant implorer la clémence du roi d'Assyrie. — (Bas-relief assyrien du musée de Londres.)

Israélites. Quand il fut vieux, se sentant trop fatigué pour administrer utilement les intérêts du peuple, il remit l'exercice du pouvoir à ses deux fils Joël et Abias. Ceux-ci n'imitèrent ni la prudence, ni les vertus de leur père.

Les anciens d'Israël, inquiets de l'avenir, vinrent trouver Samuel et lui demandèrent de leur donner un roi. Samuel chercha à éluder leur demande : ce fut en vain. En présence de leur persistance, Samuel, sur l'ordre de Dieu, se rendit à leurs désirs et leur donna *Saül* pour roi.

La royauté, qui fut ainsi établie sur tout le peuple d'Israël, dura un peu plus d'un siècle. Trois rois régnèrent pendant ce temps : Saül, David et Salomon.

Saül (1094-1055). — Saül appartenait à une pauvre famille de la tribu de Benjamin. Sacré roi par Samuel, qui exerçait les fonctions de grand prêtre, il ne fut reconnu d'abord que par une partie des Hébreux. Mais les Ammonites ayant envahi le territoire, Saül appela toutes les tribus aux armes et mit en déroute l'ennemi. Après sa victoire, le peuple entier d'Israël reconnut son autorité.

En instituant la royauté, Samuel avait voulu surtout donner aux Israélites un chef militaire permanent. Le nouveau roi n'eut donc ni cour, ni capitale fixe. Il n'était que le représentant militaire de Dieu, dont la volonté se manifestait par la voix du grand prêtre.

Le règne de Saül fut donc une sorte de transition entre le régime patriarcal du temps des juges et le régime monarchique proprement dit. Nous avons à signaler ses *guerres contre les Philistins*, sa *rupture avec Samuel* et *sa conduite envers David*.

Guerre contre les Philistins. — Le courageux Jonathas, fils du roi Saül, ayant voulu enlever aux Philistins la citadelle de Gabaa, ville où était né son père, la guerre se trouva engagée. Elle traîna d'abord en longueur, mais Jonathas, seul avec son écuyer, se jeta audacieusement dans le camp ennemi, et y porta le désordre et la terreur. Saül survint alors avec dix mille hommes et poursuivit les Philistins jusqu'à leurs frontières.

Saül repoussa avec un égal succès l'agression des Ammonites, des Moabites et des Iduméens.

Rupture de Saül avec Samuel. — Saül, après son élévation, s'était d'abord contenté de son rôle militaire et recevait avec soumission les ordres que le grand prêtre Samuel lui transmettait de la part de Dieu. Mais cette subordination lui pesait.

A l'exemple des souverains étrangers, qui réunissaient sur leur tête le double titre de roi et de prêtre, il songea à s'affranchir de la tutelle de Samuel, et voulut s'attribuer à lui-même le pouvoir sacerdotal. Dans une guerre contre les Amalécites, il refusa obéissance à Samuel.

Samuel maudit Saül et lui annonça que Dieu le rejetait désormais, lui et sa race. Puis il se rendit à Bethléem et sacra en secret un jeune berger, nommé David, comme héritier du trône.

Saül et David. — Saül continua à régner, mais la protection du ciel l'avait abandonné. Il entra dans une sorte de mélancolie noire, accompagnée souvent d'accès de fureur.

Dans ces accès, la musique seule était capable de calmer la folie du roi. Par l'influence secrète de Samuel, on fit venir le jeune David, qui jouait de la harpe. Les sons harmonieux qu'il tirait de son instrument eurent le don de dissiper les sombres accès de Saül. Et c'est ainsi que le jeune berger, dont personne ne connaissait la mystérieuse élection, devint le familier, puis l'écuyer du roi.

Le combat contre le géant Goliath et d'autres exploits contre les Philistins rendirent David célèbre parmi les Israélites. Saül en devint jaloux et chercha par tous les moyens à le faire périr. David, pour sauver sa vie, fut obligé de fuir et de se tenir caché.

Mort de Saül. — Les Philistins ayant repris les armes contre Israël, Saül s'avança jusqu'au mont Gelboé pour les arrêter. Mais ses troupes furent taillées en pièces, son fils Jonathas périt dans la bataille. Saül, couvert de blessures, ne voulant pas tomber au pouvoir de l'ennemi, se jeta sur sa propre épée. Les Philistins lui tranchèrent la tête.

Règne de David (1055-1015 avant J.-C.). — A la mort de Saül, David fut proclamé roi par la tribu de Juda, qui était la sienne ; mais les autres tribus proclamèrent Isboseth, l'un des fils de Saül. Après sept ans de guerre civile, Isboseth fut assassiné par ses propres soldats, et David fut reconnu roi de toutes les tribus d'Israël.

David institua le vrai régime monarchique et gouverna en roi. Il eut une cour et une capitale fixe. Son règne fut l'époque la plus glorieuse de l'histoire des Israélites. Il assura la suprématie de la tribu de Juda sur les autres tribus.

83ᵉ Lecture. — **LAMENTATIONS DE DAVID SUR LA MORT DE SAUL ET DE JONATHAS.** — A la nouvelle de la mort de Saül et de Jonathas, David ressentit la douleur la plus vive. Il pleura surtout Jonathas, le fils du roi, avec lequel il était uni par les liens de la plus tendre affection. Il exhala son chagrin dans une touchante élégie, que nous a conservée la Bible :

« Ta noblesse, ô Israël, est tombée sur les hauteurs ! Comment sont-ils tombés, ces nobles héros ?

« N'en répandez pas la nouvelle dans les rues d'Ascalon, de peur que les filles des Philistins ne s'en réjouissent !

« Montagnes de Gelboé, que ni la rosée, ni la pluie ne descendent plus sur vous, que vos champs ne produisent plus de riches moissons, car là est tombé le bouclier des héros, le bouclier de Saül, comme s'il n'eût pas été l'oint de Jéhovah.

« Saül et Jonathas, si aimables, si beaux dans votre vie, inséparables même dans la mort, plus rapides que les aigles, plus forts que les lions ! Comment sont-ils tombés, les héros, au milieu de la bataille. Jonathas est étendu, percé, sur la montagne. La douleur m'oppresse à cause de toi, mon frère Jonathas, car tu m'étais bien cher.

« Comment sont-ils tombés, les héros ? Comment ont-ils péri, ces nobles guerriers ? »

LES ISRAÉLITES.

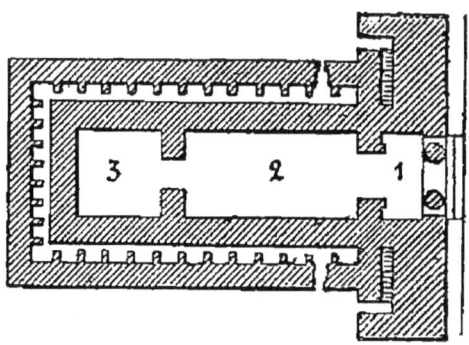

Le culte religieux des Israélites. — *Plan du temple de Salomon (Maison de Dieu sans ses dépendances)* — Le temple de Salomon reproduisait, en proportions doubles, le tabernacle construit par Moïse dans le désert. Il se composait de trois parties essentielles : le *vestibule* ou pylône n° 1, dont la porte était soutenue par deux colonnes de bronze. — Le *Saint*, n° 2, dans lequel étaient placés dix *chandeliers d'or*, l'*autel des parfums* et dix *tables d'or* pour les pains de proposition. — Le *Saint des Saints*, n° 3, où se trouvait l'arche d'alliance, construite par Moïse, dans laquelle étaient renfermées les *Tables de la loi*. Deux chérubins, de forme colossale, couvraient l'arche de leurs ailes étendues.

On désignait par le nom général de Temple, non seulement la *Maison de Dieu* dont nous donnons le plan, mais tous les édifices accessoires et les cours, dont la maison de Dieu était entourée.

Autour du Saint et du Saint des saints étaient des petites cellules desservies par un corridor.

Nous avons surtout à rappeler *ses guerres* et *ses conquêtes*, dont le succès établit la prépondérance des Hébreux, depuis la Méditerranée jusqu'à l'Euphrate.

Guerres et conquêtes de David. — Les Chananéens, premiers habitants du pays, avaient conservé la possession de certaines villes, au milieu du royaume d'Israël. Ils occupaient entre autres l'importante citadelle de *Jébus*. David la leur enleva de vive force. Il changea le nom de Jébus en celui de Jérusalem, en fit la capitale de son royaume et s'y construisit un palais, sur la colline de Sion.

Les Philistins, inquiets de la gloire naissante du nouveau monarque, prirent les armes. David, après plusieurs années de guerre, ruina à ce point leurs armées, que leur puissance militaire ne se releva plus.

Délivré de ces terribles adversaires, David voulut agrandir les limites de son royaume. Il attaqua et défit successivement les Moabites ses voisins, les Syriens de Saba et de Damas au nord, les Amalécites et les Iduméens des bords de la mer Rouge dans le sud, les Ammonites à l'est.

La domination de David s'étendit depuis la mer Rouge jusqu'à l'Euphrate. On put croire un instant que les Israélites allaient fonder un empire, rival de ceux d'Egypte et d'Assyrie. Mais si David était guerrier, les Israélites en général ne l'étaient point, et les peuples soumis ne devaient point tarder à reprendre leur indépendance, dès que leur vainqueur aurait disparu.

David et Urie. — Au milieu de tant de conquêtes, David, ordinairement si fidèle à la loi de Dieu, s'en laissa un jour détourner. Il envoya traîtreusement mourir devant l'ennemi un ses officiers, nommé Urie, afin de pouvoir épouser Bethsabée sa femme. Le prophète Nathan lui reprocha hautement son crime de la part de Dieu. Malgré son repentir et ses larmes, il en fut sévèrement châtié, par les révoltes de ses enfants et de ses sujets, et par les chagrins dont le reste de ses jours fut attristé.

Gouvernement de David. — David, par le succès de ses armes, avait fondé la puissance matérielle de l'Etat d'Israël ; il l'organisa par d'habiles institutions. Il forma une armée permanente, dont les chefs servaient à tour de rôle un mois chaque année, établit des gouverneurs pour le représenter dans les tribus, créa un service pour percevoir les impôts, un autre pour rendre la justice.

Il s'occupa aussi de réorganiser le service religieux. Par ses soins, l'arche d'alliance fut transportée à Jérusalem, qui devint le centre politique et religieux du peuple d'Israël. La postérité d'Aaron fut divisée en 24 familles, qui devaient à tour de rôle remplir les fonctions sacerdotales. La tribu de Lévi fut aussi distribuée en groupes, de manière à assurer l'exactitude du service religieux.

Dieu récompensa la pénitence et les vertus de David, en le choisissant pour être l'ancêtre du Messie et en lui conférant le don de prophétie. Le *roi-prophète* a vu d'avance la gloire et les humiliations du Rédempteur et il les a chantées dans ses *Psaumes*, avec les accents sublimes d'une incomparable poésie.

Salomon (1015-975 avant J.-C.). — Salomon, second fils de David et de Bethsabée, par suite des conquêtes et de la gloire de son père, se trouvait l'égal des plus grands monarques de l'Orient. Son empire s'étendait des frontières de l'Egypte aux rives de l'Euphrate. Les petits princes voisins étaient ses tributaires. Le prestige de son trône était tel, que le roi d'Egypte n'hésita pas à lui donner l'une de ses filles en mariage.

84e Lecture. — **LES PSAUMES DE DAVID.** — David ne fut pas seulement un grand organisateur politique, un conquérant heureux, il fut aussi, et c'est là sa plus grande gloire, un *roi-prophète*. Il a vu dans l'avenir et célébré avec un style incomparable, les splendeurs de l'Eglise catholique, Jérusalem nouvelle, qui devait s'élever un jour sur les ruines de celle qu'il bâtissait. Il est l'auteur du livre des Psaumes, ces sublimes cantiques, dans lesquels le repentir a trouvé les accents les plus touchants, et la prière est arrivée à la forme la plus délicate et la plus élevée.

Le fils de David n'était point guerrier. Son règne, long de 40 ans, fut donc pacifique. Il fut célèbre par la sagesse du souverain, sa magnificence, ses relations commerciales, ses écrits et surtout par la construction du temple de Jérusalem.

Le temple de Jérusalem. — La nation d'Israël n'avait point jusque-là d'autre temple que le *Tabernacle mobile*, construit par les ordres de Moïse. David avait formé le projet de le remplacer par un monument de pierres, plus digne de la majesté divine. Dans ce but, il avait commencé à rassembler des matériaux. Ce fut Salomon qui eut la gloire de le bâtir.

Hiram, roi de Tyr, son allié, lui vendit le bois nécessaire, qu'on alla couper dans les forêts de cèdres du Liban. Les architectes et les sculpteurs furent des Phéniciens, empruntés aux villes de Tyr et de Byblos. La construction dura sept ans.

Le temple fut élevé sur le *mont Moriah*, dans la partie nord-est de Jérusalem. Il consistait en un sanctuaire et en plusieurs grandes cours qui l'entouraient.

Le *sanctuaire* était un édifice rectangulaire, de proportions relativement restreintes. On l'appelait la *Maison de Dieu*.

Cette *Maison de Dieu*, construite sur le plan du tabernacle de Moïse, était divisée en trois parties : le *vestibule*, le *Saint* et le *Saint des saints*.

Le *vestibule*, ou portique en forme de pylône, n'avait guère que cinq mètres de longueur sur dix de large. Il donnait accès à la salle nommée le *Saint* par une porte à deux battants faite en bois doré.

Le *Saint* était une salle de 20 mètres de longueur et de 15 de hauteur. Il renfermait l'*autel des parfums*, *dix*

Le culte religieux des Israélites. — *Un des chandeliers à sept branches.*
— Les dix chandeliers, faits d'or pur, étaient posés dans le *Saint*. —
(D'après l'arc de Titus.)

chandeliers d'or à sept branches et *dix tables d'or* pour les pains de proposition. Un long tapis fermait la porte qui introduisait dans le Saint des Saints.

Le *Saint des Saints* avait dix mètres dans toutes ses dimensions. Cette salle auguste et mystérieuse contenait l'Arche d'alliance et les tables de la loi. Deux statues d'or, représentant des chérubins, couvraient l'arche d'alliance de leurs ailes étendues.

La *Maison de Dieu*, partie principale du temple, n'était pas destinée à servir de lieu de réunion ou de prières pour les fidèles. Elle appartenait exclusivement à Dieu. Les prêtres seuls avaient le droit d'entrer dans le *Saint*. Quant au *Saint des saints*, les simples prêtres ne pouvaient point y pénétrer. Le grand prêtre lui-même n'y entrait qu'une fois par an.

Le sanctuaire, ou *Maison de Dieu*, était entouré de deux cours fermées, qu'on appelait les *parvis*. C'est dans les parvis qu'avaient lieu les cérémonies du culte, les sacrifices et les assemblées pieuses du peuple d'Israël. Dans le parvis le plus rapproché du sanctuaire se trouvait l'*autel des holocaustes*, sur lequel étaient immolées les victimes, et la *mer d'airain*, immense bassin de métal porté par douze taureaux d'airain, qui contenait l'eau nécessaire aux ablutions.

La *dédicace* du Temple, c'est-à-dire sa consécration solennelle à Jéhovah le vrai Dieu, fut faite par Salomon, en présence de tout le peuple assemblé, au milieu des fêtes les plus solennelles. Le royaume n'ayant point d'autre sanctuaire, Jérusalem et son temple, où chaque tribu venait chaque année offrir ses sacrifices à Dieu, devinrent le centre de l'unité religieuse et nationale du peuple d'Israël.

85ᵉ Lecture. — **LES ŒUVRES DE SALOMON.** — Salomon, nous apprend la sainte Ecriture, était avant sa chute plus sage et plus savant que tous les autres hommes. Il composa trois mille paraboles et fit cinq mille cantiques. Il traita aussi de toutes les plantes, depuis le cèdre du Liban jusqu'à l'hysope qui croît sur les murailles, et il parla de même des animaux de la terre, des oiseaux, des reptiles et des poissons.

La plupart des ouvrages dont parle la Bible sont perdus ; il ne reste, sous le nom de Salomon, que les *Proverbes*, ou recueils de maximes, et l'*Ecclésiaste*, ouvrage dans lequel toutes les conditions, toutes les joies de la vie humaine sont

Salomon établit des relations commerciales avec la Syrie, l'Egypte et l'Inde.

— L'amitié, que Salomon entretenait avec le roi de Tyr et les Phéniciens, lui ayant donné l'occasion d'apprécier l'utilité du commerce pour la richesse d'un Etat, il voulut établir des relations commerciales directes entre les Israélites et les pays lointains.

Par ses soins, des caravanes allèrent acheter des chars et des chevaux en Egypte pour les revendre en Syrie. La ville de Palmyre fut bâtie par lui, au cœur même du désert, pour mettre le chemin des caravanes à l'abri des incursions des Arabes.

Mais sa principale entreprise commerciale fut d'ouvrir aux Israélites la navigation et le commerce avec l'Inde. Jusqu'à son règne, les vaisseaux indiens transportaient les produits de leur pays en Arabie et de là, les caravanes les conduisaient par terre jusqu'en Assyrie. Salomon équipa une flotte de concert avec les Phéniciens et l'envoya dans l'Inde, d'où elle revint chargée d'or, d'épices et d'ivoire. Elle aborda directement dans un port qu'il avait créé sur la mer Rouge.

Ces entreprises commerciales amenèrent une grande prospérité dans le royaume d'Israël. Aussi, d'après une expression de la Bible, « l'argent devint aussi commun à Jérusalem que les pierres des chemins. »

Mort de Salomon.

— Salomon avait atteint l'apogée de sa gloire. Il avait étonné le monde par sa sagesse et

---

appréciées à leur juste valeur et caractérisées par cette conclusion : Tout est vanité ! On possède aussi de Salomon le *Cantique des Cantiques*, où la poésie mystique prend les formes les plus tendres, pour représenter les sentiments de Dieu envers son Eglise et l'union de l'âme fidèle avec Dieu.

sa magnificence. Il s'était montré poète et écrivain remarquable. Les richesses devinrent malheureusement pour lui un écueil, qu'il ne sut point éviter. Il se rechercha trop lui-même et oublia Dieu. Dieu oublié, il se laissa entraîner au culte des idoles. Sa conduite coupable lui aliéna l'affection de plusieurs tribus. Il put voir parmi elles, sur la fin de ses jours, les premières agitations qui annonçaient la dislocation future de son empire. On ignore s'il eut le temps de se convertir avant sa mort. Grande leçon pour les présomptueux !

86ᵉ Lecture. — **LES RUINES DU TEMPLE DE SALOMON.** — Du temple de Salomon, il reste encore quelques ruines du mur de soutènement. Le morceau le mieux conservé est le mur occidental.

Chaque vendredi, on voit encore aujourd'hui les Juifs de Jérusalem se rendre à cet endroit, pour pleurer sur les ruines du temple et demander à Dieu le rétablissement de son peuple.

Quand ils sont arrivés en face de ce pan de mur, on les entend répéter tous ensemble, sur un ton plaintif, cette lamentation du Psalmiste :

« O Dieu ! les païens sont venus dans ton héritage, ils ont souillé ton temple saint, ils ont fait de Jérusalem un monceau de ruines...

« Nous sommes devenus un sujet d'insulte pour nos proches, de dérision et de moquerie pour ceux qui nous entourent.

« Combien de temps encore, Seigneur, seras-tu irrité contre nous ? »

CHAPITRE QUATRIÈME

Le schisme des dix tribus. — Destruction des royaumes d'Israël et de Juda.

I. LE SCHISME DES DIX TRIBUS. — II. ROYAUME D'ISRAEL. — III. ROYAUME DE JUDA. — IV. LES JUIFS APRÈS LA DESTRUCTION DU ROYAUME DE JUDA PAR NABUCHODONOSOR.

§ Ier. — LE SCHISME DES DIX TRIBUS.

Schisme des dix tribus (975). — Des symptômes de désunion s'étaient déjà manifestés sur la fin du règne de Salomon. Les tribus du nord étaient en effet jalouses de l'importance qu'avait prise la tribu de Juda, à laquelle appartenait le roi. Elles murmuraient de payer des impôts, dont la plus grande partie était employée à embellir Jérusalem. Le chef des mécontents était Jéroboam, de la tribu d'Ephraïm.

Salomon laissait pour successeur son fils Roboam. Les chefs des tribus se rendirent à Sichem pour lui prêter serment et le proclamer. Beaucoup d'entre eux y venaient avec des sentiments hostiles et avec l'intention de réclamer hautement la diminution des impôts.

Dès que l'assemblée fut ouverte, Jéroboam, chef des mécontents, prit la parole et s'adressant au roi : « Ton père, lui dit-il, a rendu très dur notre joug ; quant à toi, si tu veux que nous te servions, allège le joug pesant que nous a imposé ton père ! »

Les vieux conseillers du roi furent d'avis qu'il fallait céder ; les jeunes courtisans le poussèrent à la résistance. Il suivit leur conseil imprudent et répondit avec hauteur : « Le joug que mon père a fait peser sur vous, je l'augmenterai encore. Mon père vous a châtiés avec des fouets, moi je vous châtierai avec des verges piquantes comme des scorpions. »

A ces paroles hautaines, le peuple se souleva. Un officier du roi, envoyé pour calmer les esprits, fut tué à coups de pierres ; Roboam, pour échapper au même sort, s'enfuit en toute hâte à Jérusalem.

Dix tribus proclamèrent leur indépendance et se donnèrent Jéroboam pour roi. Les deux seules tribus de Juda et de Benjamin demeurèrent fidèles au fils de Salomon.

Les dix tribus révoltées se constituèrent en Etat indépendant et prirent le nom de *royaume d'Israël*.

Les deux tribus fidèles formèrent le *royaume de Juda*.

Ainsi fut accompli le *schisme* ou séparation des *dix tribus*.

Les deux royaumes de Juda et d'Israël. — Le royaume de Juda, le plus petit des deux, comprit le territoire méridional de la Palestine, depuis Bethel au nord jusqu'à Berséba au sud. Il conserva la suzeraineté de l'Idumée et du pays des Philistins. C'était le quart à peine de l'empire de Salomon. Son roi fut *Roboam*.

Le royaume d'Israël renferma tout le pays de Samarie et de Galilée, avec la suzeraineté des peuples tributaires, échelonnés jusqu'à l'Euphrate. Son roi fut *Jéroboam*.

La division des douze tribus en deux royaumes et les luttes dont elle fut l'occasion, furent une grande cause d'affaiblissement et préparèrent la chute de l'un et de l'autre.

Le royaume d'Israël abandonna immédiatement le culte du vrai Dieu. Il dura seulement deux siècles et demi, après lesquels il fut détruit par les Assyriens et disparut pour toujours.

Le royaume de Juda demeura généralement fidèle à Dieu. Il dura un peu plus de quatre siècles et fut détruit par Nabuchodonosor, roi de Babylone. Mais après 70 années de captivité, les Juifs, tout en demeurant les vassaux des étrangers, purent rebâtir Jérusalem et se reconstituer en nation.

Nous raconterons brièvement l'histoire du royaume d'Israël, qui disparut le premier, puis nous résumerons celle du royaume de Juda.

§ II. — ROYAUME D'ISRAEL.
(975-720.)

Jéroboam. — Jéroboam, proclamé roi par les dix tribus, fit de *Sichem* sa capitale. C'était un homme à vues égoïstes et étroites.

Il pensa que si ses sujets continuaient à aller sacrifier dans le temple de Jérusalem, suivant les prescriptions de la loi, ils pourraient revenir à Roboam. Pour éviter ce danger, il se fit apostat, abandonna le vrai Dieu et établit dans son royaume le culte du veau d'or. La masse du peuple suivit Jéroboam dans son apostasie.

Tous les rois d'Israël persévérèrent dans l'idolâtrie. Le plus mauvais et le plus impie de tous fut *Achab*.

La capitale du royaume fut successivement Sichem, Thirsa et Samarie.

Achab. — Achab n'était point de la famille de Jéroboam, dont la race avait péri sous le fer d'un assassin. Il était le fils d'un général, élu roi par l'armée. Sa capitale fut la ville de Samarie.

Achab avait épousé une Phénicienne, nommée *Jézabel*, fille du roi de Tyr. Cette femme cruelle et fanatique introduisit dans le royaume le culte impur de Baal, à côté de celui des veaux d'or, et persécuta avec une extrême fureur

---

87ᵉ LECTURE. — **LE PROPHÈTE ÉLIE EN PRÉSENCE D'ACHAB ET DE JÉZABEL.** — Un homme appelé Naboth possédait à Esdrelon une vigne voisine du palais du roi.

Achab demanda à Naboth de la lui vendre. Naboth refusa, ce dont le roi se montra fort affligé.

Jézabel, épouse d'Achab, ayant appris ce refus, gagna de faux témoins, qui accusèrent Naboth d'avoir blasphémé contre Baal et contre le roi ; il fut condamné à mort et lapidé.

Achab, qui connaissait le crime de Jézabel, se rendit alors à la vigne de Naboth pour en prendre possession. Il y trouva le prophète Elie : « As-tu donc assassiné pour hériter? s'écria l'homme de Dieu en s'adressant au roi. Voici ce que te dit Jéhovah : A l'endroit où les chiens ont léché le sang de Naboth, ils lécheront aussi ton propre sang, et les chiens dévoreront le cadavre de Jézabel sous les remparts d'Esdrelon. »

La prophétie s'accomplit à la lettre. Achab fut tué d'un coup de flèche dans une bataille contre les Syriens et son char de bataille, couvert de son sang, fut léché par les chiens, quand on le lava. — Quant à Jézabel, elle était à Esdrelon lorsque Jéhu y entra en vainqueur. Il la fit jeter par une fenêtre. Les chevaux piétinèrent son corps et les chiens en firent leur proie.

les quelques familles qui étaient demeurées fidèles au vrai Dieu.

Les chefs et les soutiens de ces familles fidèles furent les prophètes Elie et Elisée.

Elie reprochait hautement leurs crimes à Achab et à Jézabel. Sous l'inspiration divine, il leur prédit qu'ils périraient de mort violente l'un et l'autre, que les chiens lècheraient le sang d'Achab et dévoreraient le corps de Jézabel.

Cette prédiction s'accomplit de point en point. Achab fut tué d'un coup de flèche dans une guerre contre les Syriens. Jézabel, dans une révolution, qui renversa son fils Joram au profit de Jéhu, fut précipitée d'une fenêtre de son palais ; et son corps, écrasé sous les pieds des chevaux, devint la proie des chiens.

Chute de Samarie et destruction du royaume d'Israël (l'an 720 avant J.-C.). — Le schisme des dix tribus avait amené la guerre entre les peuples de Juda et d'Israël. Peu à peu, les hostilités avaient cessé ; les souverains des deux royaumes avaient contracté alliance et Joram, roi de Juda, avait même épousé Athalie, fille d'Achab et de Jézabel.

Cette union ne fut pas durable et la guerre éclata de nouveau entre les deux royaumes. Phacée, roi d'Israël, pour accabler Juda, fit alliance avec Rasin, roi syrien de Damas. Le roi de Juda, après avoir essuyé plusieurs défaites, voyant ses Etats menacés, implora le secours de Téglathphalasar, roi d'Assyrie.

Téglathphalasar accourut, s'empara d'abord de Damas, puis envahit le royaume d'Israël. Il annexa à ses Etats la plus grande partie de ce royaume, ne laissa à Phacée que le pays de Samarie et l'obligea à lui payer tribut.

Osée, qui s'était emparé du trône d'Israël par le meurtre de Phacée, refusa de payer tribut aux Assyriens et s'allia contre eux avec les Egyptiens. Aussitôt Salmanasar, successeur de Téglathphalasar, fondit sur le royaume d'Israël, s'empara d'Osée qu'il jeta en prison et mit le siège devant Samarie la capitale.

Les habitants de Samarie opposèrent aux Assyriens une résistance longue et opiniâtre. Salmanasar mourut devant la place avant de pouvoir l'emporter. Mais *Sargon*, son successeur, à peine installé sur le trône d'Assyrie, vint reprendre les opérations du siège. Samarie fut prise et, avec cette capitale, succomba le royaume d'Israël.

Le roi d'Assyrie obligea tous les guerriers et les principaux habitants à quitter le pays ; à leur place, il mit une population nouvelle, tirée de la Chaldée. La plupart des exilés se réfugièrent dans le royaume de Juda. Le royaume d'Israël ne se releva jamais.

§ III. — ROYAUME DE JUDA.

(975 à 588 avant J.-C.)

Royaume de Juda (975 à 588 avant J.-C.). — Le royaume de Juda depuis sa fondation jusqu'à la captivité de Babylone, dura 417 ans.

Roboam qui, par la dureté de son langage et son inexpérience, avait été la principale cause du schisme des dix tribus, essaya de réduire Jéroboam par les armes ; ce fut en vain. Il dut se contenter de régner sur les deux seules tribus de Juda et de Benjamin. Sa dynastie se perpétua sur le trône jusqu'à la destruction de Jérusalem par Nabuchodonosor.

Certains rois de Juda, tels qu'*Ozias*, *Joathan*, *Ezéchias*

Le culte religieux des Israélites. — *Table des pains de proposition.* — Il y en avait dix dans le Saint. Elles étaient d'or. — (La table représentée ici, avec une trompette sacrée de chaque côté et portée par les Romains victorieux, est tirée de l'arc de triomphe de Titus.)

et *Josias*, demeurèrent toute leur vie fidèles à Dieu et illustrèrent le trône par leurs vertus. La plupart des autres succombèrent plus ou moins à l'entraînement des fêtes païennes et admirent le culte des idoles. Leur infidélité attira sur leur peuple de cruels châtiments.

Les faits principaux de l'histoire du royaume de Juda sont :

1º Le règne de Josaphat ;
2º L'usurpation d'Athalie ;
3º Le règne du pieux Ezéchias, qui gouvernait Juda au moment de la destruction du royaume d'Israël ;
4º La défaite du saint roi Josias à Mageddo ;
5º Enfin la destruction de Jérusalem par Nabuchodonosor et la captivité de Babylone.

Règne de Josaphat — Josaphat se signala par son zèle pour combattre l'idolâtrie, que quelques-uns de ses prédécesseurs avaient favorisée. Jaloux de procurer la prospérité de son peuple, il fit construire des vaisseaux et voulut, à l'exemple de Salomon, reprendre les relations commerciales qui avaient été abandonnées. La tempête détruisit malheureusement ses navires, et son entreprise échoua.

88ᵉ Lecture. — **LA STÈLE DE MÉSA.** — En 1869, M. Clermont Ganneau découvrit à l'est de la mer Morte, à trois jours de marche de Jérusalem, une stèle ou colonne de victoire, sur laquelle Mésa, roi des Moabites, raconte les succès qu'il remporta sur Josaphat. Ce monument est un document des plus importants pour l'histoire des Israélites et des peuples chananéens.

En voici la traduction :

« Je suis Mésa, roi de Moab, le Daibonite. Mon père a régné sur Moab trente années, et moi j'ai régné après mon père. Et moi, j'ai construit ce monument en l'honneur du dieu Hamos, car il m'a délivré de tous mes agresseurs et il m'a permis de regarder avec dédain tous mes ennemis.

« Onri fut roi d'Israël et opprima Moab pendant de longs jours, car Hamos était irrité contre sa terre. Et son fils lui succéda, et il dit, lui aussi : « J'opprimerai Moab en mes jours et je l'humilierai, lui et sa maison. » Et Israël fut ruiné, ruiné pour toujours.

« Et le roi d'Israël avait construit pour lui la ville d'Ataroth. J'attaquai la ville et je la pris, et je tuai tout le peuple de la ville en spectacle à Hamos et à Moab.

« Et Hamos me dit : « Va ! prends Néba sur Israël. » Et j'allai de nuit, et je combattis contre la ville depuis le lever de l'aube jusqu'à midi, et je la pris ; et je tuai tout, savoir sept mille hommes et les enfants, les femmes libres et les femmes esclaves, que je consacrai à Astar-Hamos ; et j'emportai de là les vases de Jéhovah et je les trainai à terre devant la face d'Hamos. »

Mésa ne se réjouit pas longtemps de ses succès. Les troupes de la tribu de Juda reprirent l'avantage et le rejetèrent au delà des frontières.

LE ROYAUME DE JUDA.

Usurpation d'Athalie. — Joram, fils de Josaphat, avait épousé Athalie, fille d'Achab, roi d'Israël. C'était une princesse cruelle et idolâtre, sectatrice ardente du culte de Baal. Le fils de Joram et d'Athalie, Ochozias, ne fit que passer sur le trône et mourut, ne laissant que de petits enfants mineurs.

Athalie se trouvait régente. Sa haine contre le vrai Dieu et son ambition lui inspirèrent le plus abominable des projets. Elle résolut d'éteindre la maison de David et d'assurer le trône de Juda à la race des rois d'Israël. Dans ce but, elle ordonna d'égorger sous ses yeux tous ses petits-fils, les enfants d'Ochozias. Puis elle s'empara du trône. Elle remplaça le culte de Jéhovah par celui de Baal à Jérusalem. Pendant six ans, elle ne cessa de persécuter les Juifs fidèles.

Mort d'Athalie. — Cependant une sœur d'Ochozias, Josabeth, mariée au grand prêtre Joad, avait sauvé des mains du bourreau le petit Joas, l'une des victimes vouées à la mort par la cruelle Athalie. Quand il eut sept ans, Joad le présenta au peuple et aux guerriers assemblés dans le temple : tous le reconnurent comme leur roi.

A cette nouvelle, Athalie accourt au temple, mais elle est mise à mort et son cadavre fut jeté sous les pieds des chevaux, comme l'avait été celui de Jézabel sa mère. Le temple de Baal fut renversé et Joas régna sous la tutelle du grand prêtre Joad.

Règne d'Ezéchias. — Ezéchias succéda à son père Achaz, qui avait introduit à Jérusalem le culte des divinités païennes et avait fermé le temple du vrai Dieu. A peine sur le trône, le jeune roi, animé d'un saint zèle, fit briser les idoles et rouvrir le temple. Son conseiller, dans tout ce qu'il entreprit pour ranimer la foi des Juifs, fut le prophète Isaïe.

Pendant qu'Ezéchias, par la sagesse de son gouvernement, procurait au royaume de Juda la prospérité et la paix, le royaume d'Israël disparaissait sous les coups de Sargon, roi d'Assyrie.

Après la mort de Sargon, toutes les nations de la Palestine et de la Syrie se liguèrent avec l'Egypte contre les Assyriens. Ezéchias, malgré les conseils d'Isaïe, entra dans la coalition. Sennachérib, nouveau roi d'Assyrie, battit les Phéniciens et les Egyptiens et vint assiéger Jérusalem. Ezéchias obtint à prix d'argent l'éloignement du terrible guerrier.

A la nouvelle qu'une seconde armée égyptienne s'avançait contre lui, Sennachérib, avant de marcher contre elle, revint assiéger Jérusalem.

Ezéchias, soutenu par les conseils d'Isaïe, mit la ville en état de défense. Mais en même temps qu'il disposait tout pour une résistance acharnée, il implorait, à la tête de son peuple, le secours de Jéhovah.

Tout à coup, dans le camp assyrien, cent quatre-vingt-cinq mille hommes périssent, frappés d'un fléau providentiel. Sennachérib, effrayé, abandonna le siège et s'enfuit presque seul.

Ezéchias acheva son règne dans une paix profonde.

Défaite du roi Josias à Mageddo. — Josias, roi de Juda, eut beaucoup de traits de ressemblance avec Ezéchias, dont il était l'arrière-petit-fils. Comme lui il succéda à un père idolâtre et se fit remarquer par sa piété. Comme lui, il eut un prophète pour guide et pour

Le culte religieux des Israélites. — *Autel des holocaustes.* — L'autel des holocaustes était placé dans une grande cour qui précédait la Maison de Dieu. On appelait cette cour le *parvis intérieur* ou encore la *cour des prêtres*. C'est là qu'on offrait les sacrifices sanglants. L'autel était d'airain et mesurait 20 coudées de long et autant de large. On y montait par des degrés.

---

ami, le prophète Jérémie. Son règne fut la dernière époque brillante du royaume de Juda.

Il régnait depuis trente ans, lorsqu'éclata la guerre entre Néchao II, roi d'Egypte, et Nabopolassar, roi de Babylone. Néchao s'avança dans la direction de l'Euphrate, traversa le pays des Philistins et continua sa route sans entrer sur le territoire de Juda.

Cependant il existait dans Jérusalem un parti militaire, qui prétendait qu'une victoire sur les Egyptiens achèverait le relèvement de la puissance du royaume. Josias, entraîné par ce parti, s'allia au roi de Babylone et vint barrer le chemin aux Egyptiens, près de *Mageddo*. Il fut vaincu et reçut dans la bataille une blessure mortelle.

La mort de Josias fut pour le royaume de Juda une

perte irréparable. Avec lui disparut tout espoir d'en relever jamais le prestige et la puissance.

Néchao s'empara de Jérusalem et mit sur le trône Joakim, fils aîné de Josias, qui lui promit obéissance et s'engagea à lui payer tribut.

Les derniers rois de Juda. — Les trois derniers rois de Juda furent *Joakim, Jéchonias* son fils et *Sédécias* son frère.

La quatrième année du règne de Joakim, Néchao, roi d'Egypte, après avoir soumis tous les peuples en deçà de l'Euphrate, entreprit le siège de *Karkémis.* Il fut vaincu devant cette place par Nabuchodonosor et rentra en toute hâte dans ses Etats.

Joakim était demeuré fidèle au pharaon égyptien. Pour l'en punir, Nabuchodonosor, devenu roi de Babylone, envahit le royaume de Juda et prit Jérusalem, qu'il rendit tributaire. Il pilla une partie des vases sacrés du temple et emmena comme otages à Babylone les jeunes gens des premières familles, entre autres Daniel, Ananias, Misaël et Azarias.

Après son départ, Joakim, comptant sur le secours de l'Egypte, se révolta contre le roi de Babylone.

Nabuchodonosor reprit aussitôt le chemin de Jérusalem. Comme il en approchait, Joakim mourut et eut pour successeur son fils Jéchonias.

Commencement de la captivité de Babylone. — *Jéchonias,* qui n'avait que 18 ans, n'essaya pas de résister. Nabuchodonosor entra dans Jérusalem, s'empara de tous les trésors du temple et transporta à Babylone dix mille des principaux habitants.

Ce fut le commencement de la grande captivité de Babylone.

Destruction de Jérusalem. — Avant son départ, Nabuchodonosor avait placé sur le trône de Juda l'oncle de Jéchonias, qui se nommait Sédécias.

Sédécias, prince sans expérience, s'entoura de jeunes gens qui, sous prétexte de revanche, lui conseillèrent de se révolter contre le roi de Babylone. Entraîné dans cette fausse voie, malgré les avertissements du prophète Jérémie, il fit alliance avec l'Egypte et leva l'étendard de la révolte.

Nabuchodonosor ne se fit point attendre. Après avoir forcé une armée égyptienne de secours à battre en retraite, il parut devant Jérusalem. La ville résista courageusement tant qu'elle eut des vivres et des forces. A la fin, l'ennemi entra par une brèche qu'il avait pratiquée dans les remparts.

Sédécias s'enfuit avec ses troupes ; mais les vainqueurs se jetèrent à sa poursuite et l'atteignirent dans la plaine de Jéricho. L'infortuné roi fut conduit à Nabuchodonosor, qui fit égorger ses fils en sa présence, lui fit crever les yeux et l'envoya chargé de chaînes à Babylone.

Un mois après, les vainqueurs mirent le feu au temple, au palais du roi et aux monuments de Jérusalem. En quelques jours, la magnifique cité ne fut plus qu'un monceau de ruines.

La plupart des habitants étaient parvenus à s'enfuir ; les principaux de ceux qui restaient furent traînés captifs à Babylone.

§ IV. — LES JUIFS APRÈS LA DESTRUCTION DU ROYAUME DE JUDA PAR NABUCHODONOSOR.

Les Juifs après la destruction du royaume de Juda par Nabuchodonosor. — L'histoire des Juifs après la destruction de Jérusalem par Nabuchodonosor peut se partager en trois périodes :

1º Le temps de la captivité de Babylone et le retour à Jérusalem ;

2º Depuis le retour de la captivité jusqu'au rétablissement de la monarchie ;

3º Du rétablissement de la monarchie à la destruction finale de Jérusalem par les Romains.

89ᵉ Lecture. — **LE CHANT DES JUIFS CAPTIFS A BABYLONE.** — Les malheureux captifs de Babylone songeaient tristement à la patrie absente. Un de leurs cantiques retrace, dans un incomparable langage, les amertumes de leur exil :

« Sur les bords des fleuves de Babylone, nous étions assis et nous pleurions au souvenir de Sion.

« Nous avions suspendu nos harpes aux saules des rivages. Nos oppresseurs nous demandaient des chants. Nos ennemis voulaient des cris joyeux. « Chantez, nous disaient-ils, quelque cantique de Sion. »

« Mais comment ferions-nous entendre la louange de Jéhovah sur la terre étrangère ?

« Si je t'oublie, ô Jérusalem ! que ma droite se dessèche ! Que ma langue s'attache à mon palais, si je ne me souviens plus de toi ! si je ne place pas Jérusalem au-dessus de toutes mes joies ! »

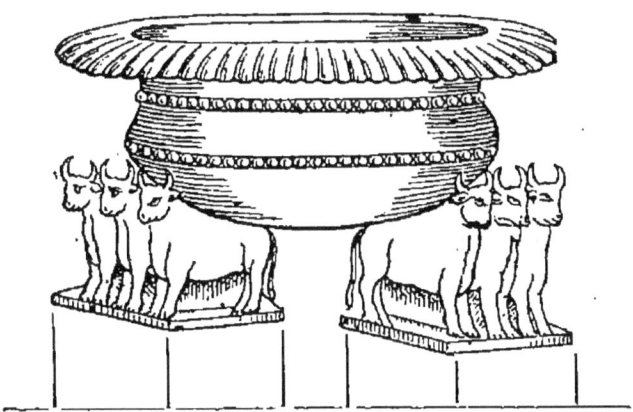

Le culte religieux des Israélites. — *La mer d'airain.* — C'était un bassin de forme ronde de dix coudées de diamètre, supporté par douze taureaux d'airain, disposés en quatre groupes. On en tirait l'eau nécessaire aux prêtres pour se laver les mains avant et après les sacrifices.

La mer d'airain était placée dans le parvis intérieur, entre l'autel des holocaustes et le vestibule de la Maison de Dieu.

La captivité de Babylone. — Parmi les Juifs transportés à Babylone, les uns furent laissés libres, les autres traités fort durement comme des esclaves. On les voyait souvent, réunis sur les bords de l'Euphrate, pleurer ensemble au souvenir de Sion.

Le malheur ébranlait parfois leur confiance en la puissance de Jéhovah ; la vue du culte entraînant de Bel et d'Istar pouvait les incliner vers l'idolâtrie ; mais trois grands prophètes, Jérémie, Ezéchiel et Daniel, exilés avec eux, soutenaient leur foi chancelante et ranimaient leur courage abattu.

La captivité dura 70 ans. La chute de Babylone la fit cesser.

Cyrus, roi des Perses, qui s'empara de cette ville, rendit un décret qui permit aux Juifs de retourner à Jérusalem et d'y rebâtir leur temple. Ce fut Zorobabel, l'un des descendants des rois de Juda, qui ramena les captifs.

Les Juifs à Jérusalem jusqu'au rétablissement de la monarchie (de 537 à 103). — Les Juifs, de retour à Jérusalem, reconstruisirent le temple, sous la direction de *Zorobabel*. Le nouvel édifice ne fut terminé qu'au bout de vingt-deux ans.

Tandis que Zorobabel s'occupait des travaux du temple, deux hommes de Dieu, Esdras et Néhémie, prirent soin de restaurer la loi de Moïse et d'organiser l'administration du peuple juif.

L'ancien royaume de Juda, sous le nom de *Judée*, forma une sorte de république, sous la dépendance des rois de Perse.

90ᵉ Lecture. — **LE DÉCRET DE CYRUS.** — Cyrus, maître de Babylone, voulut s'attacher, par des bienfaits, les Juifs que les Chaldéens avaient asservis à un joug avilissant. Il rendit donc en leur faveur un décret ainsi conçu :

« Puisque Jéhovah, le dieu des cieux, m'a donné tous les royaumes de la terre, puisqu'il m'a ordonné de lui bâtir un temple à Jérusalem qui est en Judée, que quiconque fait partie de son peuple retourne à Jérusalem et y rebâtisse le temple de Jéhovah, le Dieu d'Israël. Quant à ceux qui, faute de ressources, seraient forcés de rester à Babylone, qu'ils soient secourus par les gens du pays ; qu'on leur donne de l'argent, du bétail et les autres choses nécessaires. Et qu'on fasse des dons volontaires, pour reconstruire le temple de Jéhovah à Jérusalem. »

La Judée conserva ses lois et sa nationalité. Son gouvernement fut composé du grand prêtre et d'un conseil de 72 vieillards qu'on appelait *le sanhédrin*, c'est-à-dire le Conseil.

De la domination des Perses, la Judée passa sous celle d'Alexandre le Grand, roi de Macédoine. Après la mort de l'illustre conquérant, elle échut au roi d'Egypte, puis à celui de Syrie, deux siècles avant Jésus-Christ.

Rétablissement de la monarchie (l'année 103 avant J.-C.). — Les Juifs sous la domination égyptienne avaient joui d'une grande tranquillité. Les rois de Syrie voulurent détruire leur religion, pillèrent plusieurs fois leur temple et leur firent subir les persécutions les plus odieuses.

Les Juifs se révoltèrent, sous la conduite des Machabées, et reprirent leur indépendance. En l'année 103, l'un des descendants des Machabées, Aristobule Ier, prit le titre de roi et rétablit la monarchie.

Ruine finale de Jérusalem (en l'année 70 après Jésus-Christ). — Les successeurs d'Aristobule, tous descendants de Juda, occupèrent le trône de la Judée pendant plus de 60 ans. Après cette période, les Romains détrônèrent le roi Antigone, et remirent la couronne à un prince étranger, Hérode l'Iduméen.

Les prophètes avaient annoncé que le Messie naîtrait quand le sceptre de la nation juive sortirait de la maison de Juda. Ce fut en effet sous le règne d'Hérode que naquit, pour le salut du monde, Notre-Seigneur Jésus-Christ, le vrai Messie, fils de Dieu.

Les Romains s'emparèrent complètement de la Judée, qu'ils firent gouverner par des *procurateurs*. Les injustices de ces représentants des empereurs romains finirent par amener un soulèvement parmi les Juifs.

C'est pour punir ce soulèvement que Titus, fils de l'empereur Vespasien, prit d'assaut Jérusalem en l'année 70 après Jésus-Christ. Le temple devint la proie des flammes. Un peu plus d'un demi-siècle après l'incendie du temple, l'empereur Adrien, à la suite d'une sédition nouvelle, détruisit complètement Jérusalem, fit périr une foule d'habitants et dispersa le reste dans les diverses parties de l'empire romain.

CINQUIÈME PARTIE

LES PHÉNICIENS

CARTE DE LA
PHÉNICIE & DE L'ASIE MINEURE

HISTOIRE ANCIENNE

CINQUIÈME PARTIE

LES PHÉNICIENS

Programme officiel : *Les Phéniciens. — Description de la Phénicie. — Sidon et Tyr : le commerce, l'industrie, les colonies. — Fondation de Carthage. — L'alphabet.*

CHAPITRE PREMIER
Description de la Phénicie.

I. DESCRIPTION DE LA PHÉNICIE. — II. LES PHÉNICIENS ET LEURS VILLES. — SIDON ET TYR. — III. RELIGION, INDUSTRIE ET COMMERCE. — L'ALPHABET.

§ Ier — DESCRIPTION DE LA PHÉNICIE.

La Phénicie. — La Phénicie était une toute petite bande de terre, située en Asie, sur les bords de la Méditerranée, dans la partie méridionale de la Syrie. Elle commençait au nord vers l'embouchure de l'Oronte et se terminait au sud par le mont Carmel. Elle était resserrée entre la Méditerranée à l'ouest et la chaîne du Liban à l'est. Sa longueur totale ne dépassait pas cinquante lieues sa largeur, huit ou dix.

La Phénicie n'est pas un pays de plaines. Des bords de la mer, le terrain s'élève en pente jusqu'au Liban, présentant une suite de ravins et de vallées étroites.

Au temps des Phéniciens, le pays, si pittoresque de sa nature, offrait l'aspect gracieux d'un long amphithéâtre de verdure. Vers les bords de la mer, des vignes, des champs de blé, des oliviers, des figuiers et des palmiers couvraient les terres cultivables. Sur les pentes du Liban, s'étageaient des forêts de chênes, de pins, de cèdres et de cyprès. Aujourd'hui, les forêts ont presque toutes disparu, le sol abandonné sans culture est brûlant l'été, marécageux l'hiver. Ce n'est guère qu'aux mois d'avril et de mai que l'explorateur peut le visiter sans trop de fatigue.

91e Lecture. — **SOURCES DE L'HISTOIRE DE LA PHÉNICIE.** — Les Phéniciens conservaient à Tyr de nombreuses archives ; rien n'a été sauvé, à l'exception de quelques fragments, que l'historien juif Flavius Josèphe y avait fait copier. L'un de ces fragments ayant trait à la religion de la Phénicie nous est parvenu sous le nom de *Sanchoniathon*.

Pour l'histoire des Phéniciens, c'est la Bible qui est la source la plus utile à consulter, car les Israélites furent toujours en rapport avec les Phéniciens. Aussi trouve-t-on dans le livre des Rois et dans ceux des Prophètes de nombreux passages sur les Phéniciens.

Dans les temps modernes, le premier savant qui se soit occupé des Phéniciens est un Français, Samuel Bochart, qui vivait au XVIIe siècle. Au XVIIIe, un érudit aussi modeste que laborieux, l'abbé Mignot, écrivit vingt-quatre mémoires sur l'histoire des Phéniciens.

La Phénicie a été de nos jours explorée par plusieurs savants français : M. de Saulcy, M. le duc de Luynes, M. de Vogué, M. Renan.

Le duc de Luynes a fait don au musée du Louvre à Paris

Religion des Phéniciens. — *Le dieu Melkart ou Baal.* — Sa statue qui a été retrouvée dans l'île de Chypre avait plus de 4 mètres de hauteur. Il était représenté sous la figure d'un monstre, tenant une lionne par les pattes de derrière.

du sarcophage d'un roi de Sidon appelé Esmunazar. On le voit dans le musée assyrien.

M. Renan fut chargé en 1860, par le gouvernement français, d'aller explorer la Phénicie. Il la parcourut en entier et y releva la position des anciennes villes et les plans des nécropoles de Sidon et de Tyr. Au retour de sa mission, il a publié un rapport qui est le document le plus complet que nous possédions sur l'état archéologique de la Phénicie.

En hiver et à la fonte des neiges, des torrents impétueux bondissent en cascades au fond de chaque ravin.

Les cours d'eau. — L'impétuosité des petits cours d'eau phéniciens les avait fait comparer à des bêtes féroces. L'un d'eux se nommait le *Léontès*, le lion : c'est le plus important du pays ; un autre, le *Lycus*, le loup : il coule entre des blocs de roches, sur lesquelles les rois d'Egypte et d'Assyrie firent graver des inscriptions.

Le plus célèbre de ces torrents était l'*Adonis*, dont les eaux prennent une teinte rougeâtre au printemps et à l'automne. On prétendait qu'elles devaient leur couleur au sang du dieu Adonïs, qu'un autre dieu, caché sous la forme d'un sanglier, avait tué dans la montagne.

92ᵉ Lecture. — **LES DEUX FÊTES D'ADONIS.** — Pour les anciens Phéniciens de Byblos, Adonis avait été tout simplement le dieu Soleil, considéré dans la saison du printemps. Il meurt, disaient-ils, chaque année, lorsque la chaleur de l'été brûle la riante végétation printanière, les premiers froids d'hiver achèvent la destruction des feuilles et des fleurs.

A l'approche de l'hiver, vers la fin de l'automne, ils célébraient donc les fêtes de la mort d'Adonis, c'est-à-dire de la disparition du soleil, et, au printemps, celles de son retour ou de la résurrection du dieu.

Mais par la suite, on bâtit sur ce thème si simple la légende suivante :

Adonis, époux de la déesse Astarté, était un jeune dieu d'une beauté extraordinaire.

Un jour qu'il chassait dans les ravins boisés du Liban, non loin de Byblos, le dieu Mars, dieu de la guerre, jaloux de son élégance, prit la figure d'un féroce sanglier, se précipita sur lui et le tua. Sa femme Astarté retrouva son cadavre ensanglanté et, se jetant à ses pieds, le couvrit de ses larmes en poussant de longs gémissements. Quelques

En été, torrents et cours d'eau sont à sec ; aussi les habitants avaient-ils creusé dans les rochers de nombreuses citernes, afin d'emmagasiner les eaux des pluies pendant l'hiver.

§ II. — LES PHÉNICIENS ET LEURS VILLES.

Origine des Phéniciens. — Les Phéniciens appartenaient à la race de Chanaan et descendaient de Cham, second fils de Noé.

---

mois après, le jeune dieu ressuscita. Aussi avait-il deux fêtes, la fête de sa mort et celle de sa résurrection.

Les fêtes de la mort d'Adonis avaient lieu à la fin de l'automne. A cette époque, les pluies tombent en abondance et détrempent l'argile rouge de la montagne de Byblos. La rivière d'Adonis roule alors des flots d'une eau rougeâtre. Les Phéniciens prétendaient que c'était le sang d'Adonis qui venait d'être tué. C'était le signal des fêtes funèbres. Elles duraient sept jours.

Sur l'autel du temple, on plaçait un cercueil. La statue d'Adonis, représentée avec une blessure saignante, était cachée dans un endroit obscur. Toutes les femmes en habits de deuil faisaient semblant de la chercher. Elles allaient sur les bords du fleuve à la recherche de son corps. Les unes erraient échevelées, les autres se coupaient la chevelure, se mettaient les vêtements en lambeaux et se frappaient la poitrine. Toutes poussaient des hurlements de douleur et se déchiraient la figure avec leurs ongles.

Quand la statue était trouvée, on la plaçait dans le cercueil et on procédait à sa sépulture.

Au printemps, l'on annonçait la résurrection d'Adonis.

Alors avaient lieu de nouvelles fêtes, toutes de joie celles-là et de réjouissances, qu'on célébrait encore sur les bords du fleuve, par des danses sans fin et des repas où le vin, trop abondamment distribué, produisait les scènes d'ivresse les plus répugnantes.

Hist. Anc. 16

Ils habitèrent d'abord avec les autres Chananéens sur les rivages du golfe Persique, dans cette partie de l'Arabie que les Egyptiens appelaient le *Pount* ou pays des *Pouni*. Les Grecs les appelèrent *Phénikés*, d'où vient le nom de Phéniciens.

Avant le temps d'Abraham, plus de deux mille ans avant Jésus-Christ, les Chananéens, expulsés par une invasion, abandonnèrent les bords du golfe Persique, traversèrent l'Arabie et arrivèrent en Syrie. Parmi eux, certaines tribus se fixèrent dans la Palestine, d'autres se jetèrent sur l'Egypte, où ils fondèrent la dynastie des Hyksos. D'autres tribus enfin s'établirent entre la Méditerranée et le Liban : ce furent les *Phéniciens*.

Les Phéniciens. — Sur les rives du golfe Persique, les Phéniciens s'étaient surtout adonnés à la pêche et à la navigation ; sur les bords de la Méditerranée, ils reprirent leurs anciennes habitudes. Ils établirent d'abord de simples pêcheries, qui se transformèrent peu à peu en villes. En même temps, de pêcheurs ils devinrent marins célèbres, navigateurs intrépides et grands commerçants par mer.

Le portrait que l'antiquité nous a laissé des Phéniciens est peu flatteur. Elle nous les montre comme des marins intrépides, mais uniquement préoccupés de s'enrichir, durs envers les faibles, serviles envers les puissants, égoïstes, cupides, sanguinaires et sans bonne foi.

Les villes phéniciennes. — Sur les bords de la Méditerranée, les Phéniciens fondèrent un certain nombre de villes, en choisissant les embouchures des cours d'eau et les endroits où les rochers formaient des ports naturels. Ils ne s'organisèrent pas en royaume unique, avec un souverain commun ; mais chaque ville, séparée de ses

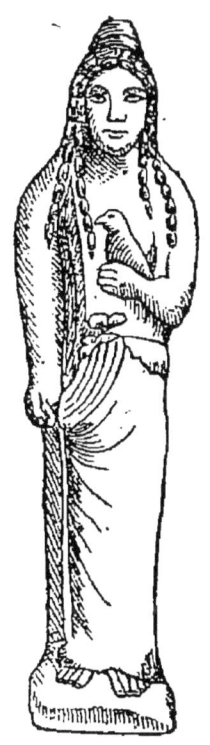

Religion des Phéniciens. — *La déesse Astarté*. — Astarté, la *déesse-Lune*, était regardée comme l'épouse de Baal le dieu-Soleil. Elle porte une colombe à la main. — (Terre cuite phénicienne du musée du Louvre à Paris.)

voisines par des ravins infranchissables, devint un petit État, qui eut son roi et son gouvernement.

Les villes principales étaient, *dans la région du nord :* Arad et Simyra. Leur population était belliqueuse et aimait son indépendance. *Arad* fut bâtie sur une petite île, à moins d'une lieue en mer. Elle avait fondé sur la terre ferme les villes de Marath et d'Antarados, qui dépendaient d'elle. *Simyra* se trouvait sur le continent. *Marath*, qui se nomme aujourd'hui *Amrit*, possède les ruines les plus importantes des anciens monuments phéniciens.

Dans la région du centre s'élevaient Gebel, que les Grecs nommèrent Byblos, et Bérouth. *Byblos*, la ville sacrée de la Phénicie, était le centre du culte que les Phéniciens rendaient au dieu Adonis. *Bérouth* ou *Béryte*, bien posée à l'extrémité d'un petit promontoire, possédait un port excellent.

Dans la région du sud se trouvaient les deux villes principales de la Phénicie, celles qui ont valu aux Phéniciens leur célébrité dans l'ancien monde : *Sidon* et *Tyr*.

Sidon et Tyr. — Sidon était bâtie sur la terre ferme; son nom signifie la *Pêcherie*. Elle s'appelle aujourd'hui *Saïda*.

Sidon possédait un port naturel, formé par une chaîne de rochers parallèle à la côte. Elle se trouvait à l'ouverture d'une vallée riante, garnie de champs fertiles, de prairies verdoyantes et de jardins en fleur. On l'avait surnommée *Sidon la Fleurie*.

Tyr portait dans la langue chananéenne le nom de *Tsour*, qui signifie *le rocher*. Elle était en effet bâtie sur le roc de plusieurs petits îlots, très rapprochés les uns des autres. Elle avait en outre sur la terre ferme une banlieue, ou seconde ville, nommée *Palœtyrus* ou *Tyr l'Ancienne*. La ville de Tyr possédait toute la côte jusqu'au delà du mont Carmel.

Les villes phéniciennes ne jouirent pas longtemps de leur complète indépendance. Elles devinrent assez promptement vassales de l'Egypte. Seules, les villes du nord, Arad et Simyra, défendirent sérieusement leur liberté. Les autres acceptèrent docilement le joug. Du reste, les Egyptiens se contentèrent de les soumettre à un tribut annuel. Ils leur laissèrent leurs rois et leur organisation et les chargèrent de toutes leurs relations commerciales avec les peuples de l'Asie et ceux des bords de la Méditerranée. Sidon et Tyr acceptèrent donc, sans trop de déplaisir, une dépendance qui ne faisait que favoriser leur négoce et augmenter leurs richesses.

§ III. — RELIGION, COMMERCE ET INDUSTRIE. — L'ALPHABET.

Religion des Phéniciens. — La religion des Phéniciens ressemblait beaucoup à celle de Babylone et de Ninive. Elle consistait à adorer les forces de la nature et les astres, dont ils avaient fait leurs dieux.

93ᵉ LECTURE. — **LE CULTE DE BAAL ET D'ASTARTÉ.** — Aux fêtes de Baal et d'Astarté, les prêtres phéniciens s'habillaient en femmes, se fardaient le visage et se peignaient les yeux. Ils parcouraient ensuite les rues, tenant à la main des épées et des haches, ou bien encore un fouet. Quelques-uns jouaient des crécelles, des pipeaux, ou encore des cymbales et du tambour.

On les voyait danser, hurler, pirouetter et, tour à tour, incliner brusquement la tête vers le sol en traînant leurs chevelures jusque dans la boue. D'autres se mordaient les bras, s'entaillaient le corps avec leurs sabres et, lorsque le sang commençait à couler, ils l'offraient en hommage à leur sanguinaire déesse.

Aucun peuple de l'antiquité n'apporta dans les cérémonies du culte des pratiques aussi cruelles. Leurs dieux semblaient avoir soif du sang humain.

Les jours de fêtes principales, au pied de la statue de Baal, on allumait un grand bûcher. Les parents venaient alors, portant au cou un de leurs enfants nouveau-nés. On plaçait la pauvre petite créature sur les mains étendues du dieu ; puis les bras, qui étaient mobiles, s'abaissaient lentement, au moyen d'un mécanisme, et l'enfant tombait au milieu du brasier.

Le dieu principal était *Baal*, mot qui signifie *le maître*. Il représentait pour eux le pouvoir créateur et le soleil. Baal avait pour épouse *Astarté*, la *grande déesse* ou la déesse-*Lune*. On la représentait souvent sous la forme d'une colombe.

Chaque ville avait son Baal particulier. A Tyr, il se nommait *Baal-Tsour*, ou encore *Melkart* ; à Sidon, *Baal-Sidon* ; à Gébel ou Byblos, il portait le nom d'*Adonis* ; ailleurs, on l'appelait *Moloch*.

Les Phéniciens adoraient encore les sept planètes, dont ils avaient fait des dieux inférieurs et qu'ils nommaient les *Cabires*, c'est-à-dire les puissants. Au-dessous des Cabires venaient les *Pygmées*, dieux nains et difformes, à tête hideuse et grimaçante, dont on attachait l'image à la proue des vaisseaux, pour effrayer l'ennemi.

Le culte religieux des Phéniciens était aussi immoral que cruel. Ils offraient à leurs dieux des sacrifices humains et se plaisaient à immoler sur les autels leurs premiers-nés. Dans les grands dangers, un immense bûcher était allumé devant la statue de Baal et les parents venaient y jeter leurs petits enfants tout vivants. Les

94ᵉ Lecture. — **LE CULTE DES AÉROLITHES CHEZ LES PHÉNICIENS**. — Le culte des pierres, surtout des aérolithes ou pierres tombées des astres, faisait partie de toutes les religions des peuples sémitiques et particulièrement chez les Phéniciens.

Dans ces pierres, ordinairement noires, on croyait que se cachait un dieu et on les adorait. Les Grecs les appelaient des *bétyles*, c'est-à-dire les demeures de dieu.

Il y avait le bétyle naturel et celui qui était façonné de main d'homme. Mais la principale de ces pierres sacrées était l'aérolithe, que l'on avait vu tomber enflammé du ciel.

Religion des Phéniciens. — *Deux représentations du dieu Pygmée.* — Les Pygmées étaient des dieux nains et difformes, à têtes grimaçantes. Ils représentaient la force unie à la terreur. — (Terres cuites du musée du Louvre).

insensés croyaient que l'odeur de la chair brûlée plaisait aux dieux et calmait leur colère.

Commerce des Phéniciens. — La grande affaire des Phéniciens était le commerce. Ils le faisaient par mer et par les voies de terre.

La situation de leur pays était des plus favorables pour le commerce maritime. Placés à l'extrémité de l'Asie et communiquant directement par la Méditerranée avec l'Afrique et l'Europe, ils se trouvaient appelés tout naturellement à servir d'intermédiaires entre l'Orient et l'Occident. Aux peuples barbares, ils portaient les produits manufacturés de l'Egypte, de l'Assyrie et de la Phénicie ; ils en recevaient en échange les métaux, les bois, les pierres précieuses et tous les produits naturels des pays non civilisés.

Leur commerce terrestre, par caravanes, n'était guère moins étendu. Les marchands phéniciens traversaient la Gaule, depuis le Rhône jusqu'aux régions du nord, pour chercher l'étain des Iles Britanniques. Ils allaient à travers la Germanie acheter l'ambre jaune des bords de la Baltique.

En Asie, des routes conduisaient leurs caravanes à Ninive, à Babylone, en Arménie et jusque dans l'Inde.

Industrie des Phéniciens. — Avec les marchandises étrangères, les Phéniciens répandaient partout les produits de leur propre industrie. Les *tissus* de Tyr étaient célèbres dans le monde antique. Ils possédaient seuls le secret de certaines teintures, surtout celle de la *pourpre*, qu'ils tiraient d'un coquillage fort abondant sur les côtes de la Phénicie et de la Grèce. La finesse et l'élégance de leurs *verreries* n'ont guère été surpassées. Enfin, ils façonnaient fort habilement l'or, l'argent, le bronze et le fer.

95ᵉ Lecture. — **LA POURPRE.** — La principale des manufactures de la Phénicie était la teinturerie qui donnait la pourpre. L'étoffe teinte en pourpre était devenue l'insigne de la royauté.

Les Phéniciens avaient inventé cette teinture et la légende

L'alphabet inventé par les Phéniciens. — Les Phéniciens avaient emprunté à l'Egypte l'écriture, c'est-à-dire l'art de représenter les idées au moyen de certains signes de convention. Mais le système des hiéroglyphes était trop lent pour des commerçants. Ils le simplifièrent donc en choisissant 22 signes, qui répondaient aux 22 articulations de leur langue. Ces 22 signes ou caractères d'écriture constituèrent l'*alphabet*.

L'alphabet phénicien, transporté dans le monde par les marins de Sidon et de Tyr, a servi de modèle à tous les alphabets du monde connu, aussi bien à ceux de l'Inde qu'à ceux de la Grèce et de Rome.

---

mythologique en attribuait l'origine à Melkart, le dieu de Tyr.

On tirait la couleur de différents mollusques, ou coquillages marins, appartenant au genre *murex*.

La couleur de la pourpre était un rouge violet plus ou moins foncé. Il y en avait un certain nombre de nuances.

Les Phéniciens pêchaient les coquillages purpurifères dans les mers de leur propre pays, sur un grand nombre de points de la Méditerranée et même de l'Océan. Mais la pourpre la plus estimée, la vraie pourpre royale, se pêchait aux environs de Tyr.

CHAPITRE SECOND

Sidon et Tyr.

I. HISTOIRE DE SIDON. — II. HISTOIRE DE TYR.

§ Ier. — HISTOIRE DE SIDON.

Sidon et Tyr. — Les deux villes de Sidon et de Tyr furent les capitales de deux Etats, très petits si l'on ne mesure que leur étendue territoriale, mais fort importants si l'on considère l'influence que leurs excursions commerciales et leurs colonies exercèrent sur la civilisation matérielle des peuples.

96e Lecture. — **LES COLONIES PHÉNICIENNES.** — Deux fois seulement les Phéniciens essayèrent de fonder des colonies proprement dites : la première, ils établirent en Grèce la colonie de Béotie, qui fonda Thèbes ; la seconde, celle d'Afrique, d'où sortit la nation des Liby-Phéniciens. Partout ailleurs, ils ne créèrent que de simples *comptoirs*.

Mais on peut dire qu'ils fondèrent partout de ces *comptoirs* et ces simples établissements commerciaux devinrent tous le noyau de grandes cités.

A peine leurs vaisseaux chargés de marchandises abordaient-ils dans un pays nouveau, que les Phéniciens étalaient leur cargaison sur la grève. Ils demeuraient là cinq à six jours pour laisser aux habitants de l'intérieur des terres le temps d'arriver et de voir. Les femmes, ordinairement plus

Sidon tint d'abord la première place parmi les villes phéniciennes. Quand elle succomba sous les coups des Philistins, *Tyr* prit le premier rang. Nous allons donc parcourir d'abord l'histoire de Sidon, puis nous résumerons celle de Tyr.

Sidon. — Alors que Tyr n'était guère qu'un village, cantonné dans son îlot, déjà les marins de Sidon, par leur singulière aptitude à la navigation et au commerce, prenaient la tête parmi les Phéniciens. Ils dominaient alors sans rivaux sur la Méditerranée, car la plupart des peuples qui habitaient les bords de la mer étaient encore à l'état sauvage et les Egyptiens, seuls riverains civilisés, osaient à peine s'éloigner de la côte.

Nous ne savons ni le nom ni les actions des rois de Sidon. Nos connaissances historiques se résument en trois points : 1º leur vassalité vis-à-vis des rois d'Egypte ; 2º les voyages maritimes des Sidoniens et la fondation de leurs colonies ; 3º la ruine de Sidon.

Sidon vassale des Egyptiens. — Dès que les princes égyptiens de Thèbes eurent chassé les Hyksos et eurent fondé le *nouvel empire d'Egypte*, ils se jetèrent sur l'Asie, envahirent la terre de Chanaan, puis la Syrie. Sidon tomba, comme tout le reste du pays, sous leur do-

---

curieuses, commençaient les premières à s'avancer, les hommes suivaient.

Les Phéniciens ne tardaient point à construire un magasin ; ils y laissaient quelques-uns des leurs avec des marchandises et, peu à peu, les indigènes encore sauvages venaient bâtir leurs huttes autour de l'établissement commercial.

mination. Cette domination se maintint pendant le cours du XVIIIe et du XVIIe siècle avant Jésus-Christ.

Leur vassalité fut profitable aux Sidoniens. Les Egyptiens, qui avaient horreur de la mer, se servirent d'eux pour tout leur commerce maritime. En échange, ils leur accordèrent leur protection puissante et de grands privilèges. Aussi, le temps de la domination égyptienne fut-il l'époque où la navigation et le négoce de Sidon prirent leur développement le plus important.

Excursions et commerce de Sidon. — Le mouvement commercial de Sidon s'étendit aux mers de la Grèce, dans le Pont-Euxin, en Afrique et dans la mer Rouge.

Aux contrées baignées par la Méditerranée et les mers de la Grèce, les vaisseaux sidoniens portaient les produits industriels de l'Egypte et de l'Assyrie, en échange des produits naturels et surtout des minerais d'or du pays. Ils fondèrent des établissements commerciaux dans les principales îles de ces parages : dans les îles de Chypre, de Crète, de Rhodes, de Cythère et de Thasos.

97e LECTURE. — **FONDATIONS SIDONIENNES EN AFRIQUE.** — Les Sidoniens fondèrent en Afrique une importante colonie. Pour cela, ils transportèrent sur le territoire de la Byzacène et de la Zeugitane les Chananéens de la Palestine méridionale, obligés de s'expatrier à l'arrivée des Israélites.

Les Chananéens, peuple essentiellement agriculteur, se mélangèrent avec des tribus de Libyens japhétites et formèrent le grand peuple cultivateur et guerrier des Liby-Phéniciens.

Ce peuple prospéra si bien, qu'au moment où s'engagea la lutte entre Rome et Carthage, il comptait sur le territoire, pourtant peu étendu, de la Byzacène et de la Zeugitane, plus de trois cents villes florissantes.

Les Phéniciens. — *Phénicien* apportant en tribut les produits de l'industrie phénicienne. — (D'après une peinture égyptienne à Thèbes.)

Sur les rivages du Pont-Euxin, ils allaient chercher l'or, le plomb et l'argent de la Colchide, l'étain du Caucase, le bronze et surtout l'acier dont la nation à demi-sauvage des Chalybes possédait seule le secret.

En Afrique, ils parcouraient les parages où furent plus tard bâties Carthage et Hippone.

Sur la mer Rouge, ils transportaient les produits précieux de l'Inde, les pierreries, les riches métaux, les ivoires, l'encens et la myrrhe.

Colonies de Sidon. — Jusqu'au milieu du XVe siècle avant l'ère chrétienne, les Sidoniens n'avaient guère fondé que de simples comptoirs, ou postes de commerce, dans les pays étrangers qu'ils visitaient. Mais à l'arrivée des Israélites, dans la terre de Chanaan, un grand nombre d'habitants, chassés par les nouveaux venus, se réfugièrent sur le territoire de Sidon. Les Sidoniens, trop à l'étroit déjà dans leur petit royaume, transportèrent ces réfugiés en Grèce et en Afrique. Telle fut l'origine de la colonie phénicienne de *Thèbes* en Grèce et de celles de la *Byzacène* et de la *Zeugitane* en Afrique.

Ruine de Sidon. — Vers la fin du XVe siècle avant J.-C., la marine de Sidon ne domina plus seule sur les mers. Les populations de la Grèce, du sud de l'Italie et les Philistins commencèrent à posséder des vaisseaux et à faire une concurrence terrible aux Phéniciens.

Les Philistins, établis par les Rhamsès d'Egypte non loin de la Phénicie, avaient pris une extension rapide. Vers le commencement du XIIe siècle avant l'ère chrétienne, ils aspirèrent à posséder tout le territoire syrien. Ils envahirent donc par terre le royaume d'Israël et envoyèrent leur flotte assiéger Sidon.

Les Sidoniens ne s'attendaient pas à l'attaque des Philistins. Pris à l'improviste et avant d'avoir pu mettre leur ville en état de défense, ils furent facilement vaincus. Les Philistins, maîtres de Sidon, la détruisirent de fond en comble. Ainsi tombèrent, d'un seul coup, la puissance et la suprématie de Sidon.

§ II. — HISTOIRE DE TYR.

Suprématie de Tyr. — Les habitants de Sidon s'étaient enfuis au moment de la prise de leur cité ; les uns y revinrent, reconstruisirent quelques maisons au milieu des ruines et reconstituèrent un semblant de ville ; les autres, en bien plus grand nombre, se réfugièrent à Tyr.

La ville de Tyr n'avait tenu jusqu'alors qu'un rang secondaire. L'arrivée des Sidoniens doubla sa population, augmenta sa prospérité et lui assura une réelle suprématie. Les rois de Simyra, de Gébel, de Béryte et de la nouvelle Sidon trouvèrent avantageux de se grouper autour du roi de Tyr, comme des vassaux autour de leur suzerain, et de lui confier la direction de la défense commune et des intérêts généraux. Le roi de Tyr put alors prendre le titre de *roi des Phéniciens*.

L'histoire de Tyr est mieux connue que celle de Sidon. Nous pouvons donc parler avec certains détails : 1º de la

---

98ᵉ Lecture. — **ORGANISATION DE LA PHÉNICIE PENDANT L'ÉPOQUE TYRIENNE.** — La suprématie tyrienne se prolongea jusqu'au siège de Tyr par Sargon, roi d'Assyrie, c'est-à-dire pendant cinq siècles.

Le commencement de cette suprématie marque réellement la naissance de la nation phénicienne, car jusqu'à cette époque, il n'y avait eu que des Sidoniens.

Les villes importantes, Symira, Gébel, Béryte, Sidon, qui se releva bientôt de ses ruines, gardèrent leur organisation locale et leurs anciens rois particuliers. Mais les rois de ces diverses cités étaient tous soumis à la suprématie de celui de Tyr, chef unique et véritable de la nation. A ce titre, il se proclamait *roi des Sidoniens* ou encore roi des *Phéniciens*. Le roi de Tyr décidait toutes les choses tenant aux intérêts généraux de la Phénicie, de son commerce et de ses colonies. Il signait les traités avec l'extérieur et disposait des forces navales et militaires de la confédération.

Dans son gouvernement, il était assisté des députés des autres villes. Il y avait donc à cette époque le *roi des Sidoniens*, qui était celui de Tyr, et le *roi de Sidon*, prince local de l'ancienne métropole, passé au rang de vassal.

fondation de ses colonies; 2º de la succession d'une partie de ses rois; 3º de sa ruine par Nabuchodonosor, roi de Babylone.

Colonies de Tyr en Afrique, en Espagne et en Sicile. — Le désastre de Sidon interrompit pendant cinquante ans les grandes entreprises maritimes des Phéniciens. Lorsque Tyr se trouva suffisamment pourvue de navires et de marins, elle reprit les voyages d'exploration. La mer de la Grèce était fermée désormais à ses vaisseaux par les flottes des Grecs; elle dirigea ses voyages du côté de l'Afrique, de la Sicile et de l'Espagne.

En Afrique, Sidon avait établi deux colonies importantes: Hippone et Cambé; les Tyriens fondèrent celle d'Utique.

Du port d'Utique, les marins de Tyr parcoururent le littoral de la Numidie et de la Mauritanie et, gagnant de proche en proche dans la direction de l'ouest, ils arrivèrent à l'endroit où la Méditerranée débouche dans l'Océan. Ils se trouvaient au détroit de Gibraltar. Sur deux rochers, qui émergeaient des flots à cette époque au milieu du détroit, ils élevèrent deux colonnes ou *stèles triomphales*, qui reçurent des Grecs le nom de *Colonnes d'Hercule*.

Colonies d'Espagne et de Sicile. — Après avoir franchi les colonnes d'Hercule, les Tyriens abordèrent en Espagne, où ils trouvèrent en abondance pour leur com-

---

99ᵉ Lecture. — **LA DÉCOUVERTE DE L'ESPAGNE PAR LES TYRIENS.** — Les matelots tyriens traversèrent le détroit de Gibraltar et, tournant à droite, abordèrent dans un pays nouveau qu'ils nommèrent *Tarsis*. C'est l'Andalousie actuelle en Espagne. Ils y trouvèrent de fertiles

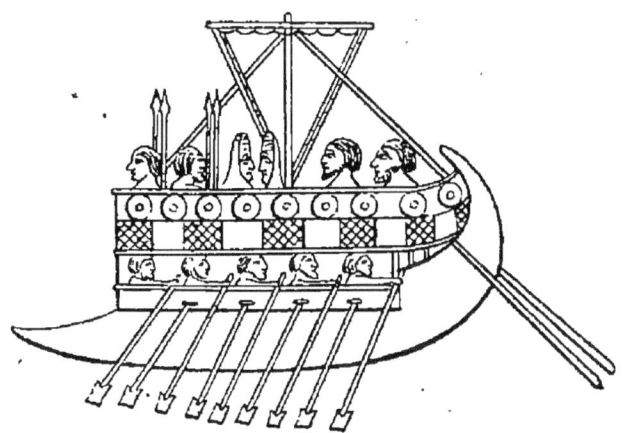

La marine phénicienne. — *Galère phénicienne.* — Dans la cale sont les rameurs, sur le pont les soldats.

merce, l'huile d'olive, le froment, la laine et divers minerais. Ils y fondèrent les colonies de *Gadès* ou *Cadix*, de *Malaca* et d'*Abdera*. Ils poussèrent ensuite leurs explorations jusque sur les rivages de la Gaule et de la Grande-Bretagne.

Le commerce avec les nouvelles colonies étant devenu très important, les Tyriens s'emparèrent de l'île de Malte

plaines, couvertes d'oliviers, de vignes et de froment. Des moutons, à la laine fine, paissaient dans les prairies. Les montagnes renfermaient de riches mines d'argent. En abordant sur ces opulents rivages, les marins furent pris d'une sorte de joie folle. Ils brisèrent leurs vases de terre, jetèrent leurs épées d'airain, en déclarant qu'ils ne porteraient plus que des armes d'argent et ne boiraient que dans des coupes de métal précieux. Ils fabriquèrent même, dit-on, une ancre d'argent pour leur navire, et revinrent en Phénicie, les mains pleines de richesses.

pour en faire un point de relâche entre la Phénicie, l'Afrique et l'Espagne. La même pensée leur fit établir des colonies en *Sicile* et dans l'île de Sardaigne.

Les rois de Tyr. — Nous ne savons rien des premiers rois de Tyr, mais vers le temps où les Hébreux établissaient la royauté, les Tyriens possédaient une dynastie royale, dont les princes se succédèrent de père en fils.

Le roi de cette époque se nommait Abibaal. Parmi ses successeurs, il suffit de nommer Hiram, Abdastart, Ithobaal Ier, Pygmalion, Elouli et Ithobaal III, sous lequel arriva la chute de Tyr.

Hiram. — Hiram, fils d'Abibaal, est célèbre par son alliance avec David et Salomon et par les grands travaux qu'il entreprit à Tyr.

Les Tyriens et les Israélites avaient un ennemi commun, les Philistins. La nécessité de combattre ces belliqueux voisins, qui ne rêvaient que guerres et conquêtes, amena les deux peuples à s'unir par un traité d'alliance. Hiram envoya pour cela des ambassadeurs à David. Les bonnes relations continuèrent avec Salomon, auquel le roi de Tyr fournit des architectes et des ouvriers et vendit les cèdres du Liban, pour la construction du temple.

Plus tard, Hiram et Salomon équipèrent à frais communs une flotte, qui entreprit le commerce direct entre les ports de la mer Rouge et les habitants de l'Inde, le pays d'Ophir, comme on l'appelait alors.

Hiram transforma sa capitale. La ville de Tyr était bâtie sur plusieurs îlots, séparés les uns des autres par de petits bras de mer peu profonds. L'un des îlots renfermait le fameux temple de Melkart, bâti depuis des siècles. Par les soins d'Hiram, les petits bras de mer furent comblés, de grands espaces furent gagnés sur la mer, au moyen de remblais, et tous les îlots réunis ne formèrent plus qu'une seule île, qu'on entoura de quais magnifiques et d'une enceinte fortifiée.

Sur le continent, les riches armateurs tyriens, aussi puissants que des princes, élevèrent de somptueuses villas, qui s'étagèrent depuis le rivage jusqu'aux dernières pentes du Liban.

Abdastart. — Sous Abdastart, petit-fils d'Hiram, éclata une émeute populaire, dont les chefs furent les quatre fils de la nourrice du roi. Abdastart fut tué et les conjurés demeurèrent maîtres du pouvoir pendant douze ans. Ils persécutèrent les riches et gouvernèrent de la façon la plus tyrannique. A la fin, la population indignée renversa les usurpateurs et plaça sur le trône l'un des frères d'Abdastart.

Ithobaal Ier. — Ithobaal Ier ou Ethbaal était un prêtre d'Astarté, qui s'empara du trône par un assassinat. C'est ce roi de Tyr qui donna sa fille Jézabel pour épouse à Achab, roi d'Israël. Ce mariage eut pour funeste conséquence d'introduire à Samarie l'idolâtrie phénicienne.

Pygmalion et Elissar sa sœur. — Un des successeurs d'Ithobaal Ier, le roi Mathan, laissa en mourant deux jeunes enfants : un fils, *Pygmalion*, âgé de onze ans, et une fille, *Elissar*, un peu plus âgée que son frère. Par son testament, il avait déclaré que ses deux enfants régneraient ensemble après sa mort. Le peuple de Tyr cassa le testament, remit la couronne à Pygmalion et écarta du trône la jeune Elissar.

La jeune fille épousa son oncle Sicharbal, qui était

grand prêtre du dieu Melkart et le chef de l'aristocratie tyrienne.

Pygmalion, devenu grand, redouta l'influence de son beau-frère et le fit assassiner. Elissar, pour venger son mari, forma, de concert avec l'aristocratie, le complot de renverser Pygmalion du trône.

Le complot ayant échoué, Elissar et les conjurés s'embarquèrent pour l'Afrique et allèrent fonder une nouvelle ville qui se nomma *Carthage*.

Le départ précipité d'Elissar lui valut le surnom de *Didon*, mot qui signifie *la Fugitive*.

Tyr et la Phénicie passent sous la domination des Assyriens. — Elouli. — Dans le cours du neuvième siècle avant J.-C., vers l'époque où la reine Didon fondait Carthage, la Phénicie tomba sous la domination des Assyriens, qui atteignaient alors l'apogée de leur puissance. Les Phéniciens, qui s'étaient facilement rangés sous la suzeraineté bienveillante de l'Egypte, ne purent s'habituer au joug pesant des rois de Ninive.

Plusieurs fois ils se révoltèrent. *Elouli*, roi de Tyr, fut le héros de la résistance nationale et soutint pendant près

---

100ᵉ Lecture. — **SIÈGE DE TYR PAR SALMANASAR, ROI DE NINIVE.** — Elouli roi de Tyr s'enferma dans sa capitale et défia son redoutable ennemi le roi d'Assyrie.

Salmanasar croyait avoir facilement raison de la Tyr insulaire ; mais les vaisseaux tyriens sortirent au-devant de sa flotte, la battirent et lui firent cinq cents prisonniers.

Le roi d'Assyrie, découragé par cet insuccès, remit la direction du siège à ses généraux, sans plus y prendre part en personne.

L'îlot sur lequel était bâtie la ville étant dépourvu de

Char phénicien. — Statuette en terre cuite, assez informe, représentant un char attelé de quatre chevaux. — (Musée du Louvre.)

sources, les généraux assyriens pensaient amener rapidement les défenseurs à composition, par la rupture de l'aqueduc qui leur amenait l'eau de la montagne voisine. Mais ils comptaient sans l'énergie indomptable des Tyriens, qui se mirent à creuser des puits dans le rocher et parvinrent à une nappe d'eau souterraine.

Sur ces entrefaites, une révolution éclata parmi les troupes assyriennes. Salmanasar fut tué par ses soldats. La ville de Tyr se trouva sauvée.

de trente ans une lutte acharnée contre les rois assyriens Salmanasar, Sargon et Sennachérib. Il finit par succomber sous les coups du belliqueux Sennachérib, qui entra en vainqueur dans Tyr. L'opulente cité perdit sa richesse et sa liberté.

La ville de Sidon, qui s'était relevée de ses ruines, se souleva à son tour contre les Assyriens. Elle fut prise d'assaut par le roi Assarhaddon et pillée : la plupart de ses habitants furent emmenés captifs à Ninive.

La Phénicie, dévastée par la guerre, ruinée d'hommes et d'argent, devint alors une dépendance de l'empire d'Assyrie.

Ruine de Tyr par Nabuchodonosor (574 avant J.-C.). — La chute de Ninive, sous les coups de Cyaxare, roi des Mèdes, rendit pour quelque temps son indépendance à la Phénicie. Tyr reprit son importance, poussa vigoureusement ses entreprises commerciales et recouvra d'immenses richesses.

101ᵉ Lecture. — **PRISE DE TYR PAR NABUCHODONOSOR, ROI DE BABYLONE.** — Nabuchodonosor avait pris deux fois Jérusalem et semblait ne point se préoccuper de tirer vengeance des villes phéniciennes. Elles espéraient donc que l'orage passerait à côté d'elles sans les atteindre.

En voyant leur sécurité, Ezéchiel, prophète de Juda, prit la parole et fit entendre cette éloquente prédiction :

« Tyr a dit de Jérusalem, avec des cris de joie : Les portes de cette ville seront brisées, ses richesses seront pour moi et je m'agrandirai de ses ruines.

« Voici ce que dit le Seigneur : Je viens contre toi, ô Tyr, et je ferai marcher contre toi plusieurs peuples, comme la mer fait monter ses flots.

« Ils détruiront les murs de Tyr et ils abattront ses tours...

Ces richesses excitaient la convoitise de Nabuchodonosor le Grand, roi de Babylone, dont la domination avait succédé en Asie à celle des rois d'Assyrie. Les Phéniciens commirent l'imprudence de se liguer contre lui avec Apriès, roi d'Egypte, et Sédécias, roi de Juda.

Nabuchodonosor, après avoir battu Sédécias et détruit Jérusalem, s'avança contre la ville de Tyr. Pendant treize ans, la vaillante cité se défendit avec un prodigieux courage. Elle succomba enfin. Le vainqueur, irrité de sa longue résistance, la livra au pillage et la détruisit presque entièrement.

Tyr ne se releva jamais de ce désastre. Elle ne put ni

Elle deviendra au milieu de la mer comme un rocher qui sert à sécher les filets des pêcheurs.

« Nabuchodonosor, roi de Babylone, viendra avec des chevaux, des chars de guerre et de grandes troupes composées de divers peuples.

« Il élèvera des tours en bois, des chaussées en terre contre les remparts, il les ébranlera sous les coups de ses béliers ! »

Cette prophétie commença bientôt à s'accomplir.

Le siège dura treize ans. Les Tyriens déployèrent dans leur défense une indomptable énergie, un courage poussé jusqu'à la férocité.

La cité continentale fut d'abord prise et complètement détruite. Alors les défenseurs se retirèrent dans la cité insulaire et y soutinrent un nouveau siège.

Nabuchodonosor vint de Babylone pour presser en personne les opérations militaires.

Tyr fut alors emportée d'assaut, mise à sac et en partie détruite. Le désastre fut si grand, que l'altière cité ne s'en releva jamais. Carthage hérita de son influence et de ses colonies.

reformer sa marine, qui avait été détruite, ni reprendre son commerce. Ses colonies d'Afrique, de Sardaigne et d'Espagne passèrent aux Carthaginois.

Histoire de la Phénicie après la ruine de Tyr. — Sidon avait été dévastée, elle aussi, par Nabuchodonosor. La Phénicie vaincue demeura soumise au nouvel empire chaldéen. A la chute de Babylone, elle passa avec la Chaldée aux mains des Perses, qui lui laissèrent son organisation et ses rois particuliers.

Alexandre le Grand, roi de Macédoine, ayant envahi la Syrie, demanda aux Tyriens la permission d'entrer avec ses troupes dans leur ville, pour y faire un sacrifice à leurs dieux. Les Tyriens accordèrent la permission au roi, mais la refusèrent à son armée. Le roi de Macédoine

---

102ᵉ Lecture.—**CE QUI RESTE DES ANCIENNES VILLES PHÉNICIENNES.** — De ces villes opulentes qui composaient la Phénicie, il ne reste plus aujourd'hui que *Beyrouth*, sur l'emplacement de l'antique Béryte, qui ait encore quelque splendeur. Les autres cités phéniciennes sont tombées depuis des siècles à l'état de misérables villages.

A peine si l'on reconnaît la place où fut Tyr ; Palétyr a complètement disparu et les environs ne sont plus qu'un désert.

Les riches ports d'autrefois sont ensablés. En fait de ruines, il n'existe que les matériaux qui n'ont pu être enlevés pour de nouvelles constructions.

La digue et les citernes d'Arad, les ruines de Marathus, les restes d'un temple de la Grande déesse de Gébel, tels sont les principaux débris des anciennes cités phéniciennes.

Dans la nécropole de Sidon, l'on a retrouvé le sarcophage du roi Esmunazar, dont le duc de Luynes a fait présent au musée du Louvre.

irrité de ce refus, assiégea la ville et s'en empara, après un siège de sept mois.

Tyr et la Phénicie appartinrent ensuite aux rois de Syrie, successeurs d'Alexandre, puis plus tard aux Romains.

Des Romains, le pays passa aux Arabes. Aujourd'hui, la Phénicie fait partie de l'Empire Ottoman.

103ᵉ Lecture.— **INFLUENCE DES PHÉNICIENS SUR LA CIVILISATION.** — Les Phéniciens furent les propagateurs de la civilisation matérielle, dont l'Egypte et l'Assyrie avaient été les foyers. Dans le bassin de la Méditerranée, ils contribuèrent plus que tout autre peuple à répandre parmi les nations encore sauvages, qui bordaient cette mer, les arts utiles et les premiers germes de culture intellectuelle.

Des îles de la Grèce au détroit de Gibraltar, il n'est aucun pays qui n'ait reçu leurs enseignements. La Grèce, l'Italie, la Gaule, l'Espagne, au sortir de la barbarie primitive, ne connurent que les arts et les procédés de l'Asie, jusqu'au jour où le génie individuel de leurs habitants donna à leur civilisation un caractère personnel.

CHAPITRE TROISIÈME

Carthage.

Fondation de Carthage. — Didon, la *fugitive* Elissar, après s'être emparée par surprise de navires prêts à mettre à la voile, avait quitté la ville de Tyr, à la tête du parti aristocratique. Elle avait abordé sur la côte d'Afrique, en face de la Sicile. Les émigrés étaient au nombre de plusieurs mille.

Le pays où ils débarquèrent se trouvait sous la dépendance d'un roi des Lybiens, nommé Iapon ou Iarbas. Didon lui acheta des terres et bâtit une ville, qui reçut le nom de Carthage. La citadelle fut appelée Byrsa.

L'existence de Carthage fut de sept siècles et demi. Son histoire comprend trois périodes.

Dans la première, elle constitua son gouvernement et étendit sa domination en Afrique, dans l'île de Sardaigne et aux Baléares.

Dans la seconde, elle lutta contre la Sicile, dont elle voulait s'emparer.

Dans la troisième enfin, elle soutint contre Rome les

⁂ 104ᵉ LECTURE. — **FONDATION DE CARTHAGE.** — Au dire des légendes carthaginoises, Didon demanda au roi africain Iarbas de lui céder, moyennant un prix convenu, l'espace de terre que pourrait contenir la peau d'un bœuf. Il y consentit.

L'habile princesse fit découper la peau en lanières très

Religion des Carthaginois. — Le dieu Baal-Hamon, ou Baal le Brûlant, dieu-Soleil des Carthaginois. — (Reproduction d'une statuette en terre cuite, d'origine carthaginoise — Musée du Louvre.)

minces et entoura une assez grande quantité de terrain, au milieu duquel se trouvait un rocher. Iarbas n'osa réclamer.

Sur le rocher fut construite une citadelle, et tout autour la ville de Carthage.

La lanière de cuir s'appelait Bursa en Grec, de là, le nom de Byrsa donné à la citadelle.

trois *guerres puniques*, qui se terminèrent par sa destruction, l'an 146 avant l'ère chrétienne.

Conquêtes de Carthage en Afrique. — Dès que les Carthaginois eurent solidement établi leur ville, ils songèrent à étendre leurs possessions. Ils commencèrent par créer autour d'eux les colonies de Zama et de Bullo et fondèrent les villes d'Adrumète, de Thapsus et de Gabès.

Au delà de Gabès, en continuant à parcourir la côte africaine dans la direction de l'est, ils colonisèrent la Tripolitaine et arrivèrent au pays des Lybiens. Là, ils se trouvèrent arrêtés par la ville de Cyrène, qui était une colonie grecque. Après une guerre assez vive, les Carthaginois et les Cyrénéens s'entendirent pour fixer les limites de leurs deux territoires. Elles furent indiquées par deux autels, que les Grecs appelèrent les *autels des Philènes*.

105ᵉ Lecture. — **DÉVOUEMENT ET AUTELS DES PHILÈNES.** — Les Carthaginois et les habitants de Cyrène étaient en guerre à propos de la délimitation de leurs frontières. Les hostilités commencées depuis longtemps n'aboutissaient qu'à affaiblir les deux peuples, sans arriver à un résultat définitif.

Ils convinrent donc que, pour terminer le débat, chaque ville ferait partir à la même heure deux de ses habitants, et que le lieu où ils se rencontreraient deviendrait la limite respective des deux Etats.

Carthage choisit deux frères, nommés Philènes, qui marchèrent avec une très grande rapidité. Les députés de Cyrène allèrent plus lentement. Au moment de la rencontre, les Cyrénéens, voyant que leur retard causait une certaine perte de terrain à leur nation, accusèrent les Carthaginois d'être partis avant l'heure.

On se disputa longtemps.

A la fin, les Cyrénéens firent cette proposition : « Nous

Monnaie en or de la ville de Carthage.

Du côté de l'ouest, les Carthaginois fondèrent des comptoirs sur toute la côte de la Numidie et de la Mauritanie, jusqu'à Gibraltar.

Lorsque la puissance de Tyr fut détruite par Nabuchodonosor, Carthage s'empara des colonies phéniciennes dans la Méditerranée. La Sardaigne fut occupée par l'amiral carthaginois Malchus, les îles Baléares, par l'amiral Magon, qui fonda la ville de Port-Magon ou Port-Mahon dans l'île de Minorque.

vous laisserons planter ici les bornes du territoire de Carthage, si vous consentez à y être enterrés vifs. Si vous refusez, nous marcherons encore et vous nous enterrerez à l'endroit que nous choisirons nous-mêmes pour limite. »

Les Philènes acceptèrent la proposition. Ils furent donc enterrés tout vivants ; heureux d'augmenter le territoire de leur patrie par le sacrifice de leur vie.

Sur leur tombe, les Carthaginois reconnaissants élevèrent trois autels en leur honneur. Ce sont les *autels des Philènes*.

Deux autres amiraux célèbres, Hannon et Himilcon, reçurent l'ordre d'accomplir des voyages de découvertes qui sont demeurés célèbres.

Hannon, après avoir franchi les colonnes d'Hercule, explora la côte occidentale de l'Afrique jusqu'au golfe de Guinée, en fondant partout des comptoirs de commerce, au milieu des populations sauvages.

Himilcon, lui aussi, franchit le détroit de Gibraltar, remonta vers le nord, longea les côtes du golfe de Gascogne, alla établir des relations commerciales avec les populations de Nantes et de Vannes et poursuivit sa route jusqu'aux rivages de l'Irlande et d'Albion, la future Angleterre.

Institutions politiques de Carthage. — La reine Didon avait établi la royauté à Carthage ; mais, par la suite, la riche cité se constitua en république.

La direction des affaires appartint alors à deux magistrats nommés les *suffètes,* qui gouvernaient sous la surveillance et l'autorité de deux assemblées : le *sénat* ou conseil des anciens et le tribunal des *centumvirs*.

Les *suffètes* étaient élus à vie par le sénat, parmi les membres des principales familles ; mais leur élection devait être ratifiée par le peuple.

Le *sénat* était composé des trois cents habitants les plus riches de Carthage. Ses attributions principales étaient de faire les lois et de déclarer la guerre. Deux commissions élues dans son sein étaient chargées d'étudier plus spécialement les affaires et de contrôler les actes des suffètes ; l'une était le *Conseil des Trente* et l'autre le *Conseil des Dix*.

Le *tribunal des centumvirs* fut institué par la suite, pour juger les généraux, les magistrats et même les suffètes ;

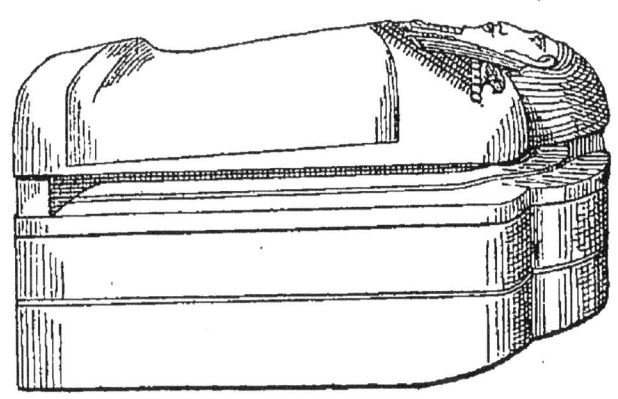

Sarcophage phénicien. — *Le sarcophage d'Esmunazar*, roi de Sidon. — Il est fait en pierre noire ; son couvercle est en forme de momie. Les Phéniciens devaient l'avoir fait faire en Egypte. — (Musée du Louvre.)

en cas de prévarication. Ce tribunal devint, dans les derniers temps de Carthage, un instrument de tyrannique oppression.

Quand il y avait désaccord entre le sénat et les suffètes, l'*assemblée du peuple* était convoquée et tranchait souverainement les questions en litige.

Religion de Carthage. — Les deux principales divinités de Carthage étaient *Baal-Hamon* ou *Baal le Brûlant*, c'est-à-dire le dieu Soleil, et la déesse Tanith ou déesse Lune. On leur avait élevé des temples dans la citadelle de Byrsa.

Les Carthaginois avaient conservé toutes les atrocités du culte phénicien, entre autres l'horrible usage de brûler des petits enfants en l'honneur de Baal. Le départ pour de nouvelles expéditions était ordinairement accompagné de sacrifices, dans lesquels on immolait sur les autels des prisonniers de guerre.

Guerre de Sicile. — L'amiral Magon avait laissé deux fils : Asdrubal et Hamilcar, qui furent les continuateurs de ses exploits. Asdrubal s'empara de l'île de Lipara, entre la Sicile et l'Italie, et du littoral méridional de l'Italie.

Après la mort d'Asdrubal, qui fut tué dans une expédition en Sardaigne, son frère Hamilcar lui succéda dans la direction des armées carthaginoises et fut chargé de conquérir la Sicile. Il fut vaincu par Gélon, roi de Syracuse, et périt dans la bataille.

Cet insuccès ne découragea pas les Carthaginois. Pendant deux siècles, leurs flottes et leurs soldats luttèrent sans se décourager contre les armées de la Sicile, que commandèrent successivement les rois ou tyrans de Syracuse Denys l'Ancien, Denys le Jeune, Timoléon et Agathocle. Un moment, le sicilien Agathocle porta la guerre en Afrique et menaça Carthage, qui faillit succomber Elle fut sauvée par le courage de ses habitants, qui repoussèrent l'ennemi.

La destruction de Carthage (146 avant J.-C.). — Carthage, ayant poursuivi ses projets contre la Sicile, dans le courant du IIIe siècle avant l'ère chrétienne, trouva pour adversaire un nouveau peuple, le peuple romain.

Une lutte gigantesque commença entre les deux peuples, lutte qui dura plus d'un siècle. Les *guerres puniques* se terminèrent par la défaite définitive des Carthaginois. Carthage, prise par le général romain Scipion, fut livrée aux flammes. Les murs, que le feu avait épargnés, furent renversés. Il ne resta plus rien debout de l'ancienne et opulente ville.

SIXIÈME PARTIE

LES MÈDES & LES PERSES

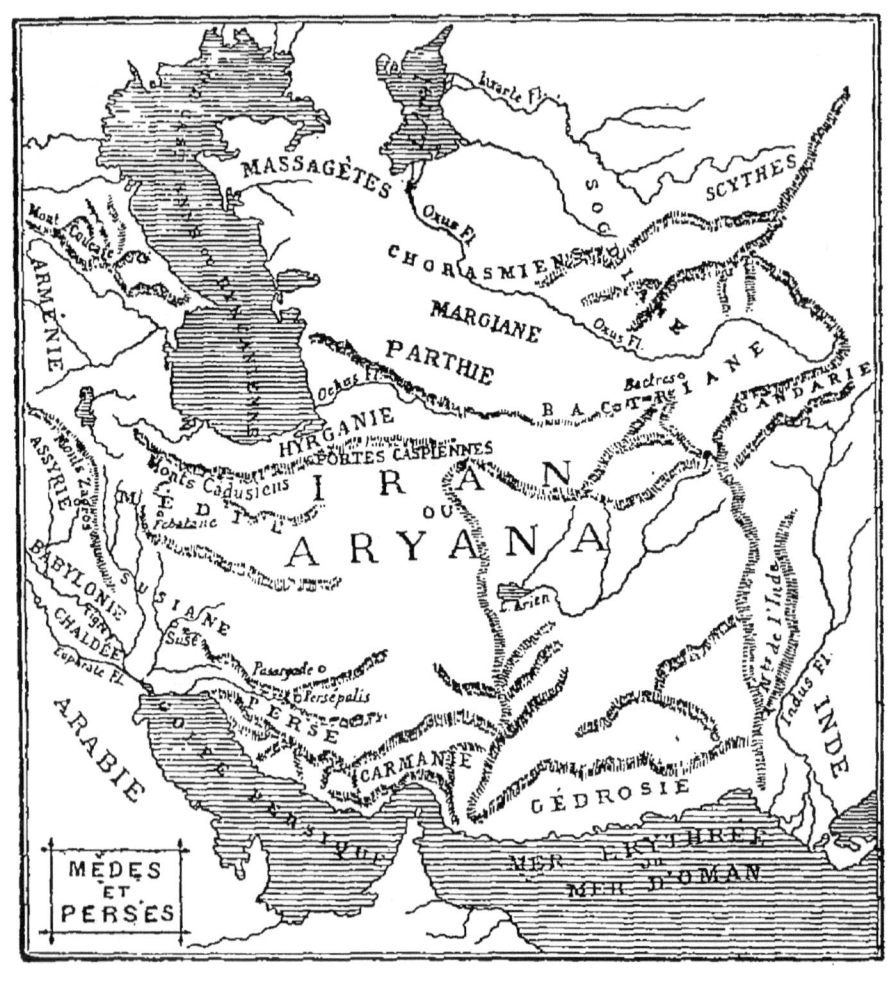

CARTE DE

L'IRAN

DE LA MÉDIE & DE LA PERSE

HISTOIRE ANCIENNE

SIXIÈME PARTIE

LES MÈDES ET LES PERSES

Programme officiel. — *Description de l'Iran et de l'Asie Mineure — Les Mèdes et les Perses. — Cyrus, Cambyse, Darius. Conquête de la plus grande partie de l'ancien Orient, et organisation de l'empire des Perses. — Monuments, religion, mœurs et coutumes.*

CHAPITRE PREMIER
Description de l'Iran.

I. L'IRAN. — II. ZOROASTRE. — ÉMIGRATION DES ARYAS EN MÉDIE ET EN PERSE.

§ 1er. — L'IRAN.

L'Iran. — La contrée de l'Asie, d'où les Mèdes et les Perses tirèrent leur origine, et dont ils occupèrent définitivement la partie méridionale, se nommait l'*Iran* ou l'*Aryana*.

L'Iran était un vaste plateau qui commençait aux montagnes de l'Assyrie à l'ouest et s'étendait jusqu'aux montagnes de l'Inde à l'est. Au nord, il était borné par l'Arménie, la mer Caspienne et la mer d'Aral, au sud par le golfe Persique et l'océan Indien, que les anciens appelaient mer Erythrée. Près de cinq fois aussi grand que la France, le plateau de l'Iran est élevé de mille mètres au-dessus de la mer.

Aspect et production de l'Iran. — A l'ouest, au sud et à l'est, de hautes montagnes couvrent le pays. Leurs flancs renferment du cuivre, du plomb, du fer, des pierres précieuses, un peu d'or et d'argent. Certains endroits, nus et arides, ne montraient que le rocher, mais en général elles étaient couvertes d'immenses forêts de pins, de chênes et de peupliers.

La plaine manque généralement d'eau ; elle est occupée aux deux tiers par un vaste désert de sable fin et de cailloux rougeâtres. Dans ce désert l'on ne voit pas un seul arbre ; il y pousse à peine quelques rares buissons. Là, se rencontrent le lion, le tigre, l'ours, le léopard, l'âne sauvage et le chameau.

Mais le long des fleuves et des rivières, au pied des montagnes, partout où l'humidité pénètre le sol, la terre se couvre de gras pâturages et de champs fertiles. On y recueille en abondance le froment, le seigle, l'orge et d'excellents légumes. Des vergers naturels, chargés de fruits, produisent la pomme, la poire, la noix, l'olive et la cerise.

Pour les travaux des champs et leurs voyages, les habitants se servent du cheval, de l'âne, du buffle, du chameau et du dromadaire.

Les cours d'eau, fort rares pour un aussi vaste pays, se jettent la plupart dans des lacs. Les deux plus importants, l'Oxus et l'Iaxarte, tous deux situés au nord, aboutissent au lac ou mer d'Aral.

Religion des Mèdes et des Perses. — *Le dieu Ormuzd ou Ahura-Mazda, planant dans les airs.* — (D'après un bas-relief de Persépolis.)

Climat. — Le climat de l'Iran est des plus rudes. L'hiver, en effet, amène des froids comparables à ceux de la Sibérie. Les chaleurs de l'été y sont aussi fortes que dans les contrées les plus chaudes de l'Afrique.

Les parties de l'Iran. — Le plateau de l'Iran formait plusieurs grands pays. Les deux principaux étaient la *Médie* au nord, du côté de la mer Caspienne, et la *Perse* au sud, vers les bords du golfe Persique. Entre la Perse et la Chaldée se trouvait l'*Elam* ou *Susiane*; à l'est de la Médie, l'on rencontrait la *Parthie*, puis la *Bactriane* et la *Sogdiane*.

Les anciennes populations de l'Iran. — L'Iran, qu'on appelait encore l'Aryana et l'Arie, avait été peuplé par des tribus de la race de Japhet.

La race entière de Japhet, après la dispersion, était allée se fixer dans la *Bactriane*, le Turkestan actuel, sur les bords du fleuve Oxus. Les hommes qui la composaient se donnaient le nom d'*Aryas*, c'est-à-dire les *Vénérables*, ou encore celui d'*Iraniens*, c'est-à-dire habitants de l'Iran.

§ II. — ZOROASTRE. — ÉMIGRATION DES ARYAS EN MÉDIE ET EN PERSE.

Les Aryas en Europe. — Quand les Aryas furent devenus trop nombreux en Bactriane, ils commencèrent à émigrer. Les premières tribus qui partirent se dirigèrent vers l'Occident et vinrent former les populations de l'Europe.

Après ce premier départ, une scission profonde s'opéra parmi les tribus qui restaient en Bactriane. Cette scission eut pour cause une réforme religieuse, qu'introduisit parmi elles un personnage célèbre, nommé *Zoroastre*.

Réforme religieuse de Zoroastre. — Les Aryas, descendants de Japhet, avaient, comme la plupart des peuples, défiguré profondément la vraie notion de Dieu. Tout en conservant la croyance en un dieu principal créateur de l'univers, ils avaient élevé au rang de dieu, certaines créatures, comme le soleil, les astres, le feu, le tonnerre ; ils leur avaient élevé des autels et offert des sacrifices.

Les Aryas étaient donc plongés dans l'idolâtrie la plus grossière.

Zoroastre voulut réagir contre cette idolâtrie. Il enseigna que le soleil, le feu et les astres n'étaient point des dieux, mais des créatures ; que les créatures étaient de deux sortes : les créatures bonnes, comme la lumière, les astres, le feu, la vertu et tout ce qui est bien en ce monde, et les créatures mauvaises, comme le mal, le

Roi des Mèdes. — Bas-relief représentant un *roi de Médie en adoration devant la divinité*. — (Bas-relief mède.)

crime et la mort. Les créatures bonnes, disait-il, sont l'œuvre du dieu *Ormuzd*, principe éternel et créateur du bien ; les créatures mauvaises sont l'œuvre du dieu *Ahriman*, principe éternel et créateur du mal.

Les deux dieux, ajoutait Zoroastre, sont en lutte perpétuelle. Mais à la fin des siècles, Ahriman, principe du mal, sera vaincu par Ormuzd, le principe du bien, et anéanti pour toujours. Il faut donc adorer Ormuzd et en suivre les lois et combattre Ahriman ou le mal, sous toutes ses formes.

La doctrine religieuse de Zoroastre était contenue dans un livre nommé l'*Avesta*. Elle était loin de la vérité, mais elle était cependant supérieure aux croyances grossières de l'idolâtrie ordinaire.

Scission entre les Aryas. — Les Aryas dans l'Inde, en Médie et en Perse. — La réforme religieuse de Zoroastre amena une scission profonde et une guerre civile parmi les Aryas ou Iraniens. Les partisans de la vieille idolâtrie, ayant été vaincus, quittèrent la Bactriane et allèrent se fixer dans l'Inde. Les sectateurs de Zoroastre gardèrent la Bactriane et les pays voisins. Quand ils devinrent trop nombreux, une partie de leurs tribus allèrent habiter le sud de l'Iran dans les contrées qui se nommaient la Médie et la Perse.

Les Mèdes et les Perses. — Les Mèdes et les Perses étaient donc de la même race que les Européens et les

---

106ᵉ LECTURE.— ZOROASTRE.— Zoroastre, le grand réformateur de la religion des Perses, vivait, dit-on, à l'époque où les Iraniens étaient encore campés en Bactriane. La légende le fait naître à Raghâ en Médie, la Rhagès où Tobie fut exilé.

Ses disciples racontaient qu'à l'âge de trente-sept ans, il fut mis en rapport avec Ormuzd dans l'antre d'une montagne, où il demeura retiré pendant vingt ans, vivant de lait et de fromage.

Dans cette retraite, Ormuzd lui apprit que l'homme dont le cœur est pur est la meilleure des créatures de la terre et lui enseigna les pouvoirs des bons et des mauvais esprits.

Ormuzd, après lui avoir confié l'*Avesta*, ou *livre de la loi*, le renvoya convertir les hommes.

Zoroastre se rendit alors à Balka ou Bactra, à la cour du roi. Armé de la vraie doctrine, disaient ses disciples, Zoroastre convertit le roi Hystaspe, et bientôt toute la Bactriane professa sa religion.

Le réformateur périt dans une invasion de Touraniens en Bactriane.

Indiens. Ils avaient la peau blanche, la figure ovale, la barbe épaisse. Beaucoup menaient la vie pastorale ; les autres, réunis dans des villages, cultivaient la terre. Ils se faisaient des habits avec la peau de leurs moutons.

La partie habitée de la Médie se trouvant séparée de la Perse par de vastes déserts, les Mèdes et les Perses, malgré leur communauté d'origine, formèrent peu à peu deux peuples très différents. Les Perses, plus éloignés des peuples civilisés des bords du Tigre et de l'Euphrate, conservèrent assez fidèlement leurs coutumes et leur religion. Les Mèdes, au contraire, plus rapprochés des Assyriens, introduisirent assez vite des modifications dans leur culte et dans leurs mœurs.

107ᵉ Lecture. — **L'AVESTA.** — La religion de Zoroastre s'appelle le *Mazdéisme*, mot qui signifie *science universelle*. Les dogmes en sont renfermés dans l'ouvrage intitulé l'*Avesta*, c'est-à-dire *la Loi et la Réforme*.

L'*Avesta* comprenait 21 volumes. D'après un auteur arabe, il avait fallu pour l'écrire les peaux de mille bœufs.

La plus grande partie de cette collection a été détruite par les Musulmans, quand ils conquirent la Perse. Un seul des volumes nous a été conservé dans son intégrité par les Perses réfugiés dans l'Inde. C'est le *Vidaévadâta* ou *la loi contre les démons*.

CHAPITRE SECOND

Les Mèdes.

I. LA MÉDIE AVANT LES ROIS. — II. LES ROIS DE MÉDIE.

§ Ier. — LA MÉDIE AVANT LES ROIS.

La Médie. — La Médie était bornée au nord par la mer Caspienne, à l'est par le grand désert de l'Iran, au sud par la Perse et la Susiane, et à l'ouest par les monts Zagros.

Les Mèdes assujettis aux Assyriens. — La Médie demeura d'abord partagée en un grand nombre de tribus, qui vivaient isolément et se gouvernaient indépendamment les unes des autres.

Les rois d'Assyrie n'eurent pas de peine à subjuguer toutes les tribus médiques. Celles-ci supportèrent patiemment leur joug pendant assez longtemps, et adoptèrent même un certain nombre d'usages assyriens. L'on vit les Mèdes, jusqu'alors barbares, se farder le visage, se friser les cheveux et se couvrir les épaules de manteaux de pourpre.

Etablissement de la royauté en Médie (710 avant J.-C.). — S'il en faut croire la tradition, les Mèdes profitèrent de l'affaiblissement dans lequel tomba l'empire assyrien sous les rois fainéants de l'époque de Sardanapale, pour reprendre leur indépendance. Un chef de tribu nommé *Arbace* se mit à leur tête et les délivra du joug.

Mais l'empire assyrien se releva promptement de son affaissement momentané. Une dynastie nouvelle, fondée par Téglathphalasar II, reconstitua les forces du pays. Téglathphalasar et Sargon, l'un de ses successeurs, franchirent les frontières de la Médie, afin de la ramener sous leur domination.

En présence du danger, les Mèdes comprirent que, morcelés comme ils l'étaient en tribus nombreuses, sans roi et sans chef national unique, pour concentrer leurs forces et les commander dans les batailles, ils seraient trop facilement vaincus. Ils se groupèrent donc en un seul État, et élurent pour roi un chef de tribu, connu par sa fermeté et par la sagesse avec laquelle il rendait la justice parmi les siens. Il se nommait Déjocès.

§ II. — ROIS DE MÉDIE.

Les quatre rois des Mèdes. — La monarchie des Mèdes, fondée par Déjocès, compta quatre rois : *Déjocès, Phraorte, Cyaxare* et *Astyage*. Elle dura 128 ans.

Déjocès. — Les légendes rapportaient que Déjocès désirait depuis longtemps voir établir à son profit la royauté, et qu'il parvint à son but, grâce à son habileté et à l'appui de ses nombreux amis.

Dès qu'il eut ceint la couronne, Déjocès se construisit une vaste capitale, à laquelle il donna le nom d'*Ecbatane*. La ville était au sommet d'une colline. Il l'entoura de sept enceintes et fit bâtir le palais royal sur le point le plus élevé.

Déjocès régna pendant cinquante-trois ans. Il avait réuni tous les Mèdes en une seule nation, et avait placé des représentants de l'autorité royale dans toutes les tribus. Il défendit son royaume contre l'invasion des Assyriens, sans pouvoir cependant le soustraire complètement à leur domination.

108ᵉ LECTURE. — **LÉGENDE DE DÉJOCÈS.** — Déjocès, ce personnage dans lequel s'est incarnée la résistance patriotique des Mèdes contre les Assyriens, a existé réellement.— Mais la légende lui a attribué une foule d'actions qui ne lui appartiennent point.

L'écrivain Hérodote nous a transmis cette légende :

« Il y avait, dit-il, chez les Mèdes, un sage nommé Déjocès ; il était fils de Phraorte.

Les Mèdes vivaient alors divisés en cantons. Déjocès, depuis longtemps, rendait la justice dans le sien avec autant de zèle que de bon sens. Les habitants, qui l'avaient choisi pour juge, faisaient de lui les plus grands éloges.

Les habitants des cantons voisins, apprenant que Déjocès jugeait selon les règles de l'équité, accoururent en foule à son tribunal et lui apportèrent leurs procès à juger.

Déjocès, devenu le juge universel de tout le pays, aspira à la royauté. Il prétexta donc le tort qu'il se faisait à lui-même, en négligeant ses propres affaires pour celles des autres et renonça à ses fonctions.

Les Mèdes tinrent conseil. Les amis de Déjocès parlèrent ainsi : « Puisque nous n'avons plus de juge, choisissons un roi. Il donnera à la Médie de bonnes lois et nous pourrons cultiver en paix nos campagnes, sans craindre d'en être chassés par la violence et l'injustice. »

Tous les Mèdes applaudirent et les suffrages s'étant réunis en faveur de Déjocès, il fut élu d'un consentement unanime.

Religion des Mèdes et des Perses. — *Roi de Perse en adoration devant le feu sacré*. Au-dessus plane le dieu Ormuzd. — (D'après un bas-relief du tombeau de Darius à Persépolis.)

Il rendait la justice avec une sévère impartialité. Il se montrait peu en public et exigeait qu'on lui rendît de très grands honneurs. Il laissa à Phraorte son fils un pouvoir fortement organisé.

Phraorte. — Phraorte, successeur de Déjocès, avait des goûts guerriers et de l'ambition. Il fut un roi conquérant.

Il commença par chasser les Assyriens des portions de son royaume que Sargon avait conservées en son pouvoir. Dès qu'il vit la Médie complètement indépendante, il songea à l'agrandir.

La Perse, que gouvernait Achéménès, son premier roi, fut attaquée la première. Elle fut vaincue et rendue tributaire.

Les Parthes, la Bactriane et tout le pays de l'Iran furent également obligés de reconnaître sa suprématie.

Fier de ce succès, Phraorte se crut assez puissant pour subjuguer aussi le royaume de Ninive. Il envahit donc l'Assyrie, sur laquelle régnait Assurbanipal. Les Assyriens marchèrent contre les Mèdes, les atteignirent dans la grande plaine de *Ragau*, au-dessous de Ninive, entre le Tigre et l'Euphrate, et les taillèrent en pièces. Phraorte périt dans la bataille avec la plus grande partie de son armée.

Cyaxare. — Cyaxare, fils de Phraorte, avait combattu à la bataille de Ragau ; il ramena en Médie les débris des troupes vaincues. Il avait un caractère encore plus belliqueux que son père. Son règne, qui dura quarante ans, fut en grande partie occupé par des expéditions militaires. Nous en connaissons cinq : expédition contre les Parthes, première campagne contre l'Assyrie, guerre contre les Scythes, seconde campagne contre l'Assyrie, expédition contre les Lydiens.

Cyaxare organise l'armée des Mèdes. — Le premier soin de Cyaxare fut d'organiser l'armée. Jusque-là, les Mèdes avaient combattu pêle-mêle, sans observer de

---

109ᵉ Lecture. — **LE CÉRÉMONIAL ROYAL DE DÉJOCÈS.** — Déjocès fit construire la ville d'Ecbatane et s'y bâtit un palais.

Le palais achevé, il établit pour règle que personne du peuple n'entrerait plus chez le roi, ni ne traiterait directement avec lui. Les affaires devaient lui être transmises par des officiers spéciaux qui commençaient par les examiner. Il fut interdit de fixer les regards sur le prince, de rire, ni de cracher en sa présence. Il ne voulait pas que les gens qui avaient été élevés avec lui pussent user envers lui d'une familiarité inconvenante.

Rois de Perse. — Roi de Perse assis sur son trône, ayant la *cidaris* sur la tête et le sceptre à la main. Derrière lui se tient un serviteur agitant un chasse-mouches. On croit que le roi représenté ici est Darius. — (Bas-relief de Persépolis.)

distinction entre les différentes armes. Le nouveau roi partagea les soldats en phalanges régulières, sépara les piquiers, armés de lances, des archers et des cavaliers, et groupa les différentes armes en corps séparés. Il soumit toutes les troupes à une discipline sévère et les habitua à la fatigue.

288 LES MÈDES.

Quand il se vit à la tête d'une armée bien organisée, il entra en campagne.

Expéditions de Cyaxare contre les Parthes et les Assyriens. — A la mort de Phraorte, les Parthes avaient secoué le joug. Il marcha contre eux et les réduisit à l'obéissance.

Cyaxare voulut ensuite venger la défaite éprouvée par son père à Ragau. Il fit donc alliance avec Nabopolassar, roi de Babylone, et envahit le royaume d'Assyrie.

Déjà il avait remporté sur les Assyriens une grande bataille et commençait le siège de Ninive, quand il se vit tout à coup rappelé en Médie, par la nécessité de défendre son royaume contre l'invasion des *Scythes*. Ninive se trouva sauvée.

Guerre de Cyaxare contre les Scythes. — Les Scythes, ancêtres des Tartares, étaient des tribus sauvages cantonnées dans les steppes arides situées au nord

---

110ᵉ Lecture. — **DESTRUCTION DES SCYTHES PAR CYAXARE.** — Les Scythes s'étaient établis chez les Mèdes et désolaient le pays par leurs violences et leurs brigandages.

Pour s'en délivrer, Cyaxare et les membres de l'aristocratie médique invitèrent à un grand festin le roi et les principaux chefs de ces barbares. Ils les enivrèrent et les égorgèrent pendant leur sommeil.

Toute la population de la Médie se leva en masse et massacra partout les Scythes, privés de leurs chefs. Quelques-uns parvinrent à regagner par le Caucase la route de leurs steppes.

C'est ainsi que les Mèdes recouvrèrent leur indépendance.

de l'Iran. Poussés par l'instinct du pillage, ils avaient tout à coup fait irruption en Médie et s'avançaient, au galop de leurs chevaux rapides, du côté de l'Assyrie, saccageant tout sur leur passage.

Cyaxare se hâta d'abandonner le siège de Ninive et marcha à leur rencontre. Il fut vaincu, perdit toutes les possessions de la Médie dans l'Iran, et fut réduit à la condition de vassal des barbares.

Pendant dix-huit ans, les Scythes, qui avaient fait de la Médie leur poste central, dominèrent l'Asie et en désolèrent les contrées par le pillage et les violences les plus sauvages.

A la fin, les Mèdes, pour s'en débarrasser, invitèrent à un grand festin le roi de ces barbares et ses principaux officiers. Ils les enivrèrent et les égorgèrent tous pendant leur sommeil. La population se jeta sur les simples soldats et les massacra.

Seconde campagne de Cyaxare en Assyrie et destruction de Ninive (625 avant J.-C.). — Délivré des Scythes, Cyaxare reprit ses projets contre Ninive. Il renoua son alliance avec Nabopolassar, roi de Babylone, et vint, de concert avec lui, mettre le siège devant l'orgueilleuse cité, bien déchue de son ancienne puissance.

Assurédilani, roi d'Assyrie, défendit assez énergiquement sa capitale. Mais à la fin, elle fut prise, livrée aux flammes et détruite, pour ne plus se relever jamais. Les deux rois vainqueurs se partagèrent ses dépouilles. Le roi des Mèdes annexa à son empire toute la partie de l'Assyrie située à l'est et au nord du Tigre.

Expédition de Cyaxare en Asie Mineure contre les Lydiens. — Bataille de l'Eclipse. — Après la chute de Ninive, Cyaxare, remontant vers le nord, soumit d'abord à son pouvoir les peuples échelonnés au sud de la mer Noire ; puis il entra en Asie Mineure. Là, il trouva sur sa route, prêt à lui disputer le passage, le roi de Lydie, à la tête de ses vaillants escadrons de cavalerie.

Pendant cinq ans, les deux armées se livrèrent des combats journaliers, avec des alternatives de succès et de revers. Un jour de grande bataille, le soleil se voila tout à coup et mit les combattants dans une obscurité presque complète. C'était une éclipse de soleil. Les deux rois en furent si effrayés, qu'ils s'empressèrent de signer la paix. Ils convinrent que le fleuve Halys, qui coule en Asie Mineure, marquerait la frontière entre les deux empires.

Cyaxare ne tarda pas à mourir. Il laissait un empire immense, en pleine prospérité, qui comprenait la Médie, la Perse et la plupart des pays de l'Iran, l'Assyrie, l'Arménie et presque la moitié de l'Asie Mineure.

111ᵉ Lecture. — **BATAILLE DE L'ÉCLIPSE.** — La sixième année de guerre entre les Mèdes et les Lydiens était commencée et rien ne faisait prévoir la fin des hostilités.

Un jour de bataille, au plus fort de l'action, les ténèbres se répandirent tout à coup sur la terre, en plein midi.

C'était une éclipse de soleil qui produisait ce phénomène.

Les Lydiens et les Mèdes effrayés suspendirent le combat et s'empressèrent de faire la paix.

Pour les traités de paix, ces nations avaient un singulier usage : les princes contractants se faisaient aux bras de légères incisions et se donnaient l'un à l'autre à sucer le sang qui s'en échappait.

Les calculs des astronomes fixent l'éclipse totale du soleil, survenue pendant la bataille entre les Lydiens et les Mèdes, au 28 mai 585 avant Jésus-Christ.

Roi de Perse. — Darius roi de Perse, posant le pied sur un prisonnier et prononçant la sentence des autres. — (Bas-relief de l'inscription de Béhistoun dans le Kurdistan perse.)

112ᵉ Lecture. — **LE SONGE D'ASTYAGE.** — Astyage successeur de Cyaxare avait une fille nommée Mandane, qu'il maria au roi perse Cambyse. Un jour, il vit en songe sa fille portant dans ses bras une vigne, dont les rameaux couvraient la Médie et toute l'Asie.

Les Mages, qu'il consulta, lui dirent que ce songe annonçait que le fils de Mandane règnerait un jour à sa place.

Astyage, aussitôt, appela Harpagus, l'un de ses serviteurs les plus dévoués, et lui ordonna de mettre à mort Cyrus, le fils de Mandane.

Harpagus, ne voulant pas commettre lui-même le crime, chargea un des pâtres d'Astyage d'exposer l'enfant sur une montagne déserte, pour qu'il y fût dévoré par les bêtes fauves.

Une chienne allaita le petit abandonné et le berger Mitradate, touché de compassion, éleva le fils de Cambyse dans sa maison. Il lui donna le nom d'Agradate.

Astyage. — Chute de l'empire des Mèdes. — Astyage, fils de Cyaxare, n'aimait point la guerre. Il avait des instincts cruels et perfides et gouverna en tyran.

Les Perses étaient toujours les vassaux des Mèdes. Tout en reconnaissant la suzeraineté de la Médie, ils avaient cependant conservé leurs lois particulières et leurs souverains. Fatigués de leur long asservissement,

---

113e Lecture. — **ASTYAGE RECONNAIT CYRUS.** — Le jeune Cyrus, sous le nom d'Agradate, grandissait dans la chaumière de son père adoptif.

Un jour qu'il jouait avec d'autres enfants de son âge, ceux-ci l'élurent pour leur roi.

Il distribua à chacun son emploi, selon ses talents ; mais le fils d'Artembarès, homme de distinction chez les Mèdes, qui était de la partie, ayant refusé d'exécuter ses ordres, il le fit frapper de verges par ses compagnons.

Artembarès le père fut si irrité des mauvais traitements infligés à son fils, qu'il porta plainte auprès du roi.

« Maître, dit-il en découvrant les épaules de son fils, c'est ainsi que nous a outragés un de tes esclaves, le fils de ton bouvier. »

Astyage envoya chercher le pâtre Mitradate et son fils Agradate. Lorsqu'ils furent arrivés : « Comment, dit le prince au jeune Agradate, as-tu osé traiter d'une manière si indigne le fils d'un des premiers de ma cour ? »

« Je l'ai fait avec justice, répondit Agradate. Les autres enfants m'avaient, en jouant, choisi pour leur roi. Tous exécutèrent mes ordres, le fils d'Artembarès refusa de m'obéir ; je l'en ai puni. Si cette action mérite quelque châtiment, me voici prêt à le subir. »

Cette réponse et la ressemblance de cet enfant avec Mandane frappèrent vivement Astyage.

Il congédia Artembarès ; puis, resté seul avec le berger Mitradate, il en apprit comment l'enfant avait été trouvé sur la montagne et reconnut que le jeune Agradate n'était autre que son petit-fils Cyrus.

ils résolurent de secouer le joug. Cyrus, qu'ils avaient alors pour roi, leva l'étendard de la délivrance. L'Arménie se révolta de son côté et fit cause commune avec eux.

Astyage ne s'émut point à la nouvelle de la révolte des Perses. Il appelait dédaigneusement Cyrus son petit serviteur et trouvait presque inutile de s'armer pour le combattre.

Cependant, le jeune roi des Perses entra en Médie et repoussa les premières troupes envoyées pour l'arrêter. Astyage se décida alors à prendre la direction de son armée. Il fut à son tour complètement battu et fait prisonnier.

114ᵉ Lecture. — **CRUELLE VENGEANCE D'ASTYAGE CONTRE HARPAGUS.** — Astyage ayant retrouvé Cyrus son petit-fils, le garda à sa cour. Mais il conserva une rancune profonde contre Harpagus, qui n'avait pas rempli ses ordres.

Il le fit donc venir et lui dit : « Je sais la vérité ; tu n'as pas accompli mes ordres à l'égard de Cyrus ; l'enfant vit, il est dans mon palais ; mais je m'en réjouis à cause de ma fille. Envoie-moi donc ton fils pour tenir compagnie au jeune prince et, ce soir, ne manque pas de venir souper avec moi, car je veux célébrer le retour de mon petit-fils. »

Harpagus, fort satisfait de l'heureuse issue de sa désobéissance, ne fut pas plus tôt rentré chez lui qu'il appela son fils unique, âgé d'environ treize ans, et l'envoya au palais d'Astyage.

Dès que l'enfant d'Harpagus fut arrivé, le roi ordonna de l'égorger, de le couper en morceaux et de le faire rôtir.

A l'heure du repas, on servit à Astyage et aux autres convives du mouton rôti, et à Harpagus le corps de son fils. Puis, vers la fin du souper, Astyage lui demanda : « Comment as-tu trouvé mon rôti ? » — « Très bon, répondit Harpagus. »

Aussitôt des esclaves apportent une corbeille couverte

Cyrus, continuant sa marche victorieuse, arriva devant Ecbatane, qui ouvrit ses portes sans la moindre résistance. L'empire des Mèdes avait pris fin.

Les Mèdes, qui étaient de même race que les Perses, ne firent aucune difficulté pour reconnaître le vainqueur comme leur roi. Cyrus fut désormais roi des Perses et des Mèdes.

---

d'un voile : « Découvre-la, cria Astyage à Harpagus, et prends dedans ce qui te conviendra. »

Harpagus découvrit la corbeille ; elle contenait la tête et les mains de son malheureux fils. « Voilà, dit Astyage, le gibier dont tu as mangé. » — « Je le savais, répondit Harpagus en dissimulant sa douleur, mais tout ce que fait le roi ne peut que m'être agréable. »

Depuis ce jour Harpagus jura de venger la mort de son fils et en attendit patiemment l'occasion.

115ᵉ Lecture. — CYRUS DÉTRONE ASTYAGE.

— A quelques années de là, le jeune Cyrus, qui avait obtenu la permission de se rendre en Perse auprès de Cambyse et qui avait grandi, devint roi des Perses à la mort de son père.

Harpagus lui envoya secrètement des messagers pour l'exciter à venir détrôner Astyage, dont les crimes avaient indisposé toute la nation des Mèdes.

Cyrus se laissa aisément persuader. Il rassembla donc tous ses guerriers et, à leur tête, s'avança en Médie.

Comme il approchait d'Ecbatane, Harpagus, envoyé par Astyage pour le combattre, passa dans son camp avec toute son armée.

Astyage essaya toutefois d'organiser la défense de sa capitale ; il fut vaincu et les habitants ouvrirent eux-mêmes les portes à Cyrus, qu'ils accueillirent comme un libérateur.

Astyage fut renversé et mis à mort. Cyrus, son petit-fils, fut proclamé roi à sa place.

CHAPITRE TROISIÈME

L'empire des Perses. — Cyrus.

I. — LES PERSES AVANT CYRUS. — II. CYRUS.

§ Ier. — LES PERSES AVANT CYRUS.

Description de la Perse. — La Perse était située au sud de la Médie. Elle était bornée au nord et à l'est par le désert de l'Iran, au sud et à l'ouest par le golfe Persique. Elle confinait au nord-ouest à la Susiane ou pays d'Elam.

Le nord du pays était entièrement couvert de montagnes, aux pics blanchis par des neiges éternelles. Le midi n'était qu'un désert, brûlé par un soleil torride. La partie centrale renfermait au contraire de riches prairies et de fertiles campagnes, où croissaient l'oranger et l'olivier.

Les Perses primitifs. — Les Perses, après leur sortie de la Bactriane, menèrent longtemps la vie pastorale et nomade, divisés en tribus et sans se donner de roi.

Tandis que les Mèdes prenaient au contact des Assyriens des habitudes plus civilisées, mais aussi plus énervantes, les Perses demeurés à demi barbares, avaient conservé une grande vigueur. Au dire de l'historien grec Hérodote, de cinq à vingt ans, on n'apprenait que trois choses aux jeunes Perses : à monter à cheval, à tirer de l'arc, à dire toujours la vérité.

Fondation de la monarchie. — Les Perses finirent par se donner un roi. Le premier fut *Achéménès*, qui fonda la dynastie des *Achéménides*. Après lui régnèrent Teïpsès, Cyrus Ier, Cambyse et Cyrus II ou *Cyrus le Grand*, le vainqueur des Mèdes.

Cambyse, père de Cyrus. — On ignore les actes d'Achéménès et de ses successeurs jusqu'à Cambyse. On sait seulement qu'ils conquirent la Susiane et qu'ils établirent dans ce pays leur capitale.

De Cambyse, père de Cyrus le Grand, nous ne connaissons guère que le fait de son mariage avec *Mandane*, fille d'Astyage, roi des Mèdes.

§ II. — CYRUS.

Cyrus. — Cyrus était encore fort jeune quand il succéda à Cambyse. Il avait passé une partie de son enfance en Médie, auprès d'Astyage, père de *Mandane* sa mère.

A l'époque où il hérita de la couronne, la Perse était vassale de la Médie. Le jeune roi résolut d'affranchir ses Etats de cette vassalité. Il marcha contre Astyage son grand-père, le défit et s'empara de son royaume. Il fut alors roi des Mèdes et des Perses.

Avec la Médie, il prit possession de tous les pays qui en dépendaient.

Le jeune héros qui débutait par une si glorieuse conquête ne devait plus remettre l'épée au fourreau jusqu'à la mort.

Les exploits de Cyrus. — Les grandes expéditions de Cyrus sont au nombre de cinq :

1º La conquête des plateaux iraniens des environs du Caucase et de la mer Caspienne ;

2º La conquête de l'Asie Mineure, dont le plus célèbre épisode fut la campagne contre Crésus, roi de Lydie ;

3º La conquête des pays baignés par la mer Érythrée, jusqu'à l'Indus ;

4º La conquête de l'empire assyrien ;

5º L'expédition contre les Massagètes, dans les régions du nord de la mer Caspienne.

1º Conquête des pays du Caucase (Albanie, Ibérie).

Cyrus fait la conquête des pays du Caucase. — Les pays voisins du Caucase, l'Albanie et l'Ibérie, faisaient partie de l'Iran. Ils étaient jusqu'alors demeurés indépendants. Cyrus, avec la coopération de Tigrane, roi de la Bactriane, qui était son allié, en entreprit la conquête.

Il lui fallut plusieurs années de guerre pour soumettre les habitants, qui étaient braves et qui défendirent courageusement leurs montagnes. Il soumit aussi toutes les tribus qui habitaient au nord de l'Arménie jusqu'à la mer Noire ou Pont-Euxin, et entre autres le petit peuple des Tibaréniens, fort renommé dans l'antiquité par l'invention de l'acier et par son habileté à forger les métaux.

La conquête des pays qui longeaient la mer Noire avait introduit Cyrus dans l'*Asie Mineure*. Il ne voulut point en sortir, avant de l'avoir placée en entier sous sa domination.

2° Conquête de la Lydie et de l'Asie Mineure.

Description de l'Asie Mineure. — Avant de raconter la conquête de l'Asie Mineure par Cyrus, il est nécessaire de nous rendre compte de l'importance de ce pays, et de connaître les nations qui l'habitaient (1).

L'*Asie Mineure*, ou *Petite Asie*, est une péninsule qui s'avance, comme un immense promontoire, entre la mer Noire, la mer Egée et la Méditerranée. Elle est entourée de tous côtés par des montagnes : au sud et à l'est, la chaîne du mont Taurus ; au nord, une chaîne qui s'allonge depuis le Caucase jusqu'au Bosphore.

Le pays forme un grand plateau, sur lequel souffle un air frais et où l'on trouve, à côté de quelques terrains arides, de nombreuses plaines fertiles et verdoyantes. L'on dirait une reproduction en miniature du plateau de l'Iran.

(1) Voir page 236 la carte de l'*Asie Mineure*.

116ᵉ Lecture. — **LA PHRYGIE EN ASIE MINEURE.** — La Phrygie était un des pays les plus importants et les plus riches de l'Asie Mineure. Elle dépendait de la Lydie.

Elle était renommée par ses laines, qui étaient transformées à Milet en tissus somptueux, par sa bonne agriculture, ses fromages et ses salaisons.

Dès une époque fort antique, ce pays forma un royaume florissant. Le premier de ses rois fut Gordius, lequel, suivant la légende, n'avait pour tout bien que deux paires de bœufs, avec lesquels il labourait ses champs.

Le timon du char de Gordius était attaché au joug par une corde, dont le nœud était si adroitement fait qu'on n'en pouvait découvrir les deux bouts. Ce char fut déposé dans

Roi de Perse. — Le roi de Perse Xercès en promenade, suivi de deux serviteurs dont l'un porte le parasol, l'autre le chasse-mouches. — (Bas-relief sur l'une des portes du palais de Persépolis.)

le temple de Jupiter. On racontait que l'empire de l'Asie avait été promis par les dieux à celui qui parviendrait à délier le *nœud gordien*.

En 334 avant Jésus-Christ, Alexandre le Grand, roi de Macédoine, dans son expédition contre la Perse, trancha d'un coup d'épée le nœud gordien, et accomplit ainsi l'oracle des dieux.

Les divisions de l'Asie Mineure. — L'Asie Mineure était habitée par un grand nombre de nations encore sauvages. Les contrées principales étaient : *sur les bords du Pont-Euxin*, la Bythinie, la Paphlagonie et le Pont. — Plus loin, *en se dirigeant vers le Caucase*, le pays des Chalybes, l'Ibérie et la Colchide ; — *à l'est, vers la mer Egée*,

---

117ᵉ Lecture. — **LES PHRYGIENS.** — **LÉGENDES DU ROI MIDAS.** — Midas, fils de Gordius et son successeur sur le trône de Phrygie, était puissamment riche. Pour expliquer son opulence, les légendes racontaient que le dieu Bacchus, qu'il avait accueilli à sa cour et traité avec magnificence, lui avait accordé le pouvoir de changer en or tout ce qu'il toucherait.

Midas fut d'abord enchanté ; mais comme ses aliments eux-mêmes, s'il y portait la main, se changeaient en or, son privilège lui devint bientôt à charge et il demanda à Bacchus de l'en délivrer.

Bacchus, pour l'en débarrasser, lui fit prendre un bain dans le *Pactole* qui, depuis ce temps, roule des paillettes d'or.

On racontait sur Midas une autre légende :

Un jour, le dieu Pan prétendit que les sons de sa flûte étaient bien supérieurs aux accords de la lyre du dieu Apollon.

Les deux divinités s'en rapportèrent au jugement de Midas. Le roi phrygien donna la préférence à la flûte de Pan.

Apollon s'en vengea, en changeant les oreilles de Midas en oreilles d'âne.

Midas s'efforçait, à l'aide d'un haut bonnet, de cacher sa pénible difformité, mais son barbier s'en aperçut. Midas lui fit promettre le secret.

Les barbiers sont bavards et le secret pesait si fort au barbier de Midas que, pour s'en débarrasser, il creusa un trou dans le sol, cria au fond du trou ce qu'il savait des oreilles du roi, puis il combla la fosse.

Mais sur le sol remué poussèrent des roseaux qui, toutes les fois que le vent les agitait, faisaient entendre ce cri : « Midas, le roi Midas a des oreilles d'âne ! »

la Troade, la Mysie, la Lydie, l'Ionie, la Carie, la Lycie ; — *au sud*, la Pamphylie et la Cilicie ; — *au centre*, la Phrygie et la Cappadoce.

Indépendamment de ces contrées, existaient sur la côte occidentale toute une ligne de colonies grecques dont les principales étaient les villes de Phocée, d'Ephèse, de Milet et d'Halicarnasse.

Les fleuves de l'Asie Mineure. — Plusieurs grands fleuves arrosent l'Asie Mineure et donnent à certaines contrées une étonnante fertilité. Les plus célèbres étaient le *Pactole* en Lydie, le *Méandre* en Phrygie, l'*Iris* dans le Pont, le *Sangarius* en Bithynie et l'*Halys*, le plus grand de tous, en Cappadoce.

La première et la plus importante des entreprises de Cyrus, en Asie Mineure, fut la conquête de la *Lydie*.

118e Lecture. — **LES LYDIENS EN ITALIE.** — Sous le règne d'Atys, racontent les légendes, la Lydie fut frappée d'une grande famine. Pour tromper la faim, les Lydiens eurent recours aux distractions. Ils inventèrent les dés, les osselets, la balle et toutes sortes de jeux. On jouait alternativement pendant un jour entier, afin de se distraire du besoin de manger et, le jour suivant, on mangeait au lieu de jouer. Pendant dix-huit ans, paraît-il, ce moyen réussit. Mais le mal allant toujours en empirant, le roi partagea ses sujets en deux groupes et les fit tirer au sort. L'un des groupes devait rester dans le pays, l'autre devait émigrer.

Le fils du roi Tyrrhénus se mit à la tête des émigrants.

Ceux-ci construisirent des vaisseaux et s'embarquèrent pour aller chercher à vivre sur d'autres terres.

Après avoir côtoyé différents pays, ils abordèrent en Italie sur la terre d'Ombrie. Ils quittèrent alors le nom de Lydiens et prirent celui de Tyrrhéniens.

La Lydie.

La Lydie. — A l'époque où Cyrus renversa l'empire des Mèdes, le principal royaume de l'Asie Mineure était la Lydie.

Les Lydiens étaient des descendants de Sem; leur capitale était Sardes, sur le Pactole, petit fleuve qui roulait des paillettes d'or.

Les Lydiens avaient puisé les premiers germes de la civilisation dans leurs rapports avec les colonies grecques, dont ils étaient voisins. Ils aimaient les arts, cultivaient la musique et avaient inventé la flûte. Ils étaient devenus de grands commerçants et remplissaient en Asie Mineure le même rôle que les Phéniciens en Syrie.

Les Lydiens inventeurs de la monnaie. — On attribue aux Lydiens l'invention de la monnaie. Avant eux, en effet, les échanges des différents produits se faisaient contre d'autres produits, ou encore contre de l'or et de l'argent, coupés en petits lingots, que l'on pesait dans une balance. Les commerçants lydiens, pour supprimer la balance dans leurs marchés, fabriquèrent des lingots de différents poids, et les marquèrent d'une empreinte spéciale. Ils créèrent ainsi des monnaies d'or et d'argent.

Les rois de Lydie. — La Lydie était depuis longtemps érigée en royaume et avait eu un certain nombre de rois. Les plus connus sont Tyrrhénus, Gygès, Alyatte et Crésus.

Tyrrhénus est demeuré célèbre pour avoir conduit une colonie lydienne en Italie, où il fonda plusieurs villes de l'Ombrie.

Gygès, chef des gardes du roi Candaule, avait assassiné

Roi de Lydie. — *Crésus prisonnier sur son bûcher.* — (D'après une peinture de vase grec.)

119ᵉ Lecture. — L'ANNEAU DE GYGÈS. — Avant de devenir roi des Lydiens, Gygès avait été berger.

Un jour qu'il gardait ses troupeaux, dit la fable, il aperçut dans le sol une vaste fente. Il eut la curiosité d'y descendre et se trouva dans une grotte où il rencontra un immense cheval de bronze et, dans ses flancs, le cadavre d'un géant portant un anneau d'or.

Gygès mit l'anneau à son doigt et remonta. Mais il s'aperçut bientôt que cet anneau le rendait invisible.

L'ambition le prit ; il se rendit à la cour du roi Candaule, qui maltraitait indignement son épouse. Gygès tua Candaule, épousa la reine et se fit proclamer roi de Lydie.

Il fut l'ancêtre de Crésus.

ce prince et s'était emparé du trône. Roi belliqueux, il commença l'ère des grandes conquêtes lydiennes, en s'emparant de la Troade et de plusieurs colonies grecques, entre autres de la ville de Milet. Il songeait même à conquérir toute l'Asie Mineure, mais il fut arrêté par une invasion de hordes scythes, qui ravagèrent la Lydie, brûlant les villes et dévastant les campagnes. Gygès marcha contre eux et périt dans une bataille, les armes à la main.

Après le départ des Scythes, les successeurs de Gygès s'occupèrent surtout de relever le pays de ses ruines.

Alyatte, l'un d'entre eux, reprit le projet de soumettre à son autorité les peuples de l'Asie Mineure. Il commença par les colonies grecques et réussit à prendre Smyrne. Il s'empara ensuite de la Phrygie et de la Cappadoce.

Il en était là de ses exploits, quand Cyaxare, roi des Mèdes, vint l'attaquer en Cappadoce. La guerre, qui dura cinq ans, se termina par la bataille de l'Eclipse, à l'issue de laquelle les deux rois firent la paix et prirent la rivière de l'Halys comme limite entre les deux royaumes. Pour cimenter leur alliance, Alyatte accorda à Astyage, fils de Cyaxare, la main de sa fille Aryénis, la sœur de Crésus son héritier.

Le dernier et le plus célèbre des rois de Lydie fut *Crésus*.

Crésus, roi de Lydie. — Ses conquêtes. — Le roi Alyatte avait laissé deux fils : Crésus et Pantaléo. Pantaléo, le cadet, voulut s'emparer du trône et tenta de soulever le peuple de Sardes. Il échoua, et Crésus, inventant pour se venger un supplice d'une cruauté sauvage, le fit déchirer cruellement par les cardes d'un moulin à foulon.

Crésus continua les conquêtes de son père. Une suite de campagnes heureuses fit tomber sous son pouvoir toutes les colonies grecques et, après elles, la Mysie, la Bithynie, la Carie, la Lycaonie et la Pamphylie. Deux seules nations parvinrent à conserver leur indépendance : la Lycie et la Cilicie ; tout le reste de l'Asie Mineure plia sous son joug.

120ᵉ Lecture. — **CRÉSUS ET SOLON.** — Crésus était devenu le plus puissant monarque du monde. On venait de partout à Sardes pour admirer ses richesses. Les légendes prétendent que Solon lui-même, l'un des sages de la Grèce, qui vécut beaucoup plus tard, rendit visite à l'opulent monarque.

Quand Solon, racontait-on, fut sur le point de partir, Crésus le questionna en ces termes : « Illustre Athénien, je connais ta profonde sagesse ; dis-moi quel est celui que tu estimes le plus heureux, parmi tous les hommes que tu as vus dans tes voyages ? »

Crésus faisait cette question parce qu'il croyait être cet homme le plus heureux de tous.

Solon répondit : « O roi ! c'est Tullus l'Athénien. »

Crésus étonné reprit : « A quoi reconnais-tu cela ? » — « D'abord, répondit Solon, Tullus eut des enfants bien faits et vertueux, puis il a possédé des richesses autant qu'il convient chez nous ; enfin il est mort glorieusement pour sa patrie sur le champ de bataille. »

« Mais après Tullus, poursuivit Crésus, quel est l'homme le plus heureux que tu aies rencontré ? » — « Ce sont deux habitants d'Argos, Cléobis et Biton, qui se sont rendus célèbres par leur piété filiale, répondit le sage Solon. »

Crésus irrité s'écria : « O mon hôte athénien, mon bonheur te paraît donc bien peu de chose que tu ne me places pas même au niveau de ces hommes ? »

Solon reprit : « Roi Crésus, je te vois, en effet, immensément riche et roi de peuples nombreux ; mais, pour déclarer que tu es le plus heureux des hommes, il faudrait que je pusse connaître d'avance comment tu termineras ta carrière. Car, en toutes choses, il faut considérer la fin. »

La réponse ne fut pas du goût de Crésus, qui, au dire de la légende, congédia sur-le-champ son hôte.

Richesses de Crésus. — Après la conquête de ces opulentes contrées, Crésus parut le monarque le plus puissant du monde. Il se mit à étaler dans Sardes, sa capitale, un luxe si prodigieux que partout on disait *riche comme Crésus*. On venait de Grèce pour admirer les objets d'or et d'argent, qu'il avait enlevés chez les peuples vaincus.

Le fastueux prince, jaloux de répandre au loin sa renommée, se mit à faire aux temples de la Grèce des largesses inouïes. Il envoya un trépied d'or massif au dieu Apollon de Thèbes en Béotie, des vaches d'or à la déesse Diane d'Éphèse, un grand bouclier d'or et quatre tonneaux d'argent à la Minerve du temple de Delphes. En même temps, il faisait consulter les prêtres de ces divinités, espérant

---

121ᵉ Lecture. — **CRÉSUS ET SON FILS ATYS.** — Solon avait parlé en sage à Crésus. En effet, le puissant roi de Lydie se trouva bientôt en proie à de cruelles infortunes.

Il avait deux fils : l'aîné était muet et ne pouvait régner ; l'autre, nommé Atys, était le plus intelligent de tous les enfants de son âge.

Un songe annonça à Crésus qu'Atys périrait frappé par une pointe de fer. Aussitôt Crésus, par crainte d'accident, s'empressa d'enlever à son fils le commandement de l'armée. Il fit disparaître des appartements du jeune prince toute flèche, toute épée, tout javelot, tout ce qui portait une pointe de fer.

Peu de temps après, un énorme sanglier ayant ravagé les moissons des Mysiens, ceux-ci dépêchèrent des messagers auprès de Crésus pour le prier d'envoyer son fils avec l'élite des troupes lydiennes, pour les délivrer du terrible animal.

Atys, qui brûlait du désir d'aller à la chasse, triompha de la résistance de son père, en lui représentant qu'il n'avait à craindre du sanglier ni flèche ni pointe de fer.

Atys partit, sous la garde du phrygien Adraste, l'un des

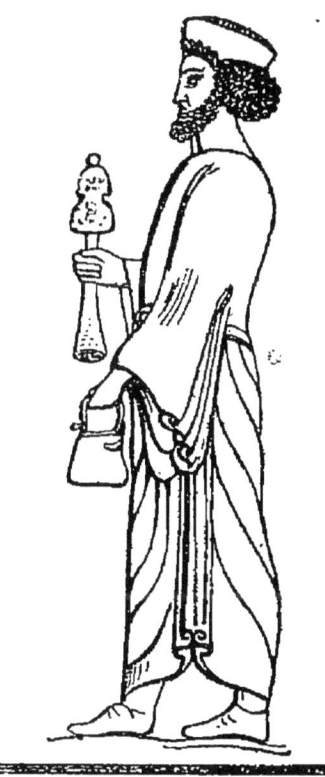

Mède en costume national, portant des présents au roi. — (Bas-relief de Persépolis.)

favoris de son père, chargé de veiller spécialement sur ses jours.

On rencontra le sanglier sur le mont Olympe. Adraste lança un trait contre l'animal, le manqua et atteignit le fils de Crésus, qui succomba sur-le-champ. Adraste, inconsolable dans son malheur, se perça de son épée sur le corps du jeune prince.

Crésus, privé du fils en qui il avait placé toutes ses espérances, passa deux ans plongé dans la plus profonde tristesse, insensible désormais à cette opulence, qui est demeurée proverbiale.

en recevoir des oracles favorables à sa vaniteuse ambition.

Toutes les joies de Crésus furent tout à coup brisées par la mort imprévue de son fils de prédilection, qui périt dans une partie de chasse. Son autre fils était muet. Ce malheur n'était que le début de ses infortunes.

Cyrus et Crésus. — Crésus apprit que Cyrus, roi des Perses, venait de renverser Astyage et de s'emparer du

---

122ᵉ LECTURE. — **CRÉSUS CONSULTE L'ORACLE DE DELPHES.** — Crésus, avant de commencer la guerre contre Cyrus, envoya consulter l'oracle d'Apollon à Delphes, en Grèce. Ses ambassadeurs portèrent au dieu en cadeau cent tuiles d'or, un lion en or, deux grandes coupes d'or et d'argent, quarante barils d'argent, une statue de femme en or, haute de trois coudées, les colliers et les ceintures de sa femme.

L'oracle répondit que, *s'il entreprenait la guerre, il détruirait un grand empire.*

Crésus interpréta cette réponse suivant ses espérances, et crut qu'il s'agissait pour lui de détruire l'empire des Perses. Il n'hésita donc point à marcher contre Cyrus.

Il fut vaincu et fait prisonnier.

Pendant sa captivité, Cyrus lui ayant demandé un jour s'il désirait quelque chose :

« Maître, répondit Crésus, la plus grande faveur serait de me permettre d'envoyer à Apollon, dieu des Grecs, celui de tous que j'ai le plus honoré, les chaînes dont tu as lié mes mains, en faisant demander à ce dieu pourquoi il s'est permis de me tromper, moi qui l'avais comblé de présents. »

Cyrus lui accorda cette faveur.

L'oracle de Delphes se moqua des Lydiens qu'on avait envoyés et leur fit cette réponse : « Crésus a tort de se plaindre. Apollon lui avait prédit qu'en faisant la guerre aux Perses, il détruirait un grand empire ; pourquoi n'a-t-il pas demandé s'il s'agissait de l'empire des Lydiens ou de celui des Perses ? »

royaume des Mèdes. Astyage était son beau-frère. De plus, par suite de cette conquête, les Etats lydiens ne se trouvaient plus séparés de l'empire des Perses que par le fleuve Halys, qui coule en Cappadoce.

Crésus crut prudent de ne pas attendre que Cyrus franchît cette faible frontière. Il consulta les oracles de Grèce, fit alliance avec les rois de Babylone et d'Egypte, puis, sous prétexte de venger son beau-frère Astyage, il envahit la partie de la Cappadoce qui dépendait de la Médie.

Bataille de Thymbrée. — Cyrus, à cette nouvelle, accourut, à la tête de son armée. Les deux princes se livrèrent en Cappadoce une grande bataille, qui dura tout un jour, sans que la victoire se fût déclarée pour l'un ou pour l'autre.

Le lendemain, Cyrus ne recommença pas la lutte. Crésus pensa que la bataille de la veille avait trop épuisé les

---

123ᵉ Lecture. — **BATAILLE DE THYMBRÉE.** — Cyrus fondit sur la Lydie et parut bientôt sous les murs de Sardes. Crésus s'avança à sa rencontre avec sa cavalerie lydienne, renommée par sa bravoure dans les combats.

Les deux adversaires se rencontrèrent dans la plaine de Thymbrée, en avant de la ville de Sardes.

Cyrus, qui redoutait le choc de la cavalerie lydienne, rassembla tous les chameaux qui portaient les vivres et les bagages, les fit monter par des hommes équipés en cavaliers et les plaça en tête de ses troupes.

Or, le cheval, dit-on, ne peut soutenir ni la vue ni l'odeur du chameau. Les chevaux lydiens n'eurent pas plus tôt aperçu et senti les chameaux qu'ils reculèrent en désordre. Les cavaliers lydiens, cependant, descendirent de cheval et combattirent à pied, mais ils essuyèrent des pertes considérables et prirent la fuite.

forces de l'ennemi pour continuer la campagne ; et, comme de son côté il avait éprouvé des pertes sérieuses, il ramena ses troupes à Sardes, sa capitale. Mais sans perdre de temps, Cyrus se jeta à sa poursuite sur la route de Sardes.

Une seconde bataille se livra en avant de la ville, dans la *plaine de Thymbrée*. Les chevaux des Lydiens, effrayés à la vue des chameaux de l'armée perse, refusèrent d'avancer et Crésus perdit la bataille.

Chute de l'empire de Lydie. — Cyrus commença aussitôt le siège de la citadelle de Sardes, dans laquelle s'était renfermé Crésus, après sa défaite. Perchée au sommet d'un rocher taillé à pic, la citadelle passait pour imprenable.

Depuis quinze jours, les Perses étaient campés autour, sans trouver le moyen de la surprendre, quand un hasard heureux les tira d'embarras. D'un endroit où le roc était le plus abrupt, un soldat lydien laissa tomber son casque dans le ravin. Un soldat perse le vit descendre le long du rocher et aller le ramasser. Le lendemain, les assiégeants suivirent le même sentier, surprirent les Lydiens et s'emparèrent de la citadelle. La prise de Sardes amena la destruction de l'empire lydien.

Cyrus réunit la Lydie à ses Etats. Quant à Crésus, les légendes rapportent qu'il eut d'abord l'intention de le faire périr par le feu, mais qu'il lui pardonna, au moment

---

124ᵉ Lecture. — **CRÉSUS SAUVÉ PAR SON FILS MUET.** — Crésus, racontent les légendes, avait un fils qui était muet. Il avait cherché tous les moyens de le guérir et avait consulté l'oracle de Delphes. L'oracle avait répondu : « Insensé Crésus, ne souhaite pas d'entendre la voix

Perse en costume national. — (D'après les monuments de Persépolis.)

de ton fils ; le jour où il parlera commenceront tes malheurs. »

Le jour de la prise de Sardes, après la bataille de Thymbrée, un soldat perse entra dans le palais, se jeta sur Crésus sans le connaître et s'apprêta à le tuer.

Le roi, accablé sous le poids de ses malheurs, ne faisait rien pour éviter la mort. Mais le jeune prince muet, saisi d'effroi à la vue du danger que courait son père, fit un effort surhumain qui lui rendit la voix : « Soldat, s'écria-t-il, ne tue pas Crésus ! » A partir de ce moment, l'enfant conserva la parole.

où déjà l'on commençait à allumer le bûcher. Il le traita dans la suite fort honorablement.

Les généraux de Cyrus achevèrent la soumission de l'Asie Mineure, par la conquête de toutes les colonies grecques.

3º Conquête de l'Asie jusqu'à l'Indus.

Conquête de la Carmanie et de la Gédrosie. — Tandis que ses lieutenants achevaient la conquête de l'Asie Mineure, Cyrus s'était reporté vers le plateau de l'Iran. Entre la Perse et l'Inde, le long de la mer Erythrée, se trouvaient deux grandes provinces encore indépendantes, la Carmanie et la Gédrosie, provinces qui forment aujourd'hui le Béloutchistan et l'Afghanistan. Cyrus s'en empara.

125e Lecture. — **CRÉSUS SUR LE BUCHER.** — Crésus, fait prisonnier, fut conduit devant Cyrus. Celui-ci fit dresser un grand bûcher et ordonna d'y placer Crésus pour le brûler vif.

Crésus, sur le bûcher, se rappela, dit-on, les paroles de Solon : que nul homme ne peut se dire heureux tant qu'il respire encore. Il ne put s'empêcher de pousser cette exclamation : Ah ! Solon ! Solon !

Cyrus lui demanda quel était celui qu'il invoquait ainsi. Crésus alors raconta son ancien entretien avec le sage de la Grèce.

Déjà le bûcher commençait à s'enflammer. Cyrus commanda d'éteindre le feu et délivra le roi phrygien.

Puis il lui dit : « Crésus, quel est l'homme insensé qui t'a conseillé de te déclarer mon ennemi, au lieu d'être mon ami ? »

— « Roi, répondit Crésus, ton heureux destin et mon infortune m'ont jeté dans cette malheureuse entreprise ! »

4° Prise et destruction de Babylone.

Conquête de l'empire chaldéen et destruction de Babylone. — La domination du héros perse s'étendait de l'ouest à l'est, depuis la mer Egée jusqu'au cours de l'Indus. Elle atteignait la rivière de l'Iaxarte au nord et avait pour bornes au sud le golfe Persique et la mer Erythrée. Pour posséder toute l'Asie connue, il ne lui restait plus qu'à réunir à ses Etats l'empire chaldéen de Babylone. Il résolut de tenter l'entreprise.

Le roi de Babylone Nabonid l'avait du reste provoqué, en signant contre lui un traité d'alliance avec Crésus.

Il partit donc d'Ecbatane en Médie, dont il avait fait sa résidence habituelle, franchit le Tigre et marcha droit sur Babylone. La ville, défendue par Balthasar, fils du roi Nabonid, fut surprise, un jour de fête, pendant que ses défenseurs étaient plongés dans le sommeil de l'ivresse.

Toutes les provinces de l'empire babylonien se soumirent sans résistance, et furent incorporées à l'empire des Perses.

Cyrus met fin à la captivité de Babylone. — Cyrus, après la prise de Babylone, publia un édit qui mettait fin à la captivité des Juifs. Il leur permit de retourner à Jérusalem et de rebâtir leur temple. A leur départ, il leur fit remettre tous les vases d'or et d'argent, enlevés autrefois dans le temple par Nabuchodonosor, et il nomma Sasbasar, l'un d'entre eux, comme gouverneur de Jérusalem.

Mort de Cyrus. — Après la prise de Babylone, Cyrus régna en paix pendant huit ans. Les incursions opérées sur les terres de l'Iran, par les Massagètes des bords de la mer Caspienne, lui remirent les armes à la main. Arrivé dans leur pays, il attira l'armée de ces barbares dans une embuscade où ils périrent en grand nombre. Le reste fut fait prisonnier et, parmi eux, le fils de la reine, qui se tua de ses propres mains pour ne pas survivre à la perte de sa liberté.

Les Massagètes formèrent une seconde armée, qui vint attaquer les troupes du roi des Perses. Au plus fort de la bataille, Cyrus tomba, frappé d'un coup de flèche. Ses troupes le voyant mort prirent la fuite.

126ᵉ Lecture. — **MORT DE CYRUS (529).** — Cyrus, pour attaquer les Massagètes, rassembla une nombreuse armée, passa l'Iaxarte sur des ponts et établit son camp en avant du fleuve.

Quand il vit arriver les Massagètes, au lieu de marcher contre eux, il laissa dans le camp ses plus mauvaises troupes et retourna en arrière, vers le fleuve, avec ses meilleurs soldats.

Les Massagètes attaquèrent le camp, massacrèrent ceux qui le gardaient et, trouvant sous leur main des vivres en abondance, ils se mirent à manger et à boire avec excès, puis s'endormirent.

Cyrus survint alors avec ses troupes et en fit un grand carnage. Parmi les prisonniers se trouva le fils de Thomyris, reine des Massagètes. Il se nommait Spargapithès.

La reine mère envoya aussitôt dire à Cyrus : « Prince altéré de sang, tu as remporté la victoire sur mon fils, non dans une bataille et par tes propres forces, mais par suite de l'ivresse de mes soldats. Rends-moi mon fils, sinon, j'en jure par le Soleil, je t'assouvirai de sang, quelque altéré que tu sois. »

Cyrus ne tint aucun compte de ce discours.

Quant au jeune Spargapithès, se voyant prisonnier, il pria

Le corps du grand conquérant fut rapporté en Perse et enterré à Pasargade, dans les jardins du palais royal. Au milieu des ruines de ce palais, sur l'un des piliers, on a retrouvé un bas-relief, représentant Cyrus ayant quatre ailes aux épaules avec cette inscription : *Moi, je suis le roi Cyrus, Achéménide.*

Il avait régné 29 ans.

Cyrus de lui faire ôter ses fers. Dès qu'il fut sans chaînes, il saisit une épée et se tua.

La reine Thomyris rassembla alors toutes ses forces et livra bataille à Cyrus. La victoire se déclara pour les Massagètes. Cyrus périt dans le combat.

La reine, ayant retrouvé le corps de ce prince parmi les morts, maltraita son cadavre et lui fit plonger la tête dans un vase plein de sang humain : « Assouvis-toi de sang, s'écria-t-elle, comme je te l'ai promis ! »

Les Perses parvinrent à reconquérir le corps de Cyrus et le rapportèrent à Pasargade.

CHAPITRE QUATRIÈME
Cambyse et Darius.

I. CAMBYSE ET LA CONQUÊTE DE L'EGYPTE. — II. LE FAUX SMERDIS. — III. DARIUS ET L'ORGANISATION DE L'EMPIRE DES PERSES. — L'EMPIRE DES PERSES APRÈS DARIUS.

§ Ier. — CAMBYSE ET LA CONQUÊTE DE L'EGYPTE.

Cambyse (529-522). — Cyrus laissait deux fils, Cambyse et Smerdis. Cambyse l'aîné monta sur le trône de Perse ; Smerdis reçut le gouvernement de la Bactriane et de la région des Parthes et se reconnut vassal de son frère.

Cambyse est demeuré célèbre par la conquête de l'Egypte et par les actes de folie furieuse dont il souilla son règne.

Conquête de l'Egypte. — A peine sur le trône, Cambyse songea à illustrer son nom par des conquêtes, à l'exemple de Cyrus, son père. Il jeta ses vues sur l'Egypte. Les richesses de ce pays tentaient son ambition ; puis il conservait une certaine rancune envers les Egyptiens, qui s'étaient autrefois alliés contre les Perses avec Crésus.

Les Arabes occupaient les grands déserts qui séparaient l'Asie de l'Egypte. Cambyse fit alliance avec eux et en obtint, avec le droit de passage, les moyens de ravitailler son armée pendant son expédition. Il parvint ainsi très facilement jusqu'auprès de Péluse. En même temps arrivait devant la ville une flotte, qui lui avait été fournie par les Phéniciens.

Psammétique III, roi d'Egypte, avait rangé son armée en bataille en avant de Péluse. Pour s'assurer la victoire, Cambyse, disent les légendes, fit placer en tête de ses troupes une foule d'animaux, regardés comme sacrés en Egypte. Les Egyptiens n'osèrent point lancer leurs flèches dans la crainte de blesser ces animaux.

La *victoire de Péluse*, suivie de la prise de Memphis, livra l'Egypte à Cambyse.

Expédition en Ethiopie. — L'Ethiopie était alors gouvernée par le grand prêtre d'Ammon, qui avait fait de Napata sa capitale. On raconta à Cambyse que les habitants de ce pays étaient les hommes les plus grands, les plus forts et en même temps les plus riches de la terre. L'or y était si commun, disait-on, qu'on en fabriquait les ustensiles les plus ordinaires, et jusqu'aux chaînes des prisonniers.

127e Lecture. —**LES ESPIONS DE CAMBYSE CHEZ LES ETHIOPIENS.** — Cambyse envoya des espions chez les Ethiopiens, sous prétexte de porter des cadeaux à leur roi. Ils arrivèrent en Ethiopie, se présentèrent en amis et offrirent au souverain un vêtement de pourpre, un collier d'or ciselé, des bracelets, un vase d'albâtre rempli de parfums, un tonneau de vin de palmier.

Mais ce prince, plein de défiance, leur dit : « Vous ne dites pas la vérité ; votre but est d'espionner mon royaume..... Eh bien ! portez à Cambyse cet arc et répétez-lui ces paroles : Lorsque les Perses seront capables de tendre aussi facile-

Cambyse partit à la conquête de ce merveilleux pays, sans se préoccuper des difficultés de l'expédition, sans prendre soin d'apporter les provisions nécessaires. Arrivé en Ethiopie, il quitta les bords du Nil, dont les sinuosités allongeaient, pensait-il, son chemin, et s'avança en droite ligne à travers le désert, dans la direction de Napata.

Bientôt son armée se trouva au milieu d'immenses plaines de sable, sans ombrages, sans eau, sans ressources d'aucune espèce. Les vivres manquèrent. Les soldats, après avoir mangé les bêtes de somme, se virent réduits à manger ceux d'entre eux que désignait le sort. Cambyse fut contraint de revenir en Egypte, après avoir perdu dans le désert la plus grande partie de son armée.

Actes de folie furieuse de Cambyse. — Avant l'expédition d'Ethiopie, Cambyse, qui était ivrogne et sujet à des accès de colère frénétique, s'était déjà livré à des actes de sanguinaire violence. On l'avait vu arracher de son tombeau la momie d'Amasis, roi d'Egypte, par qui il prétendait avoir été jadis insulté, et jeter au feu le cadavre après l'avoir fait battre de verges. Il avait aussi fait assassiner Smerdis son frère, parce que dans un songe il l'avait vu régner à sa place.

Le désastre de ses troupes dans les déserts d'Ethiopie

---

ment que je le fais un arc de cette grandeur, ils pourront se risquer à attaquer les Ethiopiens. En même temps, le roi, qui était une espèce de géant aux formes athlétiques, tendit l'arc, le débanda et le remit aux ambassadeurs.

A leur retour, les envoyés perses rendirent compte de leur mission à Cambyse. Celui-ci entra dans une colère violente et donna immédiatement à son armée l'ordre de se diriger vers l'Ethiopie.

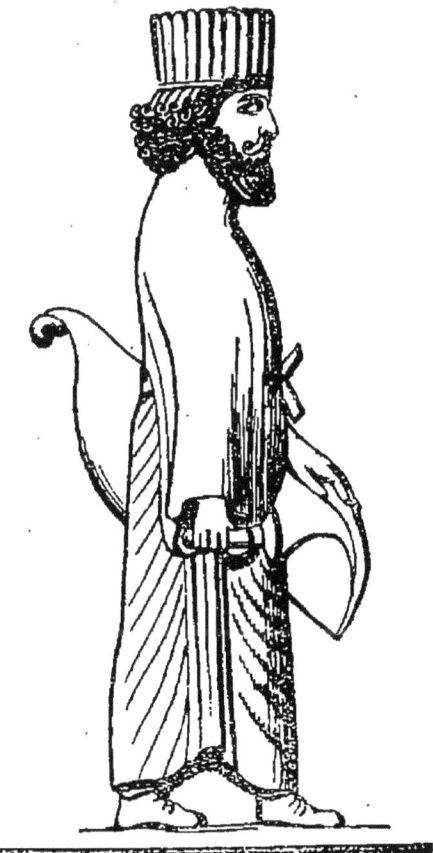

Guerrier médo-perse, portant la robe médique. — (D'après les sculptures de Persépolis.)

128ᵉ Lecture. — **CAMBYSE TUE LE BŒUF APIS.** — L'échec de Cambyse dans la Haute Egypte fit entrer ce prince dans un accès de folie furieuse.

Quand il revint à Memphis, il trouva la population en train de fêter le bœuf Apis. Il s'imagina qu'on se réjouissait de ses revers. Il appela donc les magistrats de Memphis et, malgré leurs explications, les condamna à mort.

Il convoqua ensuite les prêtres et les fit battre de verges. Puis il se fit amener le bœuf sacré : « Voilà bien, s'écria-t-il

porta à l'orgueil de Cambyse une si cruelle blessure, que sa raison en fut complètement égarée. En rentrant à Memphis, il trouva la population célébrant les fêtes du bœuf Apis. S'imaginant qu'on se réjouissait de sa défaite, il condamna à mort les magistrats de la ville et transperça le bœuf Apis de son épée. Depuis lors, il fit peser sur l'Egypte la plus odieuse des tyrannies.

Les Perses ne furent pas plus épargnés que les Egyptiens. Il assassina lui-même sa propre sœur, qui lui reprochait le meurtre de Smerdis leur frère. Pour se divertir, il fit enterrer vifs douze de ses principaux officiers.

Mort de Cambyse. — Tandis que Cambyse se livrait ainsi en Egypte aux caprices furieux de sa sanguinaire nature, une révolution éclatait contre lui en Médie. Les mages ou prêtres du royaume s'étaient mis à la tête du soulèvement. A cette nouvelle, le roi des Perses résolut de partir sur-le-champ pour châtier les rebelles. Comme

---

en le voyant, un dieu digne des Egyptiens ! » Et en même temps, il le frappa de son épée. Le bœuf mourut des suites de sa blessure.

Le savant Mariette, explorateur français, a retrouvé l'épitaphe de cet Apis, tué par Cambyse, dans le sérapéum de Memphis, et l'a envoyée à Paris au musée du Louvre.

129ᵉ Lecture. — **FOLIES FURIEUSES DE CAMBYSE.** — Les quinze mois que vécut Cambyse après son échec en Egypte furent signalés par des actes de folie de plus en plus féroces.

Un jour, il fit enterrer vifs jusqu'à la tête douze grands personnages de sa cour et s'amusa à les voir mourir. Un autre jour, il adressa à Préxaspe, l'un de ses officiers, cette question : « Que pensent de moi les Perses ? » — « Maitre,

il montait à cheval avec une agitation fébrile, son sabre sortit du fourreau et le blessa grièvement à la cuisse. Il se mit néanmoins en route, malgré sa blessure, mais la gangrène gagna la plaie et amena sa mort.

§ II. — LE FAUX SMERDIS.

L'usurpateur Gaumâta ou le faux Smerdis s'empare du trône. — Le chef de la révolution qui avait éclaté en Médie, était un mage, à qui Cambyse avait confié l'administration du trésor royal. Ce mage avait pour frère un autre prêtre, nommé Gaumâta.

Gaumâta ressemblait d'une manière frappante à Smerdis, que Cambyse avait fait mourir. Profitant du mécontentement général dans lequel se trouvaient la Médie et la Perse, par suite de la tyrannie du roi, il se fit passer pour Smerdis, frère de Cambyse, souleva les provinces et ceignit la couronne royale. Son mensonge fut d'autant plus facile que le peuple ignorait encore la mort du vrai Smerdis.

---

répondit le courtisan, ils te comblent de louanges, mais ils pensent que tu as un peu trop de penchant pour le vin. »

« Ah! ah! reprit Cambyse transporté de colère, prétendraient-ils que le vin me fait perdre la raison? Eh bien! sache qu'un ivrogne ne voit pas clair. Si de ma flèche j'atteins au cœur ton fils, que voici au loin dans ce vestibule, tu comprendras que je ne suis pas ivre. »

A ces mots, il tend son arc et vise le fils de Préxaspe.

Le jeune homme tomba; Cambyse fit ouvrir son corps pour voir où le coup avait frappé : la flèche était juste au milieu du cœur.

Il se retourna alors tout joyeux vers le malheureux père. « Tu vois bien, s'écria-t-il, que les Perses ont perdu l'esprit! »

HIST. ANC. 21

La Perse entière et la Médie acceptèrent sans hésiter le faux Smerdis pour roi.

Darius renverse le faux Smerdis. — Gaumâta régna paisiblement pendant six mois, vivant caché au fond du palais de Pasargade. Mais une femme, qu'il prit pour épouse, s'aperçut qu'il n'avait point d'oreilles. Elle le raconta et on découvrit que celui qu'on prenait pour Smerdis ne devait être que Gaumâta, auquel on avait autrefois coupé les oreilles en punition d'un crime.

Les principaux Perses résolurent de renverser l'usurpateur. Ils firent entrer dans leur complot un prince de la famille royale des Achéménides, nommé Darius, fils d'Hystape, gouverneur de la Perse.

Darius, à la tête de six conjurés, pénétra dans le palais, surprit Gaumâta dans ses appartements et le tua à coups

---

130ᵉ Lecture. — **DARIUS TUE LE FAUX SMERDIS.** — Darius et ses amis arrivèrent au château où se tenait le faux Smerdis. Les gardes les laissèrent passer sans défiance. Ils pénétrèrent dans l'appartement royal. A leur vue, Gaumâta et son frère se précipitent sur leurs armes et tiennent tête aux conjurés.

Le frère de Gaumâta succomba le premier. Le faux Smerdis se réfugia alors dans une chambre noire et chercha à s'y cacher. Darius et Gobryas son ami l'y poursuivent et le combat recommença dans l'obscurité. Gobryas saisit le faux Smerdis par le corps et tous deux tombent à terre. «Frappe donc! crie Gobryas à Darius. — Je n'ose point dans la crainte de t'atteindre, » répond Darius.

« N'importe, réplique Gobryas, enfonce ton épée, s'il le faut, au travers de nos deux corps ! »

Darius obéit et fut assez heureux pour ne transpercer que le mage.

Soldats perses de différentes armes. — (D'après les sculptures de Persépolis.)

de poignard. Puis il se fit proclamer roi des Mèdes et des Perses.

§ III. — DARIUS ET L'ORGANISATION DE L'EMPIRE DES PERSES.

Darius (521-485). — Darius, le nouveau roi, appartenait à une branche collatérale de la famille royale des *Achéménides*. Il était parent de Cyrus et l'héritier légitime de Cambyse, qui n'avait point laissé d'enfants. Son père était Hystape, gouverneur de la Perse au nom du roi.

Darius régna trente-six ans. Son règne se partage en quatre périodes :

Dans la première, il eut à reconquérir la moitié de l'empire perse, qui s'était révoltée à son avènement et avait proclamé des usurpateurs.

Dans la seconde, il entreprit de donner une organisation régulière à son empire.

Dans la troisième, il dirigea une expédition dans l'Inde et une autre moins heureuse contre les Scythes en Europe.

Dans la quatrième, son désir de soumettre la Grèce lui fit commencer les *guerres Médiques*, qui devaient être fatales à lui et à son empire.

Darius pacifie l'empire des Perses. — L'avènement de Darius fut le signal d'une révolte, qui gagna la moitié des provinces de l'empire. La Susiane, Babylone, la Médie, l'Arménie, l'Assyrie et les Parthes se soulevèrent et se donnèrent des rois. En Perse même, un usurpateur se fit proclamer par une partie de la nation, en déclarant qu'il était le vrai Smerdis, fils de Cyrus.

Darius employa plusieurs années à reconquérir l'une après l'autre toutes les provinces de son empire.

La Susiane fut envahie par l'un de ses lieutenants, qui s'empara de l'usurpateur et le fit mettre à mort.

131ᵉ Lecture. — **ELECTION DE DARIUS A LA ROYAUTÉ.** — Après la mort du faux Smerdis, il s'agissait, disent les légendes, de choisir un roi parmi les sept conjurés.

Il fut décidé que le lendemain matin, ils se rendraient à cheval hors de la ville, et qu'on proclamerait roi celui dont le cheval saluerait le premier de ses hennissements le soleil levant.

Darius avait un écuyer très dévoué à son maître et fort rusé. Quand la nuit fut venue, il conduisit dans le faubourg de la ville et cacha derrière les buissons l'un des chevaux de Darius.

Le lendemain, l'autre cheval que montait Darius eut à peine senti son compagnon habituel, qu'il se mit à hennir. La couronne fut aussitôt adjugée à son maître.

A Babylone, l'usurpateur, qui avait pris le nom de Nabuchodonosor III, mit la ville en état de défense et s'apprêta à disputer vigoureusement le passage du Tigre. Darius dirigea lui-même l'expédition. Il fit traverser le fleuve à ses soldats, les uns montés sur des chevaux, les autres sur des chameaux, repoussa les révoltés dans deux sanglantes batailles et prit la ville. Nabuchodonosor fut crucifié avec trois mille des principaux habitants.

La *Médie*, l'*Arménie*, l'*Assyrie* et les *Parthes* avaient pris pour roi un Mède, nommé Phraorte, qui se faisait passer pour le descendant de Cyaxare. Darius, après la

---

132ᵉ LECTURE. — **LÉGENDE DE LA PRISE DE BABYLONE PAR DARIUS**. — La prise de Babylone par Darius n'avait rien présenté d'extraordinaire. L'imagination orientale créa la légende suivante :

Darius, après vingt mois de siège, commençait à désespérer du succès. Zopyre, l'un de ses officiers, l'aborda et lui dit : « Maître, permets-moi de me présenter à Babylone comme transfuge et, une fois dans la ville, je saurai bien t'en ouvrir les portes. »

Darius consentit.

Alors Zopyre se coupe le nez et les oreilles, se met le corps en sang et se présente aux portes de Babylone : « Voyez dans quel état m'a mis la cruauté des Perses, dit-il aux soldats babyloniens. Recevez-moi chez vous et donnez-moi l'occasion de me venger. »

On l'accueillit à bras ouverts et on lui donna le commandement d'un petit corps de troupes.

A leur tête, il fit une sortie et mit en fuite plusieurs bataillons perses. C'était une ruse convenue entre lui et Darius.

Il fit ainsi plusieurs sorties dans lesquelles il fut toujours vainqueur. Les Babyloniens lui confièrent alors la garde des remparts.

Quelques jours après, Zopyre livrait les portes à Darius.

prise de Babylone, marcha contre les rebelles de la Médie et les mit en déroute. Phraorte tomba entre ses mains, il eut le nez, les oreilles et la langue coupés, après quoi il fut attaché sur une croix, ainsi que ses principaux complices.

La Perse, avec le faux Smerdis, et toutes les autres provinces révoltées furent ramenées par Darius à l'obéissance.

Darius fit graver le récit de ces révoltes et leur répression sur le flanc de l'énorme rocher de Béhistoum, qui se trouve sur la route de Babylone à Ecbatane.

Organisation de l'empire des Perses. — Darius, maître enfin dans son empire, entreprit de donner une organisation régulière à ses nombreux Etats.

Cyrus avait eu pour capitale la vieille cité de Pasargade en Perse. Darius prit pour capitale la ville de *Suse*, qui était plus centrale et d'où il lui était plus facile de surveiller à la fois Babylone, la Perse et la Médie. Il s'y fit construire un palais somptueux, entouré d'immenses jardins, assez vastes pour qu'il y pût sans sortir se livrer au plaisir de la chasse. Il y vivait au milieu d'un luxe, dont les Perses avaient appris tous les raffinements dans leurs relations avec les Babyloniens.

Les réformes de Darius portèrent sur deux points principaux : l'organisation des satrapies et la répartition des impôts.

Organisation des satrapies. — Jusqu'à Darius, chacun des peuples subjugués avait formé une satrapie distincte, c'est-à-dire une division administrative, ayant pour chef un représentant du roi, appelé *satrape*. Il y avait donc dans l'empire autant de satrapies que de peuples différents.

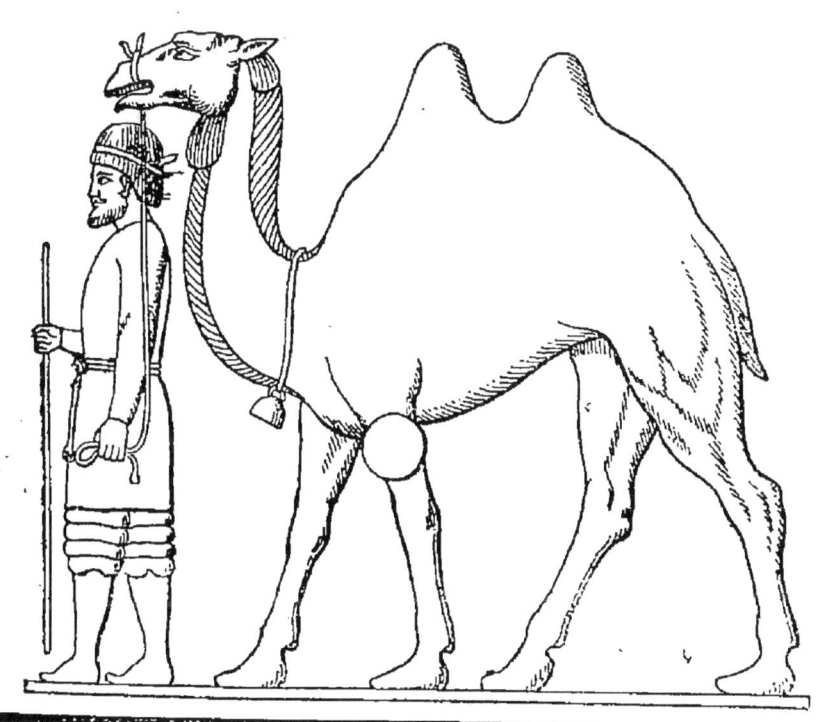

Chamelier persan. — (Bas-relief de Persépolis.)

133ᵉ Lecture. — **LE ROCHER DE BÉHISTOUM.**— Sur la route de Bagdad à Ecbatane, sur le territoire de l'ancienne Médie, se trouve le rocher de Béhistoum, haut de 456 mètres. Sur son flanc est sculpté un bas-relief colossal, qui représente une scène des plus intéressantes.

Au sommet, on voit la figure du dieu Ormuzd. Au-dessous, Darius, appuyé sur son arc, pose le pied sur la poitrine d'un captif qui semble demander grâce. Neuf autres captifs sont devant lui, la corde au cou. Sous cette immense sculpture est gravée une inscription fort importante, qui a été copiée par l'explorateur anglais Rawlinson.

Dans cette inscription, Darius raconte comment il a tué le faux Smerdis et rendu la paix à la Médie et à la Perse.

Darius trouva que cet état de choses compliquait trop la perception des impôts et rendait trop faciles les révoltes. Il partagea donc tout l'empire en dix-neuf satrapies seulement, de sorte que chaque satrapie fut ordinairement composée du territoire de plusieurs petits Etats.

Le satrape était un grand fonctionnaire, ayant dans son gouvernement l'administration générale, le commandement des troupes, la direction de la justice et la perception des impôts. Certains pays toutefois conservèrent le droit de s'administrer eux-mêmes, sous le contrôle du satrape.

Darius créa des *inspecteurs*, qu'on appelait *les yeux et les oreilles du roi*. Leur fonction consistait à visiter les satrapies et à s'assurer de la bonne administration des satrapes.

Organisation des impôts. — Dans les satrapies, Darius établit un secrétaire royal, dont la fonction spéciale était de pourvoir à la rentrée des impôts ou tributs. La Perse ne payait aucun impôt, mais tous les pays conquis étaient tributaires. Darius régla le poids d'or ou d'argent que chaque satrapie devait comme tribut. Certaines satrapies, comme l'Egypte et la Cilicie, y ajoutaient des redevances en blé ou en chevaux.

Darius, pour payer ses soldats, fit frapper des pièces d'or et d'argent, sur lesquelles il était représenté avec ses armes de guerre. On appela ces monnaies les *dariques*, c'est-à-dire les monnaies de Darius.

Expédition de Darius dans l'Inde. — Jaloux des lauriers de Cyrus, Darius voulut ajouter la gloire des conquêtes à son renom de grand administrateur. La guerre, du reste, s'imposait à lui, pour occuper l'ardeur belliqueuse de ses peuples.

Il se tourna d'abord vers l'Inde. Son armée pénétra jusque dans la plaine arrosée par l'Indus. La rive droite fut entièrement soumise et forma une satrapie nouvelle.

Par les ordres de Darius, une flotte fut alors construite sur l'Indus et confiée à un amiral grec nommé Scylax. Celui-ci descendit le fleuve jusqu'à la mer, fit voile vers le couchant, à travers la mer des Indes, et vint aborder dans la mer Rouge, après trente mois de navigation.

Expédition contre les Scythes. — Cyrus avait conquis l'Asie, Cambyse l'Afrique ; Darius, pour ne pas demeurer inférieur à ses devanciers, résolut de se rendre maître de l'Europe.

Il commença par une expédition contre les Scythes.

Les Scythes occupaient les régions du nord de l'Asie et de l'Europe. Ceux que voulait atteindre Darius vivaient dans les immenses steppes de la Russie actuelle, au nord du Pont-Euxin ou mer Noire.

Au lieu d'aller attaquer les Scythes en franchissant les

134ᵉ Lecture. — **MŒURS DES SCYTHES D'APRÈS HÉRODOTE.** — Hérodote fait le tableau suivant des mœurs des Scythes :

A la guerre, le Scythe boit le sang du premier ennemi qu'il renverse ; il lui tranche la tête et la conserve afin de la présenter au roi. S'il ne peut présenter de tête après la bataille, il n'a aucune part au butin.

Cette tête, le Scythe l'écorche et en suspend la peau à la bride de son cheval.

Quelques-uns cousent ensemble ces peaux humaines et s'en font une sorte de manteau.

Quant au crâne, ils le scient à la hauteur des sourcils, le

gorges étroites du Caucase, Darius préféra pénétrer dans leur pays par l'Europe. Il concentra donc ses troupes en Bithynie, leur fit traverser le Bosphore sur un pont de bateaux, et s'avança par la Thrace jusqu'au Danube. Il jeta un pont sur le fleuve et se trouva bientôt dans le pays des Scythes, au nord de la mer Noire.

Mais à mesure qu'il avançait, à travers des plaines sans bornes, l'ennemi reculait devant lui, en détruisant les fourrages et les moissons et en comblant les puits. La famine était proche ; Darius eut la sagesse de reculer à temps. Son armée, exténuée de fatigue, revint enfin au bord du Danube.

Les Scythes y étaient arrivés avant lui par des chemins détournés et avaient cherché à détruire le pont. Heureusement, les soldats des colonies grecques de l'Asie Mineure, auxquels il en avait confié la garde, lui étaient demeurés fidèles et le pont avait été sauvé. Toutes les troupes rentrèrent en Asie.

Le pays situé au sud du Danube jusqu'à la mer Egée demeura acquis à la Perse, et forma la satrapie de Thrace.

Darius commence les guerres médiques. — Les colonies grecques de l'Ionie et de la Carie, sur les

---

nettoient et en font des coupes, dans lesquelles ils boivent pendant leurs repas.

Quand le roi des Scythes vient à mourir, ses sujets enduisent son corps de cire et le portent à travers toutes les tribus. Après ce voyage, on le place sur un lit de feuilles mortes. On étrangle alors la femme, l'échanson, le cuisinier, l'écuyer, le valet et le cheval du défunt et on place autour de lui tous ces cadavres. Cela fait, on amoncelle de la terre, de manière à former sur le tout une petite montagne.

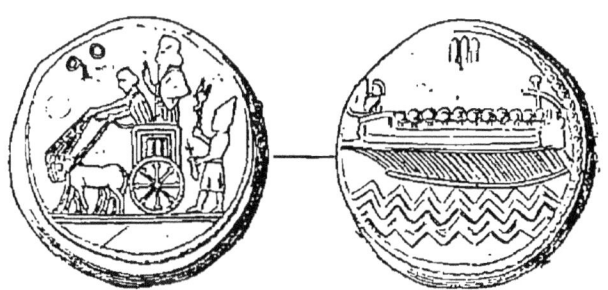

Monnaie perse. — Double sicle perse, monnaie d'argent. Sur la face principale le roi est debout sur son char, que conduit un serviteur. Derrière le char marche un satrape. Sur l'autre côté de la pièce est un navire,

côtes de l'Asie Mineure, voulurent s'affranchir de la domination des Perses. Elles obtinrent l'appui des Grecs d'Europe et spécialement celui des citoyens d'Athènes.

Les révoltés, soutenus par une armée d'Athéniens, entrèrent en Lydie et brûlèrent la ville de Sardes, qui était le chef-lieu d'une satrapie perse. Darius marcha contre les insurgés, dispersa leurs troupes et livra leurs villes au pillage et à l'incendie.

Mais il ne s'en tint pas là. Il voulut châtier les Athéniens et en même temps augmenter ses possessions en Europe. Sa flotte alla débarquer en Grèce, sur la côte orientale de l'Attique.

135ᵉ Lecture.— **DARIUS ET LES SCYTHES.**— Aux environs du Borysthène, Darius, fatigué de poursuivre inutilement les Scythes, s'arrêta et envoya provoquer au combat le roi de ces barbares.

Le roi des Scythes répondit : « Comme nous n'avons pas de villes, nous ne craignons pas que tu les prennes, et comme nous ne cultivons pas la terre, tu ne saurais nous faire des

Le débarquement des troupes de Darius en Grèce marque le commencement d'une grande et longue lutte entre les Grecs et les Perses, lutte à laquelle a été donné le nom de *guerres Médiques*.

L'armée des Perses et des Mèdes s'avança jusque dans la plaine de *Marathon*, à quelques lieues d'Athènes ; elle fut battue par les Athéniens commandés par Miltiade. Cette défaite termina la première guerre médique.

Mort de Darius. — En même temps que l'invasion en Grèce échouait complètement, l'Egypte se révoltait contre la domination perse et reprenait son indépendance.

Darius songeait à réprimer l'Egypte et à venger la défaite de Marathon, quand il fut surpris par la mort. Il laissait l'empire le plus vaste et le mieux organisé que l'on eût encore vu. Après lui allait commencer la décadence. Elle devait être aussi prompte que les progrès avaient été rapides.

Fin de l'histoire ancienne des peuples de l'Orient. — Avec le commencement des *guerres Médiques* finit l'histoire ancienne des peuples de l'Orient.

La première place dans le monde va désormais appar-

---

dégâts. A quoi bon alors te livrer bataille ? Mais je t'envoie des présents qui pourront t'être utiles. »

Ces présents étaient un rat, une grenouille, un oiseau et cinq flèches.

Le Scythe chargé de les porter, donna à Darius l'explication de ces présents : « O roi, dit-il, sache bien que si tu ne t'envoles pas dans les airs comme l'oiseau, ou si tu ne te caches pas sous la terre comme le rat, ou encore si tu ne t'enfonces pas dans les marais comme la grenouille, tu n'échapperas pas à nos flèches ! »

tenir aux Grecs. Les événements qui se passeront en Orient ne seront plus guère que des épisodes de l'histoire de la Grèce.

§ IV. — L'EMPIRE DES PERSES APRÈS DARIUS.

L'empire des Mèdes et des Perses après Darius (de 485 à 330). — Huit souverains se succédèrent sur le trône des Perses depuis la mort de Darius jusqu'à la destruction de l'empire par Alexandre le Grand : Xercès Ier, — Artaxercès Longue-Main, — Xercès II, — Darius II, — Artaxercès Mnémon, — Artaxercès Ochus, — Arsès — et Darius Codoman.

Xercès Ier (485-465). — Xercès était fils de Darius. Son père avait commencé d'immenses préparatifs en vue d'une nouvelle descente en Grèce ; il les continua avec une incroyable activité, équipa une flotte de douze cents vaisseaux et réunit une armée de près de deux millions d'hommes. A la tête de ces immenses forces, Xercès traversa l'Hellespont et envahit la Grèce par le nord.

Deux villes sans grande importance encore, Sparte et Athènes, vinrent à bout de cette innombrable armée. La flotte perse fut mise en déroute au détroit de *Salamine*, et l'armée de terre fut détruite à *Platée* en Béotie.

A la suite de ce double succès, les Grecs portèrent la guerre en Asie et détruisirent, près du promontoire de *Mycale*, les débris des armées des Perses.

Xercès mourut assassiné par Artaban, capitaine de ses gardes, après un règne de vingt ans.

Artaxercès Ier Longue-Main (465-425). — Artaxercès, qui régna 40 ans, termina les *guerres Médiques* par un traité humiliant, dans lequel il reconnaissait l'indépendance des colonies grecques de l'Asie Mineure et s'engageait à ne jamais faire paraître ses flottes dans la mer Egée.

Artaxercès II Mnémon. — Artaxercès II, auquel on donna le surnom de Mnémon à cause de sa prodigieuse mémoire, se vit disputer le trône par son frère *Cyrus le Jeune*, satrape de l'Asie Mineure. Cyrus demanda le secours des Grecs contre son frère, et les Grecs lui envoyèrent un corps de troupes, commandé par l'athénien Xénophon.

Les deux frères en vinrent aux mains à Cunaxa dans la direction de Babylone. Cyrus, qui avait l'avantage, ayant été tué dans la bataille, Xénophon ramena les dix mille Grecs qui lui restaient, depuis Cunaxa jusqu'au Pont-Euxin, combattant sans interruption l'armée perse qui le poursuivait. L'admirable opération militaire de Xénophon est demeurée célèbre dans l'histoire, sous le nom de *Retraite des dix mille*.

Artaxercès II réussit pourtant à ramener les villes grecques d'Asie sous son autorité.

Artaxercès III Ochus. — Artaxercès III, surnommé Ochus, entreprit de soumettre l'Egypte, qui s'était depuis longtemps affranchie du joug des Perses et s'était donné un roi. Après de premiers revers, il parvint à battre l'armée égyptienne auprès de Péluse et à replacer tout le pays sous sa domination.

Pendant son séjour en Egypte, il se livra à mille folies cruelles, détruisit les temples et fit égorger le bœuf Apis, dont il se fit servir la chair dans un festin.

Le principal général de l'armée perse était originaire

d'Egypte. Il se nommait Bagoas. Voulant venger les dieux de sa patrie, Bagoas empoisonna Artaxercès III et donna son corps à manger à des chats. De ses ossements, il fit faire des poignées de sabre.

Bagoas mit d'abord sur le trône le jeune Arsès, fils d'Artaxercès, mais il le fit bientôt périr et remit la couronne à Darius Codoman, qui était simplement parent éloigné des rois précédents.

Darius III Codoman (337-330). — Darius III fut le dernier roi des Perses. Il avait toutes les qualités nécessaires pour gouverner sagement l'empire. Mais à peine était-il sur le trône depuis deux ans, que l'Asie fut envahie par le roi de Macédoine, Alexandre le Grand, qui venait de succéder à Philippe son père.

Trois victoires successives rendirent Alexandre maître de l'empire des Perses : la victoire du *Granique* sur Memnon le Rhodien et les victoires d'*Issus* et d'*Arbelles* sur Darius lui-même.

Dans sa fuite, après la défaite d'Arbelles, Darius fut assassiné par le satrape Bessus. Avec lui finit l'empire des Perses, après une durée de 230 ans.

Tous les Etats du roi des Perses furent réunis par Alexandre le Grand à l'empire de Macédoine.

CHAPITRE CINQUIÈME

Religion, mœurs et coutumes, monuments des Mèdes et des Perses.

I. RELIGION. — II. MŒURS ET COUTUMES. — III. MONUMENTS.

§ Ier. — RELIGION.

Religion des Mèdes et des Perses. — Le Zend-Avesta. — Les Mèdes et les Perses, comme toutes les tribus de l'Iran, avaient d'abord pratiqué une idolâtrie grossière. Ils adoptèrent la réforme religieuse de *Zoroastre*.

Les préceptes et les pratiques de cette religion sont renfermés dans un livre appelé le *Zend-Avesta*, ou simplement l'*Avesta*.

Des exemplaires du *Zend-Avesta* ont été conservés jusqu'à nous par des familles perses, réfugiées dans l'Inde, depuis douze siècles. Les descendants de ces familles forment encore aujourd'hui dans l'Inde une population spéciale, qu'on appelle les *Guèbres* ou les *Parsis*.

Un Français, Anquetil-Duperron, dans un voyage qu'il fit aux Indes en 1754, parvint à se procurer un exemplaire de ce livre et apprit à comprendre le *Zend*, c'est-à-dire la langue sacrée des Perses primitifs.

Les travaux d'Anquetil-Duperron ont été complétés de

nos jours par MM. Eugène Burnouf, Mohl, Spiegel et Darmesteter.

Les dieux des Perses. — Nous savons donc que les Mèdes et les Perses admettaient l'existence de deux dieux : *Ahura-Mazda*, ou par abréviation *Ormuzd*, le dieu du bien, et *Angra-Manyou*, et par abréviation *Ahriman*, le dieu du mal. Au-dessous d'eux, des génies bons et mauvais leur servaient d'auxiliaires.

D'après leurs croyances, une lutte continuelle est engagée entre Ormuzd, le principe du bien, et Ahriman, le principe du mal. L'homme subit l'influence de leur rivalité ; sa mission sur la terre est de faire triompher Ormuzd en pratiquant la vertu.

Le culte religieux. — Les Mèdes et les Perses n'élevaient point de temples. Pour l'exercice de leur culte, ils se réunissaient au sommet d'une montagne et y allumaient un feu, dont la flamme représentait pour eux le dieu Ormuzd. Devant ce feu, ils faisaient des prières, chantaient des hymnes et immolaient des victimes. Les principales victimes étaient le taureau et le cheval.

Sur certaines montagnes, ils entretenaient un feu qu'ils ne laissaient jamais s'éteindre. Sur leurs monuments ils donnaient à *Ormuzd* la forme d'un vieillard planant au centre de vastes ailes d'oiseau.

Les mages. — Primitivement, les Mèdes et les Perses n'eurent point de prêtres. Les Mèdes commencèrent les premiers à adopter des prêtres qu'on désignait sous le nom de *mages*. Les Perses suivirent cet exemple.

Les *mages* formèrent une caste nombreuse, qui devint très puissante, et prit toute la direction du culte religieux.

§ II. — MŒURS ET COUTUMES.

Mœurs et coutumes des Mèdes et des Perses. — Ce que nous avons à dire sur les coutumes des Mèdes et des Perses se rapporte au roi, à l'armée et au culte des morts.

Le roi et sa cour. — Le roi possédait une autorité absolue sur la vie et les biens de ses sujets. Il vivait ordinairement caché dans son palais, où personne ne pouvait pénétrer sans sa permission, sous peine de mort. En se présentant devant lui, on devait se prosterner le visage contre terre.

Sa cour se composait de ses ministres, qu'on appelait ses *yeux* et ses *oreilles*, et de certains grands fonctionnaires comme le grand écuyer, l'intendant du palais et l'échanson. Les serviteurs, musiciens, cuisiniers et gardes formaient dans le palais une population de plusieurs milliers de personnes.

L'armée. — L'armée se composait de soldats perses et mèdes et de troupes auxiliaires. Elle comprenait l'infanterie, la cavalerie et les chars de guerre.

L'arc et la lance étaient les armes principales. Les soldats portaient des cuirasses de fer et paraient les coups au moyen de boucliers d'osier.

Les auxiliaires étaient des soldats recrutés principalement en Assyrie, dans les colonies grecques et en Asie Mineure.

Cyrus fit placer des faux à chaque extrémité de l'essieu des chars de guerre, ce qui les rendit très

Monuments perses. — Sculpture en bas-relief, d'une des portes du palais de Persépolis. — Le roi, calme et impassible, enfonce son glaive dans le flanc d'un lion.

meurtriers, quand ils pénétraient parmi les rangs serrés des ennemis.

Culte des morts. — Les Mèdes et les Perses étaient loin d'avoir pour leurs morts les mêmes soins que les Egyptiens. Ils ne voulaient ni les enterrer, ni les brûler, ni les jeter à la rivière, car c'eût été, d'après eux, souiller la terre, le feu ou l'eau.

Ils avaient deux manières de se débarrasser des corps. Ou bien ils les enduisaient de cire et les plaçaient dans la terre ; l'enduit de cire empêchait, disaient-ils, le corps de souiller la terre. Ou bien ils les déposaient dans d'énormes tours rondes non couvertes, où les oiseaux de proie venaient les dévorer. Les rois cependant avaient des tombeaux, qu'ils se creusaient dans les flancs des montagnes.

§ III. — MONUMENTS.

Monuments. — On ne trouve point de temples chez les Mèdes et les Perses, leur religion leur en interdisait l'usage. Leurs seuls grands monuments étaient les palais.

Du reste, ils n'eurent point d'art national proprement dit. Ils se contentèrent de copier et d'approprier à leur usage les arts des Chaldéens, des Assyriens, des Egyptiens et des colonies grecques. Avec les emprunts faits à chacune de ces nations, ils arrivèrent à construire des palais grandioses, harmonieux et originaux tout à la fois. Ils les décoraient de bas-reliefs en briques émaillées, à personnages en saillie, dont l'effet est vraiment saisissant.

Ils empruntèrent aussi à l'Assyrie l'écriture cunéiforme.

Les ruines les plus importantes, découvertes jusqu'à ce jour, sont les palais et les tombeaux de Persépolis, les monuments de Suse et ceux de Pasargade.

Monuments perses. — *La frise des Archers ou des Immortels, à Suse.*
La façade du palais des rois de Perse à Suse était ornée de frises
en briques émaillées. L'une, *la frise des Lions*, représente 9 lions qui
marchent à la file. L'autre, *la frise des Archers*, représente une procession de guerriers de la garde du roi, vus de profil. La tunique de
celui qui est représenté ici, est jaune d'or semée d'ornements en
losanges. Il est coiffé d'un turban vert. L'arc est jaune et le carquois
brun. La figure est d'un brun foncé. D'autres ont la figure blanche.
— (Musée du Louvre à Paris.)

Les palais et les tombeaux de Persépolis. — Persépolis avait été la capitale de Darius et de ses successeurs. Ses ruines ont été explorées au XVIIe siècle par le voyageur français *Chardin* et, de nos jours, par MM. *Flandin* et *Coste*.

Quatre palais s'élevaient à Persépolis, sur une immense terrasse, adossée à la montagne. On y arrivait par cent onze marches d'un escalier si large et si doux, que dix cavaliers pouvaient monter de front.

Le plus ancien de ces palais est celui de Darius. Le mur de la terrasse était orné de bas-reliefs en briques émaillées, représentant des files de guerriers et des lions luttant contre des taureaux.

On y admirait surtout la grande salle du trône, supportée par cent colonnes dont les énormes chapiteaux

---

136e Lecture. — **LES MONUMENTS DE PERSÉPOLIS.** — Les murs de Persépolis sont en briques cuites, mais les portes, les fenêtres, les colonnes et les escaliers sont en porphyre grisâtre ou en calcaire blanc. Des faïences émaillées se mêlaient à la maçonnerie, de manière à produire l'effet le plus merveilleux, aux rayons si brillants du soleil oriental.

« Lorsque j'essaie de faire revivre dans ma pensée ces grandioses édifices, écrivait M. Dieulafoy, lorsque je vois ces portiques aux colonnes de marbre et de porphyre poli, ces taureaux bicéphales dont les cornes, les pieds, les yeux et les colliers étaient revêtus d'une mince feuille d'or, les mosaïques de briques, semblables à de lourdes dentelles jetées sur les murs, ces corniches couvertes de plaques d'émaux bleu turquoise, je me demande parfois si les monuments religieux de l'Egypte, si les temples de la Grèce eux-mêmes devaient produire sur l'imagination du visiteur une impression aussi saisissante que les palais du grand roi. »

LES MÈDES & LES PERSES. 343

sont formés par des taureaux à genoux. Un de ces chapiteaux a été transporté au musée du Louvre à Paris.

Darius avait fait creuser son tombeau dans le rocher d'une colline, auprès de la ville. La façade tout entière taillée dans le roc, est ornée de sculptures et de colonnes. L'ensemble est dominé par la statue du roi, debout, l'arc à la main, en face de l'autel du feu. Au-dessus plane la figure du dieu Ormuzd.

Monuments de Suse. — Suse était une des rési-

137ᵉ LECTURE.— **LES EXPLORATIONS DE M. DIEULAFOY A SUSE.** — M. Dieulafoy, envoyé à Suse par le gouvernement français, partit de Paris le 17 décembre 1884. Le 1ᵉʳ mars 1885, il arrivait sur les ruines de Suse.

« La ville de Suse, dit M. Dieulafoy, était coupée par un large fleuve. Sur la rive droite se trouvaient les quartiers populeux de la cité ; sur la rive gauche, les ruines des temples, de la ville royale, de la citadelle et du palais.

Ces ruines couvrent ensemble une superficie de cent hectares et s'élèvent à pic à une hauteur variant entre vingt et trente-six mètres.

Après douze jours de fouilles, on mit à découvert les ruines d'un palais : c'était celui d'Artaxercès Mnémon. On y trouva un chapiteau de colonne, formé de deux têtes de taureaux. Dans un palais de Darius, détruit par l'incendie, puis rebâti par Artaxercès, on recueillit les briques émaillées de la *frise des Archers*.

Les soldats sont représentés de profil et en marche. Sur leurs épaules reposent un arc et un immense carquois ; ils tiennent en main une javeline qu'ils portent comme nos soldats le fusil dans le mouvement : présentez armes. Le bois de la javeline est terminé par une grenade d'argent. L'uniforme se compose d'une jupe fendue sur le côté, d'une blouse courte à larges manches, serrée à la taille par une ceinture, et d'une veste ronde fermée sur la poitrine. »

dences des rois de Perse. Darius et Artaxercès s'y étaient construit des palais.

Le palais d'Artaxercès Mnémon possédait une grande salle qui avait sept mille mètres carrés de surface. La façade était ornée de frises émaillées, dont on peut voir deux superbes débris au musée du Louvre. La première est connue sous le nom de *frise des Lions*. L'autre est la *frise des Archers* ou des *Immortels* : elle représente une marche de guerriers qui s'avancent solennellement d'un pas égal, la lance à la main, l'arc à l'épaule et le carquois sur le dos. L'effet en est saisissant.

Les monuments de Suse ont été découverts par *M. et M*^{me} *Dieulafoy* en 1885 et 1886. C'est à ces deux savants explorateurs que le musée du Louvre doit la frise des Lions et celle des Immortels.

Monuments de Pasargade. — La ville de Pasargade fut la capitale de Cyrus. Il ne reste plus que la terrasse, sur laquelle était construit son palais. Non loin de là est un petit monument funèbre, de style grec, que l'on croit être le tombeau de Cyrus. Les habitants du pays l'appellent le tombeau de la mère de Salomon.

SUPPLÉMENT

L'INDE ANCIENNE

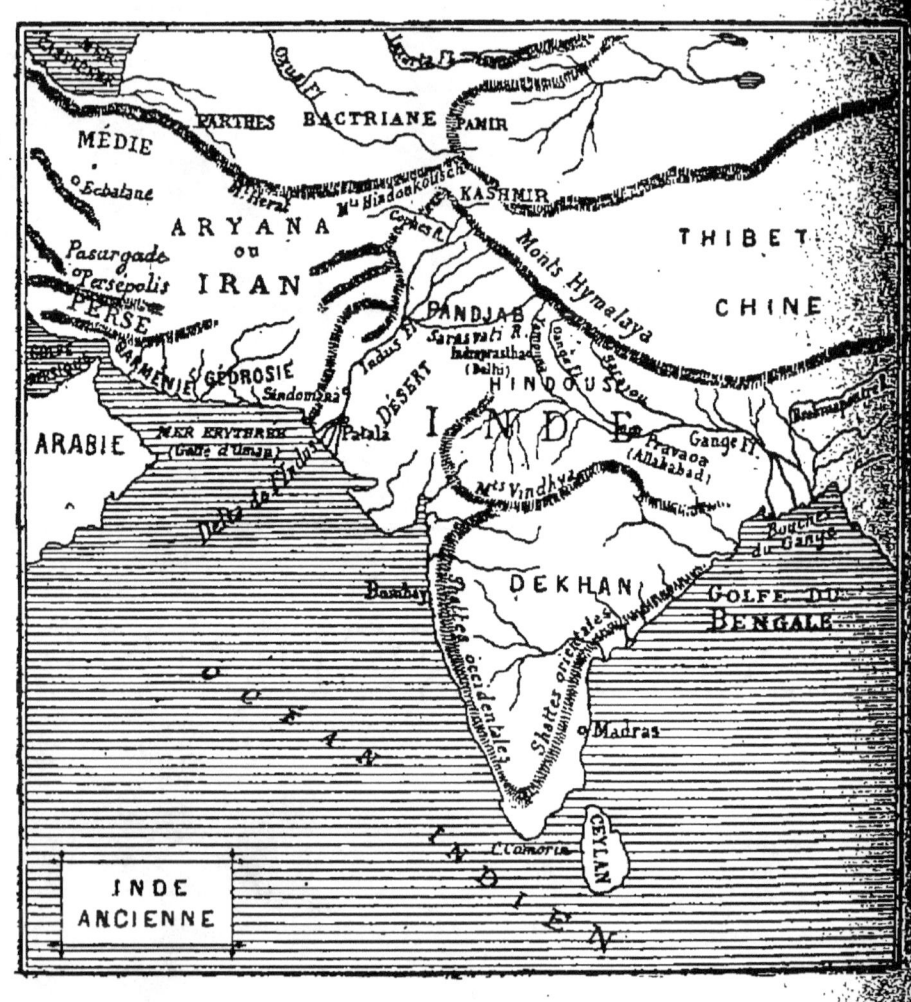

CARTE

DE L'INDE ANCIENNE

HISTOIRE ANCIENNE

SUPPLÉMENT

L'INDE ANCIENNE

CHAPITRE UNIQUE
L'Inde dans l'Antiquité.

I. L'INDE ET LES INDIENS PRIMITIFS. — II. RELIGION ET RÉFORMES RELIGIEUSES CHEZ LES INDIENS. — LE BRAHMANISME. — LE BOUDDHISME. — III. RÉSUMÉ DE L'HISTOIRE DE L'INDE ANCIENNE.
CONCLUSION DE L'HISTOIRE ANCIENNE DES PEUPLES DE L'ORIENT.

§ Ier. — L'INDE ET LES INDIENS PRIMITIFS.

Les Indiens primitifs. — Les Indiens étaient des populations aryennes de la race de Japhet, comme les Mèdes, les Perses et les nations de l'Europe.

En étudiant l'histoire des Mèdes et des Perses, nous avons vu que la réforme religieuse, prêchée en Bactriane par Zoroastre, avait amené la guerre civile parmi les tribus de l'Iran. Les partisans du vieux culte idolâtre furent vaincus et émigrèrent dans l'Inde, où ils s'établirent.

Il sera sans doute agréable aux esprits chercheurs, de suivre les traces de ces émigrants et de connaître ce que nous savons de leur histoire. Nous étudierons donc brièvement :

1º la description de l'Inde ;

2º la première organisation des Aryas dans l'Inde ;

3º leur religion primitive ;

4º la réforme religieuse du brahmanisme ;

5º le gouvernement indien sous le brahmanisme ;

6º le bouddhisme ou la nouvelle réforme religieuse chez les Indiens ;

7º le résumé de l'histoire des Indiens.

Description de l'Inde. — L'Inde, contrée de l'Asie où s'établirent les émigrants aryens, s'appelle aujourd'hui l'*Indoustan*. Elle est située au sud de la chaîne de l'Himalaya et se compose de deux régions : la région continentale et la région péninsulaire.

La région péninsulaire a la forme d'un vaste triangle qui s'avance dans l'océan Indien. On l'appelle aujourd'hui le *Dékhan*.

La région continentale fut le vrai pays des Aryas indiens. Elle comprend la vallée de l'Indus et la vallée du Gange. Entre les deux vallées s'étend un immense désert, le désert indien.

Arrivée des Aryas dans l'Inde. — Les émigrants de la Bactriane, après avoir franchi les monts Himalaya, s'établirent d'abord sur la rive gauche de l'Indus. Quand ce pays fut trop étroit pour suffire à l'alimentation de la population, ils traversèrent le désert indien et occupèrent le pays qui s'étend jusqu'au Gange.

L'Inde, avant leur arrivée, était déjà occupée par des populations issues de Cham, qui défendirent pied à pied leur pays. Les Aryens ne purent s'en rendre complètement maîtres, qu'après plusieurs siècles de combats.

Première organisation des Aryas de l'Inde. — Pendant longtemps, les Aryas menèrent la vie pastorale et ne reconnurent d'autres chefs que les pères de famille et les chefs de tribus, qu'ils appelaient *Râjas*. Plus tard, les tribus sentirent la nécessité de se grouper autour d'un chef commun pour les commander à la guerre et elles se donnèrent un roi.

Les premiers rois de l'Inde. — Les anciens livres des Indiens parlent surtout de deux dynasties de rois, qui se rendirent célèbres par leurs exploits, pendant les guerres livrées pour conquérir le pays. La première porte le nom de *dynastie solaire*, et la seconde celui de *dynastie lunaire*. Les exploits de ces deux dynasties sont racontées dans deux grands poèmes, intitulés le *Râmâyana* et le *Mahâbhârata*.

Les Indiens, au début, étaient tous pasteurs ou laboureurs. La lutte contre les anciens habitants fit naître la classe des guerriers ; les besoins du culte religieux firent établir la classe des prêtres. Les prêtres et les guerriers furent regardés comme supérieurs au reste de la nation.

§ II. — RELIGION ET RÉFORMES RELIGIEUSES. — LE BRAHMANISME. — LE BOUDDHISME.

Religion védique. — Les Indiens avaient conservé la religion des Aryas primitifs. Ils reconnaissaient pour dieux tous les phénomènes de la nature : les astres, la foudre, les nuages, la nuit, etc. ; mais ils adoraient trois dieux principaux : le *Soleil*, qu'ils appelaient le *dieu Surya*, l'*Air* ou dieu *Indra*, et le *Feu* terrestre, qu'ils nommaient *Agni*.

Leur culte religieux consistait surtout dans l'adoration du *feu sacré*. Cette religion, que nous connaissons par les *védas*, ou chants sacrés des Indiens, a reçu le nom de *religion védique*.

Le brahmanisme. — Les prêtres indiens de la vallée du Gange s'adonnèrent aux études philosophiques. Ces études amenèrent à trouver humiliant pour l'esprit humain d'adorer des dieux matériels comme le soleil, l'air et le feu. Ils se dirent que ces dieux matériels ne pouvaient pas avoir créé l'univers. Ils repoussèrent donc la *religion védique* des anciens Aryas et bannirent le culte du feu, de l'air et du soleil. A la place, ils enseignèrent qu'il fallait adorer *Brahmâ* et offrir à lui seul des sacrifices.

Brahmâ, dirent-ils, est la manifestation suprême de la substance divine. Or, cette substance divine étant unique, tous les dieux et tous les êtres créés ne sont que des émanations, des parties, de cette substance divine. Tous les êtres et tous les dieux sortis de Brahmâ retourneront donc un jour dans Brahmâ, c'est-à-dire dans la divinité.

Les prêtres adorateurs de Brahmâ portèrent le nom de

brahmes et leur religion s'appela le *brahmanisme*. Les dogmes du nouveau culte furent consignés dans un ouvrage, intitulé la *Loi de Manou*.

Non seulement la *Loi de Manou* transforma la religion des Indiens, mais elle établit la société indienne sur de nouvelles bases, par la création des castes.

Les castes chez les Indiens. — Jusqu'à l'introduction du brahmanisme, il y avait eu parmi les Indiens trois classes de citoyens : les prêtres, les guerriers et les cultivateurs ou pasteurs. Un fils de pasteur pouvait devenir guerrier ou prêtre ; un fils de guerrier pouvait se faire pasteur.

La *Loi de Manou* divisa les Indiens en quatre *castes*, c'est-à-dire en quatre ordres de familles : les familles de brahmanes, les familles de guerriers, les familles du peuple indien et les familles d'esclaves. Ils ne pouvaient passer d'une famille dans une autre.

Cette division des castes, prétendaient les Brahmes, reposait sur l'ordre suivi par Brahmâ dans la création de la race humaine ; elle était donc immuable. Brahmâ avait, en effet, tiré d'abord le premier brahmane de sa bouche, puis le guerrier de son bras, le peuple indien de sa jambe et l'esclave de son pied.

Au-dessous des quatre castes indiennes étaient les *parias*, classe abjecte et méprisée, composée de familles d'hommes, que leurs crimes avaient fait exclure des castes.

Le bouddhisme. — Environ 500 ans avant l'ère chrétienne, une nouvelle réforme religieuse fut introduite chez les Indiens par un guerrier nommé Çakiamouni. Ce réformateur se donna à lui-même le surnom de *Bouddha*, mot qui signifie *le sage*.

Bouddha attaqua les croyances du brahmanisme. Partant de ce principe que la vie n'est qu'une continuelle souffrance, il enseigna que, pour ne pas souffrir, il fallait chercher à acquérir un état de complète impassibilité, c'est-à-dire vivre sans joie, sans chagrin, sans pensées et sans souvenirs. A cet état d'indifférence, il fallait joindre la pratique de la bienfaisance et de la bonté envers les autres. Toute la religion consistant dans la recherche de cet état, il n'y avait pas à maintenir la division des castes.

Bouddha fut considéré plus tard comme un dieu. Ses disciples furent expulsés de l'Inde par les partisans du brahmanisme. Ils s'établirent à Ceylan, à Siam, dans l'Annam et surtout dans le Thibet, la Mongolie, le Japon et la Chine.

Les livres indiens. — La langue sacrée, dans laquelle écrivirent les poètes primitifs de l'Inde, se nomme le *sanscrit*.

Les livres anciens de l'Inde, dont la connaissance est venue jusqu'à nous, sont les *Védas* ou *Rig-Véda*, le *Mahâbhârata*, le *Râmâyana* et la *Loi de Manou*.

Les *Védas* sont les chants sacrés des Indiens primitifs.

Le *Mahâbhârata* est un livre de poésies indiennes, qui ont pour sujet la *grande guerre* entreprise par les Indiens pour conquérir les vallées de l'Indus et du Gange. Cet ouvrage renferme deux cent mille vers.

Le *Râmâyana* est aussi un ouvrage de poésies, qui raconte les exploits fabuleux du guerrier *Rama*, auquel les Indiens attribuaient la conquête du midi de la péninsule indienne et de l'île de Ceylan.

La *Loi de Manou* est le recueil des dogmes de la religion des Brahmes.

§ III. — RÉSUMÉ DE L'HISTOIRE DE L'INDE ANCIENNE.

L'Inde avant la conquête de Darius. — Jusqu'à l'expédition que Darius, roi des Perses, entreprit dans l'Inde, au sixième siècle avant l'ère chrétienne, nous n'avons, pour nous éclairer sur l'histoire de ce pays, que les hymnes des *védas* et les légendes fabuleuses contenues dans le *Râmâyana* et le *Mahâbhârata*.

Les seuls faits certains qui se dégagent de ce livre, c'est que les Indiens commencèrent par mener la vie pastorale, n'ayant d'autres souverains et d'autres prêtres que les chefs de famille. Plus tard, les pays baignés par l'Indus et le Gange formèrent un certain nombre d'États indépendants, tels que ceux d'Ajodha (l'Oude actuel) et de Mithyla, qui obéissaient à des rois portant le titre de *rajahs*. Souvent ces rois furent les vassaux d'un souverain supérieur nommé le *maharadjah*, c'est-à-dire le *grand roi*.

Le rajah, ou roi d'Ajodha, nommé *Rama*, soumit sous sa domination l'Inde entière et porta ses armes jusque dans l'île de Ceylan. Après lui, l'Inde se divisa en plusieurs royaumes.

Darius fit de l'Inde la vingtième satrapie du royaume des Perses.

L'Inde sous Alexandre le Grand. — Alexandre le Grand, roi de Macédoine, dans le cours de ses conquêtes, traversa l'Indus et s'avança jusqu'au grand désert indien. A cette époque, plusieurs rois indépendants possédaient le pays du nord de l'Indus : Abyssare, Taxile et les deux Porus. Dans les régions situées au sud de l'Indus, s'étaient formées les républiques des Nyséens, des Malliens et des Oxidraques.

Alexandre, après avoir vaincu Porus, se proclama roi de toute la région qu'il venait de subjuguer. Il voulait pousser jusqu'au Gange et aller conquérir le puissant empire des Prasiens, arrosé par ce fleuve ; mais ses soldats, parvenus sur les bords de l'*Hyphase*, le *Setledge* actuel, l'un des affluents de l'Indus, refusèrent d'avancer plus loin.

L'Inde sous les successeurs d'Alexandre. — A la mort d'Alexandre, un Indien nommé *Tchandragoupta*, que les Grecs appellent *Sandrocottus*, souleva contre la domination macédonienne le pays soumis par le grand conquérant et lui rendit son indépendance L'un des successeurs d'Alexandre, *Séleucus Nicator*, roi de Syrie, alla réprimer les Indiens et, le premier, pénétra jusqu'aux rives du Gange.

Les Indiens opposèrent à Séleucus Nicator une telle résistance, qu'il se décida à traiter avec eux. Sandrocottus remit au vainqueur 500 éléphants ; moyennant ce tribut, il conserva sa couronne et reçut en mariage la fille de Séleucus Nicator.

Depuis cette époque, les relations entre l'Inde et la Grèce ne furent plus interrompues. Un service régulier d'échanges commerciaux s'établit entre les deux pays à travers l'Egypte, la mer Rouge et l'océan Indien. Les Grecs reçurent de l'Inde le sucre de canne, le vin de palme, des soieries et des parfums.

L'Inde sous les Romains. — Les Romains, qui remplacèrent plus tard les Grecs dans la domination du monde, continuèrent les relations commerciales avec l'Inde. L'empereur Auguste et l'empereur Claude reçurent des ambassades, que leur envoyèrent les princes indiens.

L'Inde depuis l'ère chrétienne jusqu'à nos jours. — Les relations entre l'Inde et l'Europe continuèrent jusqu'au huitième siècle de l'ère chrétienne. A cette époque, les Arabes mahométans commencèrent la conquête de l'Inde. Ils exercèrent sur ce pays une influence fatale, en y introduisant le mahométisme et en y provoquant une série de longues guerres, à la suite desquelles l'Inde perdit sa prospérité, son caractère national et son indépendance.

L'Inde, soumise aux Arabes, était devenue un pays presque inconnu en Europe, quand elle fut explorée par les Portugais et les Hollandais au seizième siècle et au dix-septième. Ces deux peuples renouèrent avec les populations de l'Inde des relations commerciales. Les Français et les Anglais les imitèrent.

Aujourd'hui, les Anglais sont parvenus à se rendre maîtres de la péninsule indienne, dont ils ont fait l'*Empire Indo-Britannique*. La reine d'Angleterre porte le double titre de reine de la Grande-Bretagne et d'impératrice des Indes.

CONCLUSION

Conclusion de l'histoire ancienne. — Nous avons parcouru l'histoire des anciens peuples de l'Orient et nous avons étudié leur civilisation.

A part le peuple Israélite, dont les ancêtres avaient conservé les véritables notions sur l'existence et l'unité de Dieu, et qui reçut miraculeusement sur le Sinaï le programme le plus parfait de la plus haute civilisation, les autres nations étaient tombées dans les croyances ridicules et les pratiques souvent honteuses d'une grossière idolâtrie.

Ces nations idolâtres ont pu s'enrichir par le commerce et l'industrie ; elles ont pu produire de belles statues et de merveilleux monuments ; jamais, au point de vue moral, elles n'ont pu s'affranchir complètement de la barbarie. Car, en dehors du vrai Dieu et de sa loi sainte, il n'y a point de civilisation complète ; et chez les peuples qui ont perdu la Vérité, quels que soient leurs progrès matériels, l'on retrouve infailliblement des instincts cruels, des pratiques absurdes, l'oppression des faibles et la dégradation des âmes.

FIN

TABLE DES MATIÈRES

Première partie.

	Pages.
Histoire du monde jusqu'à l'organisation des premières nations	1

Seconde partie.

L'EGYPTE

CHAPITRE I. — Description de l'ancienne Egypte. — Le Nil	13
CHAPITRE II. — Memphis et l'ancien empire	26
CHAPITRE III. — Thèbes et les Rhamsès. — Période thébaine	39
CHAPITRE IV. — Période saïte. — L'Egypte conquise	61
CHAPITRE V. — Institutions religieuses, politiques et sociales de l'Egypte	71
CHAPITRE VI. — Les principaux monuments	92
CHAPITRE VII. — Découvertes de Champollion. — Les égyptologues français	98

Troisième partie.

LES CHALDÉENS ET LES ASSYRIENS

	Pages
Chapitre I. — Description de la région du Tigre et de l'Euphrate. — Chaldée et Assyrie.	105
Chapitre II. — Le premier empire chaldéen.	112
Chapitre III. — L'empire d'Assyrie.	119
Chapitre IV. — Empire d'Assyrie. — Sargon et les Sargonides. — Grandeur et chute de Ninive	131
Chapitre V. — Le nouvel empire chaldéen. — Babylone et Nabuchodonosor	147
Chapitre VI. — Mœurs et coutumes de Ninive et de Babylone.	157
Chapitre VII. — Découvertes contemporaines. — Ecriture et monuments des Chaldéens et des Assyriens	170

Quatrième partie.

LES ISRAÉLITES

Chapitre I. — La Palestine	181
Chapitre II. — Les Israélites jusqu'à leur entrée dans la Terre promise	187
Chapitre III. — Les juges. — Les rois.	200
Chapitre IV. — Le schisme des dix tribus. — Destruction des royaumes d'Israël et de Juda.	217

Cinquième partie.

LES PHÉNICIENS

	Pages.
CHAPITRE I. — Description de la Phénicie	237
CHAPITRE II. — Sidon et Tyr	250
CHAPITRE III. — Carthage	266

Sixième partie.

LES MÈDES ET LES PERSES

CHAPITRE I. — Description de l'Iran	275
CHAPITRE II. — Les Mèdes	282
CHAPITRE III. — L'empire des Perses. — Cyrus	295
CHAPITRE IV. — Cambyse et Darius	316
CHAPITRE V. — Religion, mœurs et coutumes, monuments des Mèdes et des Perses	336

Supplément

CHAPITRE UNIQUE. — L'Inde dans l'antiquité	347
CONCLUSION	355

Moulins. — Imprimerie Etienne AUCLAIRE.

www.ingramcontent.com/pod-product-compliance
Lightning Source LLC
Chambersburg PA
CBHW050250170426
43202CB00011B/1627